U0564651

宁波市对口支援和区域合作局委托课题
宁波万里对口协作和反贫困研究院资助项目

THE EXPLORATION AND PRACTICE OF
COMMON PROSPERITY

携手共富
的探索与实践

| 宁波对口支援与协作口述史 |

陈泼　盛钢◎著

ZHEJIANG UNIVERSITY PRESS
浙江大学出版社
·杭州·

图书在版编目（CIP）数据

携手共富的探索与实践：宁波对口支援与协作口述史 / 陈泼，盛钢著. —杭州：浙江大学出版社，2023.3
ISBN 978-7-308-23568-6

Ⅰ.①携… Ⅱ.①陈… ②盛… Ⅲ.①扶贫—经济援助—研究—宁波 Ⅳ.①F127.553

中国国家版本馆CIP数据核字（2023）第037287号

携手共富的探索与实践：宁波对口支援与协作口述史
XIESHOU GONGFU DE TANSUO YU SHIJIAN： NINGBO
DUIKOU ZHIYUAN YU XIEZUO KOUSHUSHI

陈　泼　盛　钢　**著**

策划编辑	吴伟伟
责任编辑	丁沛岚　曲　静
责任校对	汪　潇
责任印制	范洪法
封面设计	雷建军
出版发行	浙江大学出版社
	（杭州天目山路148号　邮政编码：310007）
	（网址：http://www.zjupress.com）
排　　版	浙江时代出版服务有限公司
印　　刷	杭州杭新印务有限公司
开　　本	710mm×1000mm　1/16
印　　张	24.5
字　　数	387千
版 印 次	2023年3月第1版　2023年3月第1次印刷
书　　号	ISBN 978-7-308-23568-6
定　　价	88.00元

版权所有　翻印必究　　印装差错　负责调换

浙江大学出版社市场运营中心联系方式：（0571）88925591；http://zjdxcbs.tmall.com

前　言

东西部扶贫协作是党中央、国务院审时度势，为实现社会主义的本质要求、推动区域协调发展作出的重大战略决策。党的十八大以来，以习近平同志为核心的党中央把精准扶贫摆在治国理政的突出位置。作为改革开放的前沿阵地，宁波积极响应党中央号召，深入贯彻落实党中央关于东西部扶贫协作的重大战略决策，按照党中央、国务院和浙江省委省政府东西部扶贫协作工作部署要求，自1996年开始，先后与贵州省黔东南苗族侗族自治州、黔西南布依族苗族自治州，吉林省延边朝鲜族自治州建立东西扶贫协作关系，开启长达26年的扶贫协作之旅，创造了东西部协作"甬黔模式""甬延模式"，塑造了勇当浙江建设"重要窗口"的模范生形象。

1999年底，党中央作出实施西部大开发的重大战略决策。在中央和浙江省委的统一部署下，宁波先后与重庆三峡库区（涪陵、万州区五桥街道）、西藏比如县、新疆库车县、青海天峻县开展对口支援。宁波立志改善和发展对口地区当地经济和生活水平，以项目合作为基础，以保障民生为重点，通过经济援助、劳务协作、技术支持、教育帮扶、医疗帮扶、社会帮扶、干部交流等多种形式，给对口地区经济发展、基础建设、产业振兴、民众生活等带来成效显著的变化，为打赢脱贫攻坚战贡献了宁波经验。

山海协作工程是习近平同志在浙江工作时亲自谋划、亲自部署、亲自推动的一项重要工作，是"八八战略"的重要内容，是浙江高质量发展建设共同富裕示范区的内在要求，是浙江省委省政府为推动以浙西南山区、舟山海岛为主的欠发达地区的发展，实现区域协调发展而采取的一项重大战略举措。自2002年4月正式实施山海协作工程以来，各级党委政府高度重视，广大企事业单位积极参与，社会各界大力支持。山海协作工程突破了长期以来以输血帮扶为主的传统扶贫模式，探索建立了市场经济条件下以对口造血帮扶为主的扶贫新模式。宁波与衢州、丽水共同开展山海协作工程的实践证明，这是把欠发达地区培育成新的经济增长点的有效抓手，是一项民心工程、德政工程、双赢工程。

2021年2月25日，习近平总书记在全国脱贫攻坚总结表彰大会上庄严宣告，经过全党全国各族人民共同努力，在迎来中国共产党成立一百周年的重要时刻，我国脱贫攻坚战取得了全面胜利，现行标准下9899万农村贫困人口全部脱贫，832个贫困县全部摘帽，12.8万个贫困村全部出列，区域性整体贫困得到解决，完成了消除绝对贫困的艰巨任务，创造了又一个彪炳史册的人间奇迹。脱贫攻坚与乡村振兴是我国实现"两个一百年"奋斗目标必须完成的两项重大战略任务，目前这两大战略正处于衔接与转型阶段。

为充分总结宁波市开展对口支援协作工作的成绩和经验，宣传、弘扬在对新疆、西藏、青海、重庆、贵州、吉林以及省内丽水、衢州等地进行扶贫协作过程中涌现出来的先进人物、优秀代表的事迹和精神，宁波市对口支援和区域合作局依托宁波万里对口协作和反贫困研究院，对参与对口支援协作的一线人员进行了访谈，请他们把亲历过的对口支援协作工作讲述出来，为宁波对口支援协作历史留下宝贵的一手资料和生动的注解。他们的辛勤汗水，已经融入对口帮扶地区的土壤，他们不辞辛劳、尽心尽力、敢啃硬骨头的精神，必将影响一代代人。我们希望通过这部口述实录，铭记那些峥嵘岁月，铭记那些为扶贫事业奋斗过的英雄。

通过50多位口述者的讲述，我们更清楚地认识到，脱贫攻坚这样惊天地、撼山河的壮举，充分体现了我们国家和民族的凝聚力和战斗力。我们之所以能取得如此骄人的成绩，能够彻底消灭绝对贫困，正是因为有以习近平同志为核心的党中央的坚强领导，有各级政府和社会各界的积极响应，有一线对口帮扶人员的艰苦付出，有贫困地区群众的踏实努力。

通过50多位口述者的讲述，我们更清楚地看到了扶贫的具象和细节，它不是干巴巴的汇报材料，而是动态的、有温度的、有血肉的画面。黔西南草丛的蚊子，东北深林的寒风，听不懂的方言，吃不惯的辣椒……这些都没能阻挡扶贫工作者前赴后继的脚步。扶贫无小事，只要是人民群众需要的，都被他们看在眼里，记在心里，这就是我们宁波扶贫工作者的秉性。

宁波在东西部协作、对口支援、山海协作中交出了精彩的答卷，我们将再接再厉，为完成乡村振兴战略、高质量建设共同富裕示范区等再立新功。新征程的号角已经吹响，让我们再一次把目光投向那些遥远的山川。

结束，也意味着开始。

目 录
CONTENTS

东西部协作 篇

白山黑水脱贫路

口述者：曹敏杰

采访人：陈　波　梅庆生　崔宗军　严　佳

地　点：宁波市体育局

时　间：2021 年 9 月 17 日

口述者简介：

曹敏杰，2018 年 4 月—2021 年 5 月，挂职吉林省延边朝鲜族自治州汪清县，任县委常委、副县长。

汪清初体验

2018 年 4 月 25 日，我来到了吉林省延边朝鲜族自治州汪清县，开始为期 3 年的扶贫工作。

我原来在宁波市北仑区工作，担任北仑区文化和广电旅游体育局局长、党委书记和北仑区体艺中心主任。之前我多在北仑和宁波开发区工作，有多个岗位的工作经历。也许是组织上看到这一点，让我挂职汪清县委常委、副县长，兼任宁波市东西部扶贫协作延边州工作队副领队、临时党支部委员，我的主要工作是协管宁波—延边东西部扶贫协作和对口合作。

"为宁波代言"，是我远赴汪清时暗暗立下的誓言。汪清 3 年内不脱贫，不退出国家级贫困县行列，就决不收兵，这是工作组立下的目标。

去汪清前，我对那儿的地理、人文和贫困状况多少也做了些功课，但实地调研走访看到的贫穷状况，还是大大出乎我的意料。汪清冬天天亮得特别早，也黑得特别早，下午 3 点半基本上天就黑了，当然也特别冷。延边人一般不喝热水，大冬天也喝冷水，这个我就不适应。几年下来，我基本跑遍了汪清的角角落落，小热水瓶和军训时穿的胶鞋是我下乡时的"标配"。

汪清南北距离 108 公里，东西距离 152 公里，与东北亚贸易区邻近，面对三合、沙坨子等边境口岸。最近的地方，与朝鲜相距 18 公里，离俄罗斯 40 公里。产业以林业、畜牧业为主。县域面积 9016 平方公里，在吉林省排第二，快赶上整个宁波市了，共辖 8 镇 1 乡 3 个街道，总人口 20 余万人，其中农业人口近 10 万人，是多民族聚居的老、少、边、穷县。1993 年被列为国家级贫困县，2003 年被确定为国家发展改革委员会定点帮扶县，2011 年被列为新一轮国家扶贫开发工作重点县。

到 2018 年，汪清扶贫工作虽已开展多年，也取得了很大成绩，但与其他地区相比，仍有较大差距，主要原因是汪清处于自然条件恶劣的偏远山区，交通非常不便，基础设施落后，受文化和技术制约，劳动力水平不高。汪清整体发展缺乏产业支撑，缺乏强有力的市场主体的带动，贫困户增收致富存在较大困难。

怎么办？既然是扶贫攻坚，对于汪清，就必须往深里走、往实里走、往心里走，蹚出一条符合当地实际、可持续发展的精准扶贫之路。

在小木耳上做大文章

扶贫工作，产业要先行。没有产业，就无法斩断贫穷的根。经过大量的实地调研，我们决定在汪清这块"黑土地"上，把这篇"黑"字文章做深做大做强，使之尽快脱贫。

2020 年 6 月底的一天，我接到汪清县鸡冠乡党委书记的电话，邀请我参加鸡冠乡首届木耳节。说起与鸡冠乡的"木耳缘"，还要从 2017 年中央明确宁波结对帮扶延边讲起。汪清县是我国十大木耳主产县之一，素有"木耳之乡"之美誉，当地百姓种植木耳的历史可以追溯到清道光年间。2017 年宁波援建汪清的两个产业项目，都是黑木耳菌包厂项目，其中一个就在鸡冠乡鸡冠村。

2018 年 4 月，我作为宁波的帮扶干部到汪清后，经常下乡镇村屯调研，逐步确立了持续帮扶汪清发展黑木耳扶贫产业的基本思路，鸡冠乡就是我们重点发展的乡镇之一。鸡冠乡原有黑木耳产业虽有较好的群众基础，但缺乏现代化的生产设备和管理模式，存在低、散、乱的问题，依然是传统的"小作坊"式生产方式。做菌包有个环节叫"蒸锅灭菌"，需要高温。乡亲们除了烧煤，还烧轮胎、橡胶，一到冬天，全村 100 多个菌锅，几乎家家户户冒黑烟，很少见到蓝天白云。小作坊生产效率也低，十几个人一天最多做 3000 袋，一年产值也就 30 万 ~40 万元。我们一趟趟走访经营户，一遍遍推演成本与产出，鼓励大家应用新的菌包技术，实施车间化生产改造，"菌包厂的提质扩建 + 定植车间"项目建设和管理模式，逐渐被鸡冠乡群众认可，并在全县推广。

鸡冠乡是我们帮扶时间最早、参与项目程度最深的乡镇，北仑区援建资金实施了大北村菌包厂改造及汪清县第一个定植车间项目，建设了红鸡冠黑木耳农场，培养出了致富带头人林岩。几年来，北仑援建资金在鸡冠乡共投入2660多万元，实施黑木耳产业项目6个，逐步形成日产17万袋、年产2550万袋菌包的生产能力，建成标准化定植车间3个，全乡基本形成从菌种研发、菌包生产及定植到种植、分拣包装的完整产业链。按每袋菌包产出干木耳60克计，年产2550万袋菌包可产出优质干木耳1530吨，产值在9000万元以上；按每个菌包可得纯利1元计算，可增收2500万元以上，有效带动当地贫困户脱贫致富。

鸡冠乡发展黑木耳生产是我们帮扶汪清大力发展"黑"产业的一个缩影。2018年以来，我们以黑木耳产业为切入点，持续打造延边州特色支柱产业和带动汪清长远发展的富民产业。3年来，北仑累计对汪清县援建黑木耳产业项目28个，投入各类资金2.13亿元，推动建设菌包厂、定植车间、培养室、立体大棚、标准化栽培示范基地、标准化产业园示范基地等系列项目，为脱贫摘帽提供强劲动力。2020年，汪清全县黑木耳栽培量达6.5亿袋，产量3.5万吨，销售收入34亿元，全县黑木耳种植户达1.38万人，3万余人从事木耳采摘等相关产业，黑木耳生产规模、产量和质量均得到进一步提升。

我们还加大对重点乡镇的帮扶力度，天桥岭镇成功入选国家级农业产业示范乡镇、吉林省特色示范小镇，鸡冠乡荣获2020年度省级"一村一品"示范村镇称号，"吉冠"牌木耳获省优质黑木耳金奖。帮扶汪清黑木耳产业的做法与成效，列入国务院扶贫办"携手奔小康"行动典型案例，得到时任吉林省委书记巴音朝鲁的批示肯定。国务院扶贫办公众号刊发《东西部扶贫协作"小木耳"助增收》，央视《攻坚之星》第35期做了专题报道。

把牛请进大棚里

我们帮扶汪清发展产业的第二个措施就是在"黄"字上做文章。

汪清清洌的山泉水既浇灌了木耳，也养活了延边黄牛。汪清耕地少、山地多，上山放牛曾是许多农户的收入来源。2016年，汪清县70.6%的县域面积被划入东北虎豹国家公园，全县开始对东北虎豹野生种群及自然生态系统实行最严格的保护，禁止农民上山放牧。为了解决黄牛养殖户收入减少的问题，我们协助汪清县委县政府利用扶贫政策，引进大型企业，把牛"请"进了现代化养殖基地。我们在汪清镇柳树河村的一片群山环绕的河谷平地，援建了占地 156 万平方米的现代化牛棚，这个天然肉牛养殖扶贫基地总投资 6.4 亿元，其中宁波提供援建资金 5000 万元，于 2020 年"五一"建成投入养殖。该项目是目前亚洲最大的单体黄牛养殖基地，日存栏肉牛 1.6 万头，年出栏 3.11 万头，产值 7.1 亿元，有效破解了动植物保护工程下的"禁牧"难题，推进了肉牛屠宰、饲料加工、豆粕利用等关联项目，实现了肉牛产业链的可持续发展。自 2020 年始，该企业每年按照政府实际投资金额 6% 的标准上缴扶贫收益，可使全县 1 万多户建档立卡贫困户受益。

援建产业园区

我们帮扶汪清发展产业的第三个措施就是援建产业园区，孵化、壮大更多的当地企业。宁波北仑建区 30 多年，积累了较为丰富的建设、发展产业园区经济的"北仑经验"。汪清县农特产品和中医药资源丰富，但区位优势不突出，物流运输不发达，每年有长达半年的霜冻期，外来投资者购地建厂投资周期长、见效慢。本地具有成长性的中小企业面临二次投资的资本压力，技术、人才和产品流失严重。有鉴于此，设立孵化园并完善相应配套政策，成为汪清工业经济发展的当务之急。2020 年 11 月 19 日，总投资 2.36 亿元（其中北仑出资 1 亿元）的宁波北仑·吉林汪清健康科技孵化园开园，从平台公司设立到一期园区开园，仅历时 1 年，其中工程施工仅用 6 个多月，是吉浙两省、延甬两地对口帮扶协作第一个建成并投入使用的工业产业园区。同时，北仑汪清合作科创园在北仑挂牌运作，两地产业合作不断深化。

资金要用在"刀刃"上

在帮扶的 3 年多时间里，我共经手了 44 个项目，占全州援建项目的 1/4，涉及宁波援建资金超 2 亿元。我始终不敢有丝毫懈怠和马虎，确保这些宝贵的项目资金用在"刀刃"上。我们在吉林省率先出台《汪清县产业扶贫项目收益资金分配使用管理办法》《关于进一步提升东西部扶贫协作产业项目绩效、落实项目带贫机制、促进建档立卡贫困户减贫脱贫的指导意见》，对援建产业项目收益资金的分配使用进行规范管理，精准设定收益收取标准、收益分配方向和资金监管程序，有效杜绝产业收益资金分配"撒胡椒面""大水漫灌"现象的发生。通过出台减贫脱贫政策、设立就业专岗、引导建立就业扶贫车间等途径，帮助贫困户实现就地就近就业，使每年上缴的 1000 多万元产业收益资金用在实处，使扶贫更加精准长效。

我始终认为，产业项目投资，每年要有稳定的收益资金用于分配，贫困户才能最终受益。因此，选择有较好经营效益、能持续运营的项目就很重要。扶贫工作必须务实，脱贫过程必须扎实，扶真贫、真扶贫，脱贫结果必须真实，让脱贫成效真正获得群众认可，经得起实践和历史检验，绝不搞花拳绣腿，绝不摆花架子。3 年多来，否决项目和建设项目大致各占一半。但是，看准了，该花的钱一定要花，我们投入汪清的帮扶资金，八成以上用于黑木耳种植、黄牛养殖等优势产业项目。

着眼民生，精准扶贫

除了产业扶贫外，我觉得最为关键的就是精准扶贫。我们的扶贫工作队着眼群众切身利益，从劳务协作、消费扶贫、社会帮扶三方面着手，使群众在共建共享中增强获得感和幸福感。

一是劳务协作。3 年来，我们组织开展多种形式的就业技能培训，累计培训 23 个班次，培训建档立卡贫困户 1278 人。2019 年 6 月 17 日，北仑区出台《深化北仑与延边汪清图们产业合作、劳务协作和订单式消费扶贫工作实施办法》，鼓励区内用人单位积极设置"就业扶贫爱心岗位"，吸纳对口扶贫地区建档立卡贫困劳动力来北仑就业。共挖掘 20 多家北仑知名企业，提供爱心就业岗位 1870 余个，累计开办贫困劳动力专场招聘会 10 次，支持鼓励有条件的 6 个援建产业项目设立就业扶贫车间，吸纳就业 241 人，其中建档立卡贫困户 56 人；通过设立公益性岗位，帮助 2028 名贫困户上岗就业。

二是消费扶贫。我们先后在《人民政协报》《光明日报》《经济日报》和央视等中央媒体刊发文章及播出视频 10 余条，对汪清进行宣传报道，"中国木耳数东北，东北木耳数汪清"，扩大汪清木耳的知名度、影响力。从传统批发商代销向网上销售、直播带货转型，认定扶贫产品172款，扶持17家企业进入延边州扶贫产品及供应商目录，直接带动贫困户3088人。我自己也参与了宁波融媒体甬派优选"云"带货大型公益直播·延边专场活动，为汪清产品"代言"，邀请阿里巴巴特派员搭建网上平台，帮助汪清县在网上推销产品。

三是社会帮扶。3年来，我们主动谋划、积极宣传，调动各方面积极性，构建了从政府到社会、从企业到民间，多层次、立体化的结对帮扶网络，捐赠资金、物资逐年攀高。深入推进北仑乡镇、学校、医院、企业、村、社会组织与汪清贫困村结对帮扶。汪清县鸡冠乡结对北仑区郭巨街道，两地交往密切，互学互帮。郭巨街道从2018年到2020年无偿帮扶鸡冠乡75万元，用于鸡冠乡美丽乡村建设，发展庭院"四小经济"，使用帮扶资金购置垃圾清运"小绿车"，推动贫困户参与环境卫生整治，新华社曾以《"小绿车"带来脱贫思维大转变》为题予以报道，这一经验做法也在全县各乡镇推广。

我们捐赠的路灯、洒水车、垃圾车、垃圾桶，援建的浴室、健身广场、门球场、农贸市场，帮扶的蜜蜂养殖、药材种植、庭院"四小经济"等设施设备和项目遍布汪清全县各乡镇村屯。社会组织"红领之家"的"'红星乡邻'新时代走关东"项目获评全省最佳志愿服务项目；胡朝霞爱心团队帮助汪清贫困学生到宁波免费医治幼时骨折手臂；浙江交通系统企业捐资400万元助力修建的汪清县红色旅游公路"浙江路"顺利通车；宁波对延边社会帮扶的"最大手笔"——浙江逸盛石化有限公司捐赠1000万元在汪清县建设农特产品冷藏库投产。据不完全统计，3年来我们共协调募集社会帮扶资金和医疗设备、录播教室及群众急需的民生物资累计3996万元。

扶贫先要扶智

贫困地区要可持续发展，最终还得靠自己。为此，我们针对汪清教育和医疗领域人才长期不足带来的发展困扰，优先推进扶智工作。

汪清有20万余人，人口较少，但看病却是老大难问题，"小病忍一忍，大病去延吉"成了常态。当地医院资金短缺，医疗设备老化严重。2019年，我与北仑区慈善总会会长蒋素春一起联系了北仑区梅山保税港区的康达集团。企业当时投产不久，正在开拓市场，经营压力较大，且医疗设备单价昂贵。在我们说明来意后，企业负责人也是面露难色。我多次登门拜访和电话联系，向企业坦陈汪清医疗现状，最终打动了康达集团的郭总。在没有企业高层现场考察，没有签订捐赠协议的情况下，企业先行把价值500多万元的医疗设备运抵汪清，极大地改善了当地的医疗条件。

我们还积极协调北仑、汪清两地卫健系统建立对口帮扶关系。根据学科建设需要，宁波先后选派59名专家到汪清，言传身教帮助开展新项目，交流新技术，完成了显微镜下精索静脉曲张高位结扎术等74个汪清县医疗领域的首例新技术应用，使帮扶医院的年轻医生得到快速成长。我们还协调实施了延边州全州首个医疗帮扶"通畅行动"，帮助全县93名贫困户实现零费用就医，减免就医费用9万余元，该做法与成效入选2020年国务院扶贫办全国携手奔小康典型案例。在《延边晨报》和"汪清新闻在线"开设"宁波医生聊健康"专栏，刊出医疗保健科普文章25篇，并结集成册分发到基层。我们还协调挂牌运行泌尿外科中心和消化内镜中心，推进甬延两地搭建远程会诊系统，送医下乡义诊25次，服务群众1880余人次。据汪清县卫生健康局测算，自开展医疗帮扶以来，汪清县住院转院率下降了10%。

3年来，我经手的项目和资金很多，已记不清具体的数据，但我始终记得一笔12.85万元的设备采购费用。2018年的一天，我到复兴镇中心小学进行调研。对比北仑基础教育的软硬件设施，眼前这所小学的情景，让我辗转难眠：学校地理位置偏远，老师不愿来，来了留不住，学校已多年没有开设美术课、音乐课了。老师请不来，可以远程学，但设备的钱从哪里来？为此，我硬是"挤"出了一笔钱，这笔钱来自北仑区春晓商会的捐款，少则1000元，多则2万元，共计12.85万元。于是，汪清县有了第一个录播教室。经过大家的共同努力，累计捐助汪清录播教室4个，通过远程视频系统，实现优质教育资源城乡即时共享，带动并实现全县乡村学校录播教室全覆盖。

在汪清县的广大乡村，不少年轻父母外出打工，小孩跟着老人留守，孩子成长期的困惑、烦恼无人倾诉无处排解。我专门邀请了宁波东钱湖旅游学校的心理课老师施海静，为汪清的老师和学生举办了形式多样的公开课和讲座。我联系了北仑大港工业城的怡人玩具有限公司，为汪清捐助了价值68万元的木质智能玩具，这也是2018年延边第一批东西部协作的社会捐赠物资。我还先后协调选派26名宁波优秀教师到汪清支教，涵盖学前、小学、初中、高中、职高等各个阶段，协调组织名师团公开课16次，培训1695余人次，特别是两地职业高中持续深化合作，共有43名建档立卡贫困家庭学生赴北仑职高和宁波职校免费就读。3年来，共协调选派115名人才帮扶支援汪清，组织支教、支医团队开展培训讲座64场次，受训人员4583人次，助力汪清教育、医疗水平不断提升。

足球和冰上项目是延边体育的特色。2019年，经我牵线并落实经费，汪清业余体校的足球小将们前往宁波北仑参加全国青少年足球邀请赛。我还牵线组织汪清的企业学习考察宁波先进的体育产业培育模式和赛事举办经验。在宁波的体育产业博览会上，就特意为汪清留设了摊位，一是让他们学习，二是展示自我，向更大的市场推荐汪清的体育产业。如今的汪清县，全民健身之花开遍山野，广场舞、门球等项目也成为老百姓的健身首选。

在大家的共同努力下，2020年4月11日，汪清县正式退出国家级贫困县序列。同年6月15日，"北仑路"在汪清落成，这是宁波与延边开展东西部扶贫协作以来第一条以区县命名的道路，这是汪清人民对东西部帮扶工作的肯定，也是对我们工作的鼓舞。

作为帮扶工作组组长，我积极策划宣传结对帮扶的产业模式、人物典型和协作经验，鼓舞干部人才士气，累计在《人民政协报》《光明日报》《农民日报》《经济日报》等国家级媒体发文30篇，在《浙江日报》等省市级媒体发文37篇，在县区级媒体发文近百篇。鼓励挂职人才与当地文艺骨干共同创作了歌颂东西部扶贫协作的歌曲《同心同行》，由两地爱心人士共同拍摄的MV获多方好评，央视频、人民视频、"学习强国"浙江学习平台、浙江新闻客户端等先后转发宣传。

2019年6月，我被宁波市委授予全市"六争攻坚"好干部荣誉称号；2020年11月，被吉林省委省政府授予年度脱贫攻坚特别贡献奖。2021年2月25日，我很荣幸地参加了全国脱贫攻坚总结表彰大会，并获得了"全国脱贫攻坚先进个人"荣誉称号。这份荣誉，不仅仅是我个人的，更是属于宁波驻汪清整个工作队的，属于宁波人民的。

爱与责任支撑着我

口述者：范文英

采访人：陈　波　陈荣芳　崔宗军　严　佳

地　点：宁波市中山饭店

时　间：2021 年 9 月 16 日

口述者简介：

范文英，原宁波市对口扶贫协作工作领导小组办

公室主任、党组书记，已逝世。

山区农村的贫困让人震惊

接到扶贫办通知后，我和张祖安同志一起去山区调研。调研以后，我们发现当地老百姓实在是太可怜了，连像样的被子、褥子都没有，甚至连像样的碗都没有，只有破破烂烂的几个碗。有的小孩没有筷子，只能拿树枝当筷子。没有褥子，只能用麻袋、编织袋当褥子。被子破得不像样，棉花一块一块都露出来了。有的家里有一条好一点的被子，还是扶贫时人家送给他们的，舍不得用，挂在房子的最上面，而房子本身也是漏的。因为没有烟囱，他们直接在外面煮饭，用两三块砖头垒起来，像在山林里一样。然而屋子里还是黢黑一片，因为下雨就只能在屋里做饭。

电灯是装上了，当时统一组织装，家家户户都装上了灯，但每户人家只有一个灯泡。他们舍不得用电，而且他们的电和我们的电有区别，2度电要付4度电的钱，也就是说电费翻倍了。因为线路拉过去比较长，损耗比较大。我一到农村，老百姓就跟我说，城市条件本身就比山村好，为什么山村的电费还要翻倍地收。本身就不富裕的山区老百姓，好不容易通上电了，还要翻倍收钱，老百姓不就更加贫困了吗？

后来去了贵州，经了解，贵州也有这种情况。电力部门说线路长，损耗大，就是要多收钱的，他们也没有办法。后来我在物价局工作，也跑过省里，还跑过好多电厂。我想一定要让农村的电费降下来，最后总算把电费降下来了，和城里一样。水费也是这样，农村贵，城市便宜一些。老百姓本身比较贫困，个别老百姓、个别家庭甚至要靠卖血换一些钱来贴补家用。

到了贵州以后，我感到担子很重，压力很大，要把这么贫穷的地方慢慢建设起来，让贫困家庭慢慢过上好日子，我想一方面要靠政府的力量，另一方面还要靠社会的力量。

我到扶贫办以后，就和大家一起想方设法搞结对活动。宁波北仑当时搞了个千人对口帮扶贵州孩子的活动，就是把每个小孩的情况挂在人来人往的商业广场上，让市民一个一个去结对子，1000个贵州的贫困孩子很快就被"抢"光了。后来我们在宁波市中心天一广场搞了个万人结对助学活动，此次活动中的贫困孩子很快也被"抢"光了，邮局当场把一些家庭的捐款免费汇给了那些贵州家庭。这件事让我印象非常深刻，一是群众的力量真的太强大了，二是我们宁波市民太有爱心了。

当地老百姓的热情和力量

我到了贵州万峰林，那里据说有2万多个山头，风景非常漂亮，适合发展旅游业。当时没发现，据说明代的徐霞客在那里作了一首诗。当时我跑到山下面的村子，想先给这个村子修路。原来那条路非常窄，老百姓走路非常艰难。我问村民这里有没有石头，他们说有，石头都是到山上自己打的，沙子也是他们自己找的。我给了他们10万块钱买水泥，另外里面还要放点钢筋，用最少的钱尽快把路修起来。

一听说要修路，老百姓反应很强烈，都很开心。修路要用石头，他们就打石头，甚至打到后半夜，累了换个人接着打，老百姓的热情非常高。最后，就用这10万块钱修成了路，现在那里已经变成有名的风景区了。贫困地区这些老百姓的热情和力量，让我印象深刻。

爱心人士的奉献

朱英龙先生在贵州捐建了1000多所学校，一共捐了好几个亿，他的每一分资助款都交给了我们扶贫办，周鹏飞主任都有记录。我们每建一所学校都是规划过的，和教育局一起规划。朱先生对学校的建设工作非常关心，比如山区有多少个小孩，在哪个地点建学校比较好，包括房子的规划，朱先生甚至把学生宿舍楼要多少层多少间都算好了。我们还发动了一些有心人，一起来做这些好事。

这三点让我印象深刻，老百姓的力量，包括企业人士的爱心和热情，全社会的力量真的是无穷的。

爱与责任

关于扶贫工作，我最大的感受，就是"爱与责任"。我觉得一定要有爱心、热心、诚心，才能更好地为老百姓服务。还有一个就是责任，一定要有把工作做好的责任感，做工作不易，做好工作更难。我好几次在全国扶贫工作会议上发言，他们听了都很感动。

扶贫工作，我会一直坚持下去。退休后我还去了两次贵州，我们个人带了几万块钱去，当地有的大学生比较贫困。我给了他们3000块钱，我弟弟也给了近1万块钱，大学生们还写来了感谢信。

到扶贫办以后，我感到责任很重。因为到那边，就是不停地爬山，山连着山，到老百姓家里去也是爬山。规划也好，建设也好，都要确切摸清当地的情况。我必须全力以赴，恰好孩子已考上大学，没有了后顾之忧。

当时我晚上也忙，工作很多。晚上坐车，如果前排没人，我就坐在驾驶员旁边跟他说几句话，因为那边的路很难开，这样不容易出事。当时实在是活多，太累了，连睡觉时间都不能保证。有时在公交车上拉着扶手站着就睡着了。好几次，我因为太困错过了站直接坐到了终点，还是驾驶员叫醒了我。

从贵阳到我们所要帮扶的地方要坐5小时的车，然而从我们所要帮扶的地方到当地最贫困的县，还要再坐那么长时间的车。这个县我已经去了好几趟，路上很颠很晃，有时候睡着了，马上又被颠醒了。

我最喜欢的一句话是北宋范仲淹的"先天下之忧而忧，后天下之乐而乐"，扶贫必须有爱心，要对老百姓的苦感同身受。通过我们的工作让他们好起来，我们感到很开心。

舍不下的白茶情

口述者：方　健

采访人：陈　泼　严　佳　沈信丞

地　点：宁波市市场监督管理局

时　间：2021 年 11 月 15 日

口述者简介：

方健，2017 年 11 月—2021 年 5 月，挂职贵州省黔西南州普安县，任县委常委、副县长。

从贵州省黔西南州扶贫回来，已经有一段时间了。我虽然回到了浙江本土，但总感觉心还留在贵州，留在黔西南，留在普安的万亩茶园中。那漫山遍野的感恩茶，肯定长得越来越好了吧？那头戴草帽、一俯一起的采茶老乡，今年的收成好吗？普安的茶叶市场，应该办得更红火了吧？有机会，我一定还会奔到普安，去看看我们的"白叶一号"，重温那段难忘的扶贫经历。

我叫方健，2017 年 11 月，我作为先遣力量，赶赴贵州省黔西南州，开始了为期 3 年多的扶贫工作。说实话，我去的时候，宁波乃至浙江的扶贫压力还是挺大的，前期的扶贫成效并不理想，这次增派人力，宁波这边真心希望可以打一个漂亮的翻身仗。

而我在贵州担任的是普安县委常委、副县长，一到地方就下到基层，开展走访调研，希望在最短时间内摸清当地的贫困实情。而让我印象最深刻的，当属帮助普安发展茶产业，直到现在，仍有一份割舍不下的白茶情留在心间，让我充满成就感。

"抢"来的感恩茶，百姓的摇钱树

说起普安县白茶的落户史，还要从一封浙江农村党员写给习近平总书记的信说起。

2018 年 4 月 9 日，浙江省安吉县溪龙乡黄杜村 20 名党员给习近平总书记写了一封信，希望捐助 1500 万株茶苗，帮助西部贫困地区的群众脱贫。1 个月后，习近平总书记回信，并作出重要指示："吃水不忘挖井人，致富不忘党的恩。"增强饮水思源、不忘党恩的意识，弘扬为党分忧、先富帮后富的精神，对于打赢脱贫攻坚战很有意义。国务院扶贫办等各部门也非常重视这件事，初步拟定湖南、四川、贵州三省四县为扶持点，以最快速度启动白茶种植实地考察工作。

我所在的普安县并不在这四县之列，我们对考察团行程也不太了解。但是大家都对这个白茶项目非常感兴趣，这可是脱贫致富的好项目。我们普安也非常希望能分得一部分茶苗，带动当地茶产业更好地发展。

一次偶然的机会，我得知考察团第二天就要结束考察回浙江了，而且对黔东南州的考察结果似乎并不是特别满意。得到这个消息后，我看到了一丝希望，于是一方面托朋友紧急联系考察团负责人，另一方面直接打电话找到他们，恳请他们先别走，不论怎样都给普安一个机会，来看看，说不定普安正是他们苦心寻找的白茶"婆家"呢！

另外，我发挥个人专长和业务敏感性，提前安排各个部门分头准备普安的水文、气候、土壤等资料，就这样忙活了大半夜。第二天一大早，我就派车去黔东南接考察团人员，普安县当地领导全体在岗等待，大家对考察团的到来可谓翘首以盼。

考察团到了之后，看到我们事先准备的资料，有了一些意外之喜，也看到了我们的诚意。我们先带他们去了一号地，这是我们精心挑选出来的地块，土壤肥沃，海拔较低，本身已种有茶树，在我们看来，基础很好。可是专家们看完后却连连摇头，认为不符合扶贫标准。

于是我就狠了狠心，把他们带到了全县海拔最高的莲花峰上。那里海拔1500米以上，空气清新，未经开发，毫无污染，土壤为沙质酸性土，也许符合"高、贫、荒"的标准。这回，考察团专家们的脸上终于露出了满意的笑容，黄杜村的盛阿伟书记兴奋地说："这正是我们跑遍贵州想要找到的种茶宝地啊！"他还一再跟旁边的人员说："这1500万株茶苗，先紧着普安的这片地，因为好茶配好地，可遇不可求啊！"

最终，第一批茶苗，我们普安县拿到了600万株，种植面积达2000亩。就这样，在考察团就要失望而归的时候，在普安连备选都不是的情况下，我们没有气馁，而是积极争取，把捐赠的茶苗"抢"到了手。从此，普安走上了种植感恩茶的致富路。

"白叶一号"落户，催化普安"三变"

众所周知，普安是有名的古茶树之乡，茶文化历史悠久，源远流长。那里出土过距今200万年的茶化石，还有保存完好的2万多株古茶树，最老的一棵，已经有4800多年树龄了。普安自古尚茶，茶品质也很好，只是多为零星种植，不成规模，管理散漫，没有品牌，因而都是"小打小闹"，产业价值不高。

可是，有了这第一批白茶的落户，整个局面就不一样了。这可是总书记批示过的茶苗啊，这不仅仅是东西部扶贫协作的代表，还是党中央对贵州地区贫困群众的关心，对不忘党恩、先富带动后富的赞许。因此，我们既然"抢"到了这批珍贵的茶苗，就一定要尽心尽力把它们种好、管理好，争取最大的经济效益和社会效应。

种植白茶是一个技术活，整个白茶项目由浙茶集团提供技术支持，从整地下苗到浇水施肥，从打头采摘到加工包装，形成一条完整的产业链。本着"当地缺什么，我们就帮什么"的原则，我们把技术送到田间地头，事无巨细，手把手地教；我们把茶叶市场建到普安，保证茶叶产品下线后，能够有个好销路，卖个好价钱。

第一批茶苗在第二年开春就采摘了头茬，经过检测，氨基酸等指标都远超浙江的茶叶，清香四溢，品质极高。我们着重宣传普安茶"早、古、净、香"的优势，早采摘，抢占早茶市场；古茶树焕新颜、感恩茶香四方，带动生态旅游、红色教育基地等发展；茶园坚持纯天然、无公害管理，保证白茶品质纯净；浓郁的茶香，已经成为普安县一张亮丽的名片，感恩茶名气远扬。

依托茶叶种植，普安发生了非常明显的变化。我们说"贫民变茶民，荒山变茶山，茶山变景区"，是为"三变"。这一系列变化，不仅让普安白茶声名远扬，更让当地老百姓获得了实实在在的收益。这份对口帮扶的深情厚谊，这个寄托着习近平总书记深深嘱托的产业，给普安带来了全新的生命力。

如今，普安茶产业兴旺，层层叠叠的茶田，映衬着致富后的百姓笑脸，组成了一幅致富奔小康的美丽画卷。

更新扶贫思路，累累硕果交答卷

现在，脱贫攻坚战胜利了，反观决战时期的一系列经历，我有很多感悟，其中扶贫思路的更新是一大重点。

第一阶段的扶贫，多是捐款捐物，以输血为主，很难调动当地老百姓的积极性，参与度低，扶起来也难立住。

第二阶段的扶贫，干部带去了不少项目，但依然缺少全局规划，一个个项目孤军奋战，不均衡也不长久。

到了第三阶段，我们调整了思路和战略，开始以产业扶贫为主，去一波干部，兴一批产业，不仅有资金支持，夯实基础，更重要的是能让当地老百姓切实参与进去，自己动手，丰衣足食。在这一阶段，建立起了技术培训、基础扶持、保价收购的完整链条，效果好，也给了当地百姓脱贫致富的信心。

而到了第四阶段，也就是我们所说的扶贫4.0版本，就要着重考虑人才的培养和先富的带动作用。浙江白茶"安家"贵州普安，就是很好的实践例子。先富起来的老百姓怀着感恩之心，萌发了帮助贫困落后地区人民的想法，而后政府各部门下大力气促成这件好事做实、做细，才有了"两安"共富的可喜局面。这一典型案例，也被各级部门广泛宣传报道，树为典型。

普安县发挥种茶的地理优势，把"白叶一号"种植区建成了脱贫攻坚示范区、感恩奋进展示区、"绿水青山就是金山银山"引领区、互帮互助实践区、先富带后富样板区，把"白叶一号"种成了脱贫茶、致富茶、友谊茶和感恩茶。

为使产业品牌化，我们给普安白茶起了一个非常动听的名字——携茶，寓意东西部携手并进，共赴美好未来。这清香的茶，也必将不负东西部人民的厚望，承载着一方百姓的致富梦想，向下扎根，苗壮成长，越来越好。

通过广大干部的苦干、实干和巧干，我们的扶贫工作获得了当地政府和百姓的认可，我个人也被评为"贵州省脱贫攻坚优秀党员"，激励着我不断向前、奋进。

3年时间的挂职经历，使我将普安认作了第二故乡，把自己当成了一个地地道道的普安人。我爱普安白茶，那份割舍不下的白茶情，必将伴随我一生，成为我生命河流中一段美好的、自豪的回忆。

真心实意话扶贫

口述者：胡宁华

采访人：陈　泼　梅庆生　崔宗军　严　佳

地　点：宁波市对口支援和区域合作局

时　间：2021 年 9 月 17 日

口述者简介：

胡宁华，2018 年 4 月—2021 年 5 月，挂职吉林省延边朝鲜族自治州和龙市扶贫开发办公室副主任。

我原先在鄞州区民政局工作，是搞水库移民安置的。实际上，水库移民安置在很多省份都是跟扶贫开发连在一起的。因为移民安置也是开发性移民，所以很多后期扶持也就跟扶贫一样。我们主要安置外来人口，我负责的是滩坑水库移民，滩坑在丽水市的青田和景宁，还有绍兴市的钦寸水库，他们外迁安置到我们鄞州区。我主要负责移民的建房，包括后来他们在这里找工作、安家落户。很多水利工程也都是开发性的，其实也是一种扶贫。

挂职基本情况

2018年4月25日，组织推荐我去吉林延边挂职，2021年5月17日我回来，前后一共3年时间。延边朝鲜族自治州有8个县（市），其中龙井、和龙、安图、汪清是国家级贫困县。

作为挂职干部，我被安排在和龙市。我们的东西部扶贫协作，既有扶贫，也有协作。和龙人口仅16万人，其中建档立卡的贫困人口就有1.2万多人，是国家级贫困县。

和龙有5069平方公里，半个宁波市大，地广人稀。全市76个行政村，有40个贫困村，基本上我都走遍了。村里没有多少年轻人，八九百人口的村里可能就一两百人，基本上都是60岁以上的老人，年轻人都到韩国打工去了。

有时候，我们也很为难。你拿钱过去，人家最急需的东西你却给不了。当时，和龙那边提了一些需求，和龙市人民医院设备老化，医疗卫生条件很差，医疗需求又非常大，因为老年人多，看病很困难，他们医院的人才全跑到州里去了，设备都是旧的，估计体检设备都不够。宁波这边有一个超声科医生过去考察，说他们那个B超设备大概只有8位，现在最差的也要32位，CT设备的像素跟宁波差太大。我们的帮扶资金如果用于购买这种大型医疗设备，就有点吃紧了。

那边学校的校舍其实是好的，但是学生少，有些教学设备很陈旧。周边偏远一点的几个镇，像梁平镇，学校都办不下去了，学生才3个人，整个镇就800多人。那里是边境，图们江对面就是朝鲜，一个镇面积上千平方公里，常住人口却只有800多人。边远乡镇的人，都想把孩子送到和龙市区读书，说是市区其实就是一个普通的县城，人口3万多人。你如果去过和龙市区，绝对不会认为它是贫困县，很干净很漂亮，所有的路都是柏油路，都是靠这几年脱贫攻坚改善的，房子也都很新很好。

携手奔小康

我们扶贫工作里有一个重要的工作叫产业合作。原先产业合作的设想是把企业引去那里，提供就业岗位，让当地人不用到外面去打工，收入高了脱贫了，那是一种良性循环，可以激发当地的内生动力。但是在和龙这里，完全是两回事，年轻人很少，工厂都开不下去。这个地方的生态环境很好，但是政府财政自给率连10%都没有，基本是转移支付。和龙市一年的财政总收入大概4亿元，一年财政开支40亿元，这些收入连工作人员的工资都不够，但每年的转移支付、和扶贫，对一个财政自给率不到10%的县级市来说，确实非常重要。

那边的农村，我们搞了易地扶贫搬迁。我们扶贫办包了一个村，那个村老房子几乎看不到，都是一排排的新房子。我们的扶贫资金给它搞产业，比如搞养牛合作社，包括一些公共设施，像村里的卫生室、村部，凡是能够列进去的基础设施，包括造桥、修路等都列进去了。

我们在和龙搞了3年的共享稻田，就是消费扶贫，把他们那边的大米直接拉到宁波去销售，总价值2400万元。分红也分了600多万元，第一个是给村里搞基础设施，第二个就是直接让利给贫困户。

产业合作里面还有一块，就是当地这些引进的企业要吸纳当地贫困户就业。但吸纳贫困户就业确实很困难，当地没有年轻的劳动力，落地的企业就给政府捐一点儿钱，给贫困户安排一些简单的公益性岗位，如门卫、河道保洁员、护林员或者村里的清洁工，这个叫爱心岗位，间接地带动贫困户脱贫。

3年来，我们社会各界帮扶资金达到 2000 多万元，用这些资金做了很多事。比如，给学校建一个远程教室，包括一些实验教室的改造。然后跟宁波这边的优质学校结对，通过远程视频的方式实现同步上课，提高当地的教育和教学质量。我们还在市区捐建了一个体育馆，取得了非常好的效果。但是从严格意义上来说，财政资金一定要跟建档立卡贫困户有关，我们帮扶的学校在市区里面，只能说是一种社会性质，社会帮扶资金用途又宽泛一点儿。

除产业合作、社会帮扶携手奔小康外，还有劳务协作。劳务协作也分两块，一是在那边落地的企业需要吸纳当地贫困户就业，二是把当地人吸引到鄞州区去就业。讲句实话，我们鄞州区这边私营企业用工一个月社会平均工资要达到 5000～6000 元，工人还要加班加点，一般都是计件的，很辛苦。但为了照顾帮扶对象，我们想办法，鼓励企业设爱心岗位，同等条件下，照顾远道而来的劳动者，这不是为了完成任务，而是为了真正带动帮扶地区的老百姓早日脱贫。

因地制宜，形成长效机制

我们给和龙的帮扶资金每年有 5000 多万元，需要因地制宜，结合当地实际把这笔钱用好。不能"天女散花"，搞一些不切实际的东西。经过认真的调研，我们确定了一些可行的项目。

和龙产桑黄，桑黄是一种中药材。它虽然是一种像灵芝一样的真菌，但是其成分比灵芝还要好很多。买回去怎么用呢？泡泡茶，水煮，还可以做一些深加工的产品，效果也挺好。由于当地有一家企业在做，市场前景很好，因此我们将 3 年 1.5 亿元左右的帮扶资金中的 7000 多万元都投入了那里，搞了个生产基地。投入以后，这个效益确实也挺好，利润率很高，这是财政资金的援建项目。搞扶贫工作，一要因地制宜，二要发展这种可持续的东西，钱要投到"刀刃"上，我们走了，这些东西也会在长效机制下运行。

另外，我们也做了很多基础性的帮扶工作，比如造桥、修路等基础设施建设。这 3 年和龙面貌确实发生了很大变化，我们不光给它带去了资金，还带去了人才。3 年里，我们挂职干部去了 3 人，专业技术人才去了 133 人，医生、教师、记者以及农技、规划等各种行业的人才，都去过，这些人才对他们当地各方面提升发挥的作用确实非常大。

　　临走时，和龙当地的老百姓都非常感谢我们，我们回来以后，他们也都还记着我们的好，记得我们的付出，对我们挂职干部都很认可。我们好多医生、老师在那边口碑非常好，他们服务到了和龙最基层的老百姓。总之，我感觉做一个扶贫干部，就是资金、人才都要用对用好，用到老百姓的心坎上。

用情做教育，用心架桥梁

口述者：黄百央

采访人：陈　波　陈荣芳　胡龙玉

地　点：慈溪市农业农村局

时　间：2021 年 8 月 27 日

口述者简介：

黄百央，2018—2019 年，挂职贵州省黔西南州兴仁市凤凰中学第一校长。2021 年，荣获"全国脱贫攻坚先进个人"称号。

我叫黄百央，是慈溪市教育局职业成人教育教研室副主任。对口扶贫期间，我还在慈溪市杨贤江中学担任德育副校长。2018—2019 年，我有幸前往贵州，挂职黔西南州兴仁市凤凰中学第一校长。

所谓第一校长，其实是分管德育的校长。而我所挂职的这所中学，是一所全新的高中。校舍是全新的，教师队伍是年轻的。面对一支平均年龄只有 25岁的教师队伍，我瞬间感到压力巨大。教师是教育的核心所在，他们的精气神，直接关系到一所学校的教学成果。

于是，为了建校后第一批孩子高考时能够取得一个好成绩，也为了尽快凝聚起年轻教师的力量，提振他们的信心，我发挥以往的工作经验，建立起了"党员先锋驿站""情感教育班主任工作坊"，后来这里成了全校教师的心灵家园。

班主任工作坊，老师们的心灵家园

初到凤凰中学，我做的第一件事就是调查走访，座谈聊天。30 多天的时间，我与全校 100 余位老师都进行了不同形式的交流谈话，了解了他们的所思所想，掌握了他们的所期所盼。

在我们学校，有这样一对年轻夫妻，都是思政课老师。在一次座谈中，妻子说："我在这里，我的爱人在这里，我的婆婆也在这里帮我们照顾孩子，我非常感激老人家的辛苦付出，因此我一定会全心全意地做好工作。"我作为过来人，对她表示了肯定："你能感激婆婆的帮助，说明也是一个明事理的好媳妇。良好的婆媳关系、和睦的夫妻关系，都是做好教育工作的基础和前提，以后有什么困难，千万不要自己扛，一定要说出来，学校就是大家共同的家。"就这样，简单几句话，说到人家心里去了，这条心路也就打通了。

我刚去时，个别老师对我有偏见，认为所谓的挂职，无非就是到基层镀金，走个过场，时间一到就回去了。但是我们参与教育扶贫的工作者都明白，自己肩负的责任和使命有多重，因此更加下大力气做实事，力求在扶贫期间为学校和师生做点儿实事。

说到做实事，我想讲一下自己的招牌工程——班主任工作坊。有了这个想法之后，我向校长申请了一间空教室，并找我们的美术老师设计了标志，墙上张贴的，既有习近平总书记关于教育的论述，也有我们评选出来的"十佳班主任"语录。从愿景到标志，都是仪式感满满，绝不将就应付。

在工作坊建立之初，我就向第一批参与培训的老师们讲述了我的"六个起来"愿景，即"心在这里暖起来，脑在这里灵起来，手在这里巧起来，体在这里强起来，人在这里站起来，旗在这里飘起来"。这里所说的"旗"，就是我们素质教育的旗帜。

当一切细节展示在老师们面前，大家的热情也被激发了出来。每个班级还选定了班干部，班长、学习委员、生活委员等全部到位；每个班级分成几个小组，选出小组长，以小组为单位，到美丽的校园里，拍两组不同造型的合影，并集体决定小组的口号和标志。

通过这样的形式，小组成员之间主动搞起了团建，教师的整体氛围很快活跃起来。年轻人的活力被激发，整个教师队伍展现出勃勃生机。

我们每周授课一两次，基本按照四步进行：第一步，三分钟经典诵读，读一些习近平总书记的最新论述；第二步，由我来给大家分享教学故事，包括我从业这么多年来亲身经历的教学案例、学生事例等；第三步，针对各位老师在实际教学工作中遇到的问题，展开热烈讨论；第四步，布置一些随堂作业，检验某个阶段的学习成果。

通过这种模式，老师们很快就适应了工作坊的运行机制，并能全身心投入其中，抛出自己的问题，给出自己的观点，给予自己肯定，也给予同事鼓励。

在此基础上，我们还建立了"党员先锋驿站"，将20多名党员纳入规范化管理，开展规律的组织生活，并激励他们发挥党员的模范带头作用，促进全校教学工作高效推进。

通过形式多样的活动和规律的授课培训，抓住关键少数，与老师们心对心地沟通，凤凰中学的年轻教师们收获颇丰。有的老师获评优秀班主任，有的老师在全国比赛中获奖。

其中一位获奖老师曾经抱着我激动地说："黄校长，感谢您的到来，给我们提供了更广阔的平台，这是我第一次拥有自己的姓名牌，我很自豪！今后我还要做班主任，把教育这件事真正当作一项事业做好！"

"情感教育班主任工作坊"，一经建立就获得了老师们的认可和好评。现在，我们的活动更加丰富多彩，老师们在这里得到了知识的滋养、眼界的拓展。更重要的是，他们获得了自我认可，获得了家一般的呵护和温暖。

这个工作坊已成为教师们的心灵家园，让我们的"灵魂工程师"们，有地方交流，有地方充电，有地方展现自我。他们之间还互相评比点赞，获得同事的好评和认可，也让大家干劲十足，信心倍增。

可是，安定了教师队伍的"军心"，新的问题又来了。凤凰中学德育处的主任找到我，说学校建立才刚满 2 年，已经有 100 多名学生因为违反纪律受到了处分。有的学生抽烟，有的学生逃课，违反课堂纪律更是屡见不鲜。他问我有没有什么好办法，可以减少类似情况的发生，我想，是时候让我的德育课堂发挥作用了。

春风化雨，"问题学生梦想班"成效显著

平心而论，我觉得动不动就给学生处分的做法，有点过于简单粗暴了。高中生有他们自身的心理特点，青春期的叛逆躁动，需要心理学方面的专业疏导，方可从根源上解决问题。

于是，又一个德育班应运而生，我称之为"梦想班"。一开始，前来听课的学生说是老师让他们来"改造"的。第一堂课，就有一个学生坐在下面嗑瓜子。我见过太多类似的孩子，他们并不是坏，只是想通过某种方式引起老师的注意。

于是我走到他身边，轻声对他说："我知道你是想吸引我过来，看在你这么积极的分儿上，就由你来担任班长吧！"

那个男孩子先是怔了一下，后来表现得非常卖力肯干，也非常出色。同样，

我给"改造班"学生分了小组，并选出了小组长，通过这几个"小领袖"，加强学生管理。

与此同时，我试着让这些孩子上一些不一样的思政课。比如，在冬至夜这一全年最漫长的寒夜，引导他们拿出纸笔，静下心来回忆，评选出自己心目中最好的老师，并举出二三例，说说这位老师究竟好在哪里。

又比如，我联系了浙江慈溪这边的心理名师工作室，让老师们给千里之外的孩子们写信，针对高中阶段学生最容易出现的十大典型问题，为孩子们答疑解惑。孩子们没想到会收到远方的来信，都显得意外而兴奋。通过这样与众不同的方式，那些受过处分的孩子，重新找到了前进的方向，将更多精力放在了学习上，取得了不同程度的进步。

就这样，我把问题学生以为的"改造班"，办成了真正的"梦想班"。把许多险些浪费光阴的少年，拉回到了读书进步的正轨上。德育的力量因此更加凸显，也更加让人信服。我个人也收获满满，觉得更好地实现了个人价值。

说到教育，不得不提到教育工作的三方参与者，那就是教师、学生和家长。上面已经做好了教师队伍和学生的引导工作，第三个需要关注的对象，就是学生家长了。

培训加家访，让家长不再迷惘

凤凰中学的家长，年龄普遍为四十几岁，大都读过书，有一定的学习能力。于是我顺势开办了家长课堂，把家长召集起来，与他们探讨青春期子女的性格特点，以及必要的沟通技巧。

记得上课之初，有一位家长站起来，神情严肃。我以为我讲的有什么不妥的地方，没想到他却说："黄校长，这样的家长培训，能不能多多开展。因为您所讲述的内容，对我们来说非常必要。"我当时便点头答应，这也证明了我们开设这门培训课程的及时性。

除了把家长请进学校课堂，我们还会进行家访。我认为，只有通过家访，才能更加全面地了解学生的真实生活环境以及正在承受的实际困难，由此制订的结对帮扶方案也才更具针对性。

　　在家访的对象中，有一位小女生给我的印象格外深刻。第一次去家访时，我们才知道，他们家兄弟姐妹很多。住的房子是政府安置盖的，家里除了几张床，几乎没别的家具。但是，他们家却有满墙的奖状，老师们都觉得，这些奖状就是这个家庭的全部希望啊！我们一定要想办法帮扶这个家庭，让孩子们充分接受教育，用知识改变命运。

　　可是去过她家之后，她却写了张纸条给我。她说："家访使我忐忑不安，可能是因为有些许自卑吧！途中道路很陡，使我变得格外难受。黄校长一路上都在称赞这儿的风景好，到家后，老师们都拿着手机拍照，让我感到一丝丝的辛酸，挺不是滋味的。"

　　这一番话，让我觉得自己像一个做了错事的孩子。我事先为什么没有考虑到孩子的感受呢？高中生，正是自尊心最强的时候，我以为的关心、关爱，在他们看来，却是巨大的心理负担。

　　于是，我静下心来重新寻找突破口。我记起她曾说过，她的母亲身体不好，于是跟她说，下次家访，我们会带上医生一起去，给她母亲全面检查一下身体。我浙江的老同学知道了她的情况后，主动提出跟她"结对子"，一对一帮扶。

　　通过这一系列有针对性的帮助，这个女孩重新获得了自信心。2020年高考时，她以不错的成绩被一所师范大学录取，圆了自己的大学梦。

　　我们这种抱团家访的模式也被更广泛地运用，针对不同的家庭，提供不同的帮助，真正把教育的希望播撒出去，把学习的信心提振起来，获得了多方认可。这件事也使我更加深刻地认识到，教育扶贫切忌"大水漫灌"、套用模式，必须像绣花一样，根据不同孩子的不同状况，给予针对性关爱。如今，浙江这边和凤凰中学结对的有不少人，这样的爱心传递，已经把两个跨越山海的区域连为一体。

　　除此之外，我还主动联系当地检察院，希望检察官们可以进学校开展普法教育。他们的副检察长说，这么多年我是第一个主动走进他们检察院，希望送法制教育进课堂的老师。

　　我还发挥团队优势，经常召集扶贫团队里不同专业的人员，给予师生们不同领域的帮助。比如请医生进校园，教孩子们一些急救常识，以及青春期生理、心理方面的知识。这种医教合作、协同育人的思路，获得了师生的一致好评。对于住校生占大多数的凤凰中学来说，这些知识新奇又实用，使孩子们获益匪浅。

另外，我们还依靠慈溪教育装备中心为当地学校布置了智慧云课系统，这样即使我挂职期满了，我们浙江这边的优质教育资源，一样可以通过"云传输"的方式，送到贵州学校。我还想方设法向慈溪科协争取天文望远镜等装备，鼓励老师们去看看浩瀚星空，随后让他们带领孩子们去探索无穷宇宙。这不是单纯的观测，这是在悄悄埋下兴趣和梦想的种子。有朝一日生根发芽，其成长定势不可当。

我个人觉得，这才是教育扶贫的关键所在：观念立起来，方法留下来，设施建起来，合作传下来。

挂职期间，山重水远，开门见山，唯独不见亲人。挂职期满，即将返程，学校里数位老师前来送行，有的送上细心整理的各种活动照片，有的送给我孩子们观测月亮的图片，还有一位年长的老师，清早特意在街上买了新出炉的花生，送给我，让我在飞机上吃。我手捧这些用心的礼物，心里暖暖的，也沉甸甸的。这是什么？这是凤凰中学的同仁对我最朴实的馈赠，也是对我挂职工作的最大认可！贵州已然成为我的第二故乡，一个让我魂牵梦萦的地方。

因为背后有组织和领导的磅礴力量作为支持，我在挂职期间，信心满满，各项工作进展顺利。脱贫攻坚战打赢之后，我还受到了习近平总书记的亲切接见，这对我个人来说，是莫大的肯定和鼓舞，也更坚定了我深耕教育事业、做好园丁工作的决心。

最后，我想分享一句自己非常喜欢的话，那就是："教育的一切奥秘是情感。"唯有用情，方可温暖教师的心灵；唯有用情，才能打开孩子们的心扉；也唯有用情，才能使家长参与到教育中，关心自己的孩子，形成真正的情感教育共同体。

感谢党中央这一恢宏擘画，脱贫攻坚有你有我！

感恩自己能投身其中，发挥自己的一份光和热！

感激我们生活在全新的时代，我脚下站立的土地叫中国！

用情做教育，用心架桥梁。愿浙江和贵州的这份友谊地久天长！

黔西南州给了我很大的精神财富

口述者：黄国军

采访人：陈　泼　陈荣芳　胡龙玉

地　　点：慈溪市农业农村局

时　　间：2021 年 8 月 27 日

口述者简介：

黄国军，2018 年 4 月—2020 年 1 月，挂职贵州省黔西南州。

印象黔西南州

2018 年 4 月 25 日，组织委派我到贵州省黔西南州开展对口工作。贵州给我的第一个印象是山陡弯多，如果遇到下雨天，路一般都不好走。有一次我印象很深，那天是 2018 年的 5 月 4 日，我们"五一"没放假，一完成党校培训，就立即进入"角色"，下村去了。第一站是回龙镇，去的时候路上花了 2 个小时，到达时已是 11：45，回龙镇书记接待了我们，先了解基本情况，聊了半小时，11：30 开始走访，到 14：00 才吃的午饭。其实我们早就饿了，但都在坚持。这次初体验给我的一个经验教训就是下乡前一定要备好干粮。

第二个印象是贵州的干部确实很辛苦，他们说是"7 加黑"，没有双休日，晚上还要加班加点。他们在脱贫攻坚中付出了很多，这也是值得我学习的地方。

还有一个细节，没有经历过的人可能不相信，当时，市委市政府还没有食堂，我入乡随俗，吃了 180 多天的盒饭。我来时食堂还只是一幢板房，因此，条件还是很艰苦的。

"飞地经济"模式大放异彩

我一直在想脱贫攻坚的任务。这个路怎么走？我们来就是要为当地注入新鲜血液，发挥我们的作用，帮助当地百姓脱贫奔小康。在前期调查研究的基础上，我们结合当地产业优势特点，找准了一个精准帮扶的产业维度，提出搞"飞地经济"的模式，我负责招商引资。10 万吨铝产品深加工这个项目在黔西南州是最大的招商引资项目，产值能够达到 16 亿元，获得了巨大的成功。还有一个就是教育发展社会帮扶资金，一个协会冠名资助 100 万元，有上千名贫困学生实现结对。我们其实就是雪中送炭，而不是锦上添花，因为下一代教育好了。我们怕就怕在思想上的返贫。脱贫不是一蹴而就的。脱贫，更重要的是观念、理念的转变。

现在产业上去了，有些是政府投资的项目，有些是招商引资的项目，整个项目现在也取得了很好的效果。当地的财政收入也增加了，就业机会也增多了。

我的贵州情结

2020 年 1 月，因为病情我结束挂职回慈溪休整，后来在慈溪的农业农村局继续从事对口帮扶工作。我们取得革命胜利，革命老区做出了很大贡献，付出了巨大牺牲。现在我们换位思考，先富带后富，也是责任所在。我曾从事的纪委工作，要求我们做到六个字，忠诚、干净、担当。我们学习习近平总书记的"七一"讲话精神，"江山就是人民，人民就是江山"。我去贵州，是有各方面原因的。我以前去过贵州的雷山，当地有户人家是卖棒冰的，家里有 3 个小孩。这边没有什么冰激凌啊雪糕啊，他们只卖白糖棒冰。我们宁波的一个小朋友，吃了一口觉得不好吃，就扔了。有个孩子飞跑过去，捡起来就吃。我马上制止，掉地上的棒冰怎么能吃？他说："叔叔，这棒冰不好吃吗？"我们就问："你们家做棒冰的，没吃过吗？"他说没吃过，棒冰是家里用来卖钱的。记得小时候我舅舅也是卖棒冰的，有时剩下一两根卖不掉，就会给我吃，但是这个小朋友却连棒冰都没吃过。我们很受触动，一起捐了 2 万块钱。这个事情震撼了我们的灵魂，当地真是太穷了，家里卖棒冰的，小朋友却从来没吃过。

那时我就在想，有机会，我一定要再来贵州，我要帮他们。挂职期间，我让我儿子来贵州住了一个星期体验生活。他喜欢买玩具，但我结对帮扶的小朋友，别说买玩具，冬天还穿着拖鞋。我问这位小朋友："小妹妹，你叫什么名字啊？今年多大啦？家里有几个姐妹啊？"她略带羞怯地回答了问题。然后我问她长大想做什么。小朋友说想当个医生，因为爸爸得了尿毒症。妈妈靠做苗绣养家。小朋友在家负责割草喂牛，喂牛的时候带个小板凳，背来背去地做作业，喂完牛就回家洗菜、烧饭，很懂事。像这种事，对他们来说很平常。城里的孩子，跟他们比，真的是太幸福了。

纯朴的老百姓让我此生难忘

老百姓都很纯朴，我去的时间长了，他们都叫我老黄。我在当地帮他们引进了阳光玫瑰葡萄田项目，现在他们每年还会给我寄葡萄，葡萄一盒三串，寄到时总有一两串坏的。我知道这是他们的一份心意，但我真心疼他们，就跟他们说，不要再给我寄葡萄了，太浪费了。

有一次我心梗住院，当地的老百姓都到医院看望我，有好几百人。医院边上小店的牛奶都卖断货了。父亲知道后对我说："儿子，你这地方没白来。"为什么没白来？老百姓对你太好了。因为牛奶在当地是看望病人最贵重的礼物。还有就是送鲜花，当地一位处长来看我，跟我讲了一个笑话，他去楼下买鲜花，但是没有了，原来是最近来看我的人太多了，花都卖完了。老百姓很纯朴，我住院四个星期，老百姓自发地来照顾我，他们都是发自内心的。现在回想起来，我觉得很值得，这是他们对我工作的一种认可。他们的这份情谊我永远地记在心中，会是我一辈子的财富。

真金白银，真情实意，真帮实做

口述者：黄　列

采访人：陈　泼　梅庆生　严　佳　沈信丞

地　点：宁波市海曙区人民政府

时　间：2021 年 10 月 13 日

口述者简介：

黄列，2018 年 4 月—2021 年 5 月，挂职贵州省黔西南州贞丰县，任县委常委、副县长。

贵州的第一印象

2018 年 4 月 26 日，我跟着大部队到了贵州省黔西南州，开展东西部扶贫协作工作。当时时间也比较紧，宁波市委市政府决定由我们干部先过去，一个领队担任州一级的常委、副州长，底下各个县（市、区）配两名同志，一名是常委兼副县长，另一名是扶贫办副主任兼县政府办公室副主任。这样的帮扶力度以前是没有的，我们这一批是第一次。这也是我们响应中央特别是习近平总书记"要加大东西部扶贫协作力度"的号召，进行贯彻落实的一个具体措施。

飞机一到贵州兴义，我们这个工作组就马上开会，进行初步工作安排。第二天，州里开了会，我们简单吃了个午饭，就下到了各个县市。

我也是马不停蹄地跟着贞丰县县长，到贵州省 20 个极贫乡镇之一的鲁容乡去工作了。我的行李还没放下，县长就知道我来了，电话联系好，下午 3 点出发。路比较远，从高速路口出发，到鲁容已是晚上 11 点半。然后从鲁容乡赶回来，回到县城宿舍，这个路程在 1 个小时左右。高速公路这一段还算比较平稳，从高速公路到鲁容乡，当时正在修路，是北盘江边上的一条斜坡路。

第一天我印象最深的是当晚回县城时，快半夜 12 点了，看到前面有一片亮光光的东西，这时候还不知道边上是漆黑的峡谷。我问了一下，才知道那是供火龙果夜间采光用的。我说这晚上还是蛮漂亮的，但实际上两边的峡谷挺吓人的。

当天回到宿舍后，晚上睡不着。为什么睡不着？那个宿舍好久没人住过，也没打理过。周围都是声音，各种声音，蚊子、老鼠，什么都有，那被子也是别人的，虽然洗过了，但还是有味道，就这样过了一个晚上。

边摸索边开展工作

我们去时感觉时间紧,到那边后他们的要求也比较迫切。当时,我们面临几个比较大的困难,一是我们究竟要做什么。说是东西部对口帮扶,但是东西部对口帮扶具体包含哪些内容?尽管中央、省里有相应的文件,但是具体怎么去落实还是心中没底。二是落实过程中,我们的资金,无论是财政资金还是社会帮扶资金,究竟什么时候到位。三是资金到了之后,我们怎么做到既符合东西部协作工作的考核标准(国家对东部城市、西部城市都有考核),又符合贞丰县整个县脱贫摘帽的基本要求,真正起到助力脱贫攻坚的作用。四是人生地不熟,尽管我们海曙区跟贞丰县已经有了26年的结对帮扶历史,但对我个人来讲,对贞丰县的领导,对一些对口部门的干部以及各个乡镇情况,其实心中都没底。

在这样的情况下,我们觉得首先要把自己的军心、人心稳定下来,于是就第一时间建立了临时党支部,组织召开了工作布置会,做了很多讨论。

我们也第一时间跟当地的县委书记、县长以及分管的县委副书记做了深入的汇报交流,把宁波市要求我们做的工作和我们的想法跟他们做了沟通,尽快了解他们原来的工作情况。他们也有扶贫工作队,专门做这个扶贫工作,当然他们的力量是比较薄弱的。

在此基础之上,我们就边摸索边开展工作。前3个月,基本没有一天闲下来,周末也好,平时也好,除了工作就是整天泡在乡镇和部门。到乡镇干吗呢?就是调研,到乡、村里的项目所在地,到老百姓家里去了解情况,就我们两个人,再加上一个驾驶员。然后是到部门,比如农业农村局、林业和草原局、扶贫办、发改委等各个部门,了解它们的项目究竟有什么需求,包括教育局、卫生健康局的民生类项目,把我们的项目先排好。我们的资金是8月中下旬到位,在年底前又必须把所有到位的资金用掉,而且必须出成绩,要进行贫困户的利益链接,要进行分红,所以我们对项目非常重视。

到最基层去

头3个月，我印象最深的是碰到了一次危险，还有看到过让我掉眼泪的贫困状况。

我们去了沙坪镇最穷的一个村，去看看那边有没有适合发展的项目，就在北盘江上面，那条路很窄，也就2米左右宽。它上面是斜坡，两三百米高，坡度大概高于45度，下面就是江，而且还在下雨。那边的驾驶员胆子很大，车子开得飞快，坐在上面用宁波话说真的是"魂灵吓出"。我之前在宁波的章水镇、鄞江镇等乡镇工作过，特别是山区的章水镇，路是出了名的难走，胆子也算练出来了，但那时候还是手抓得紧紧的，真是很危险。

到农户家里走访时，一些家庭的贫困状况，让人触目惊心。其中一个是在鲁容乡的一个村里，沿路进村的时候碰到了一个人，50岁出头。村干部说这是个光棍。再走一段又碰到了一个人，我问了一下，还是个光棍。我问独身男人怎么这么多，村干部说这沿路过去很多五六十岁的男人都是单身，没钱，娶不到媳妇。

还有一次，我到一户人家去慰问，进门看到两个小孩，大概上幼儿园的年纪，然后看到一个年纪比较大的妇女，60岁左右。我就问这是你家吗？她说是的。我说你老公呢？她说老公不在，不知道干吗去了。她说的是当地话，应该是布依族的，黔西南州苗族、布依族人比较多。我说这两个小孩是你的孩子吗？她说是她女儿。我感叹两个女儿的年纪这么小。我问她多大年纪，平时干点什么。她表示听不太懂我的话，也可能是不想回答。后来陪我们一起去的村干部讲，她实际年龄大概50岁，这两个女孩是她最小的孩子。她老公是个酒鬼、懒鬼，不知道跑哪里去了。村干部说这家还有两个女儿、一个儿子，到外面打工去了，大女儿30岁左右，大概在江苏。他们也不回家，为什么呢？一回来，他们的酒鬼父亲就问他们要钱，不给钱就要打人。

我说这个地方一是真穷，二是穷得真可怜，三是可怜归可怜，有的人还很可恶。但是不管怎么样，我们必须帮他们改变这个现状。

3个月走下来，把全县的基本情况都摸透了，明白了我们应该怎么去做，资金应该怎么去用，跟当地产业的对接如何去开展。第一年花了很大的工夫，也为今后两年的工作打下了比较好的基础。

我们的主要工作

这3年里，我觉得主要做的就是对标对表，把中央有关东西部协作的考核工作的任务、要求落地。这里主要有6方面内容：一是组织领导，那边的组织领导要把东西部协作作为中心工作，这边的组织领导通过我们的反馈，也把这个作为工作的重要内容之一，使双方领导层面在思想上高度重视起来。二是资金支持，我们海曙区每年有大量的财政资金，按照上级要求划拨过去，用于那边的对口扶贫工作。我们核算了一下，3年来海曙区划拨到贞丰的财政资金大概有1.57亿元，而且每年的资金都必须做完项目、产出效益，要经得住审计。三是人才支持，这3年来，我们连续选派了医生、老师为主的各种技术人员102人，这些人有3年的，有1年的、半年的，还有3个月、1个月的，我们要对接当地相关部门，把他们放在最能够发挥他们特长的工作岗位，并做好管理工作。同时，我们还组织这边的人员，到贞丰县开展培训，或者组织贞丰县的医生、老师到宁波参加培训，这些工作都由我们起到中间的牵引作用。四是产业合作，主要是消费扶贫和企业引进。五是劳务协作，培训贫困人口，然后输送贫困人口到宁波就业。六是携手奔小康，就是鼓励社会力量参与。

这6方面工作的具体指标非常细，而且要精准到人，真正把我们的每分钱、每项工作做到精准到人。资金要花在必须花的地方，不能出现疏漏。在充分调研的基础上，扎实认真做项目。3年里我们累计做了近90个项目，包括产业项目、公共事业类项目，如教学楼、医院、道路等。

我们开展消费扶贫，促使那边的农产品走出大山。我们积极推进社会帮扶类结对，3年里我们海曙区的各种社会帮扶类项目，累计给贞丰县输送了近6000万元资金。海曙区这边的党员、干部、企业家，还有普通老百姓、学生都捐了钱，我们如果不把它用好，就对不起我们大后方的广大市民。

努力付出，终有回报

值得自豪的是，这3年里我们的项目做得非常成功。从产业角度来讲，每个产业都带来了效益，有了生命力，在那边落地生根。举几个例子，第一个是建了一个工业园区，我们分两期建成了近3万平方米的工业园区，计划还有三期建设。我带队到外面招引符合当地实际、能够较多地吸引当地群众就业的企业，比如说服装加工厂，还到浙江桐庐、嘉兴引进了种桑养蚕的企业等。可以这样讲，这些企业是贞丰县有史以来最规范的标准化工厂，而且真正解决了当地一些老百姓的就业问题，使得那边易地扶贫搬迁的老百姓有就业的去向。目前，工业园区入驻企业已经满员。

第二个是发展了适合当地的一些农业种植项目。比如说鲁容乡，我们搞了北盘江"三果"种植园，种植面积非常大。哪"三果"呢？火龙果、芒果、百香果。这里曾被评为贵州省热带水果示范精品基地，经检测，火龙果品质远超欧标，当地种植面积在6000亩左右。百香果是一年即可帮助脱贫的非常好的水果，整个乡种植了2万亩左右。另外芒果种植了3万亩左右。因此，这几年，整个乡基本上漫山遍野都是热带精品水果，给老百姓带来了实实在在的效益，我也被他们称为"水果县长"。

第三个是种植和营销茶叶。我们刚去的时候，贞丰全县种植茶叶大概2.5万亩，经过3年的努力，达到了近10万亩，扩展到了近4倍。当地的茶叶原来是粗放式种植的，品种比较单一，制作比较简单，价格比较低，销售比较难。通过这几年的发展，贞丰县已经成为贵州省种茶的一个重点县，形成了品种改良、种植加工、当地市场销售及外地品牌销售这样一条龙的茶叶产业，使得许多村、厂、乡镇变成了真正的茶叶村、茶叶厂、茶叶乡镇。

有三个非常好的例子。一是我们建了贵州省首个乡镇级茶叶交易市场，每年吸引浙江、江苏、上海、山东、湖南等地五六十个茶叶商去当地采购，年交易额达七八千万元。二是有一位村支书，觉得种茶有前途，就向组织申请，想带领老百姓去闯市场，他就不当支部书记了，现在他每年的茶叶收入有一两百万元。三是有个残疾人，原来家里很穷，收入很低，是建档贫困户，后来他种了 10 亩茶叶，目前每年收入十几万元，真正实现了脱贫。他雇人帮他去采摘，也不用自己去跑销售，有机器设备，他自己可以炒茶叶，有人上门收购，这是一个非常好的脱贫致富产业。

贞丰县共有 5 个街道、9 个镇、3 个乡，这 3 年下来，每个乡镇至少有 1 个东西部扶贫协作的产业项目，而且这些项目真正成为当地产业发展的典范和标杆。

3 年里，我们既参与完成了东西部扶贫协作这项工作，同时也参与到了整体的脱贫攻坚当中。我联系了那边两个乡镇、两个村，与当地的村干部、乡镇干部一起来做脱贫攻坚的工作。2019 年，贞丰县宣布整体脱贫的时候，我们大家都很开心，原来压力很大，突然之间有好的成果来让你分享，整个晚上都没睡好。有付出，才有收获，才有喜悦，精准地用好资金，使每一分资金都用到实处，让老百姓真正感受到我们东西部协作的力量。

扶贫经历是宝贵财富

我回宁波之后，那边的很多干部，包括村干部、乡镇干部、县干部，经常还会打电话联系我。新茶上市了，他们就寄一点给我，说今年的春茶就是我们东西部协作的干部跟他们一起种出来的。他们还送了一些水果，如百香果。虽然我们现在距离比较远，但是经历过这 3 年，大家感情还是很好。

虽然海曙区跟贞丰县已经不是对口关系，但是因为两地之间有真金白银、真情实意、真帮实做这样的工作联系和桥梁，所以他们永远都不会忘记。

其实，我们也不会忘记。在那边实打实地工作了 3 年，基本上没有周末，也没有白天、晚上，晚上经常开会到半夜一两点，白天就到下面去，不是去检查项目，就是去听取情况。每个项目我都要去现场三次以上，第一次是调研，了解情况，实地去看看，特别是产业类项目；第二次是分析透彻之后，到乡镇明确项目该怎么做；第三次是项目差不多完成时，去检查验收。有的项目地处偏远，在很高的山里，但是我们必须去，否则心里不踏实。

这个感触一时也难以用语言表达，这个经历对我个人来讲也是一种财富。看到过贫困，看到了我们上面的决心，看到了我们的希望，最后收获了成果。

第一年协作展开，第二年贞丰全县脱贫，第三年贞丰县迎接国家东西部协作的考核。我们的考核结果是"零问题"，国务院扶贫办对我们政府进行考核，我们代表宁波市也代表黔西南州迎接考核，"零问题"是非常不容易的。这当然不是我个人的成果，更多的是依靠宁波市委市政府、海曙区委区政府的高度重视，也依靠我们这支从州到县的坚强的团队。我们每个派到贞丰县的干部、人才都非常珍惜这个工作机会，用心用情，都非常努力、非常认真，也体现了我们宁波干部的优良作风。当地对我们的工作态度、工作方法都很佩服。其实人与人之间是相互影响的，我们好的东西影响他们，他们也在学习、在改正、在提高。

满怀期待的园丁

口述者：蒋建峰

采访人：陈　泼　严　佳

地　点：宁波市对口支援和区域合作局

时　间：2021 年 10 月 12 日

口述者简介：

蒋建峰，2018 年 4 月—2021 年 5 月，挂职贵州省黔西南州安龙县，任县委常委、副县长。

从贵州扶贫回来，已经有 5 个多月了。在贵州挂职总共待了 3 年多，1100 多个日夜。我们宁波和贵州，跨越 2200 多公里的距离，因为国家的扶贫大计紧密地联系在了一起。我也因此走上了一片完全陌生的土地，拥有了一段人生中极其难忘的经历，现在回想起来真是感慨万千。

去扶贫之前，我对贵州这个地方完全不了解，对它的印象基本来自地理课本和中国地图，知道要去贵州工作，而且极有可能是长期战斗时，内心非常忐忑，因为这是我第一次去那么远的地方工作。

以前我对扶贫工作几乎一无所知，扶贫概念甚至还停留在二三十年前那种拉点物资、发发钱、慰问一下的原始认知。被派往贵州，则是因为宁波对口黔西南脱贫攻坚战，不打胜仗决不收兵。作为首个办公厅派出的挂职帮扶干部，我赶赴贵州，面对一切未知和挑战。

到了那边，我做的第一件事就是实地走访，查看当地真实的经济状况。乍一看，这个县城还是挺不错的，高楼也有，交通设施也算齐全便利，以至于让我产生了某种错觉，觉得这个地方并没有想象中的那么贫困。

可是下到农村，展现在眼前的景象就不容乐观了。很多老百姓还住在传统的吊脚楼里，有人甚至还住在危房里。吊脚楼，楼下养牲口，楼上住人，一到夏天蚊虫乱飞，臭气熏天。到了楼上，环顾四周，也看不到什么电器，只见一方土灶加一口大锅，整天煮着苞谷饭，一大锅的菜，也见不到什么荤腥。

攀谈间可以发现，当地老百姓还是挺乐观的，他们觉得能吃饱饭已经是得到政府照顾了。可是当我问到一个小朋友，他的话却几乎让我落泪。这个孩子是由爷爷奶奶带大的，他说，爸爸外出打工了，妈妈不见了，当时家里实在是太穷了，孩子的母亲生下他之后就离家出走了。

通过走访，我被一幕幕类似的情景深深触动了。也正是因为这些所见所闻，我才真正理解了，国家为什么下这么大的决心、发动这么多的人力财力，来做脱贫攻坚这件事。因为贫困，有太多人看不起病、上不起学，甚至妻离子散。我既然来了，就一定要尽己所能，为这个地方的脱贫攻坚工作披肝沥胆，在所不辞！

从农业着手，打开扶贫新局面

据我了解，我们每年给这一地区带去的扶贫资金不少，但是为什么扶了这么多年还是未能脱贫呢？这不仅仅是资金保障问题，主要原因是还没有为贫困地区装上内在驱动"引擎"，靠别人推着走，"等靠要"，是很难走远的。

清楚了自己的工作内容后，我便马不停蹄地开工了。首先是把农业产业结构调整作为一个突破口，但其中也遇到了很多波折，现在回想起来还唏嘘不已。

我所在的县，是典型的喀斯特地貌，到处都是石头窝，别说是肥沃的土壤，就是能连成片的薄田都非常罕见。有的地方，只有一丁点儿土，农民也要在那儿种玉米，远远看去孤零零的，更显可怜。

安龙县的气候条件非常适合种植桑树，当地产出的蚕丝都是上等丝，丝质柔韧，品质远超其他地区。于是我风风火火上马了这个项目，前后投资500多万元，桑苗种下去后，整天都翘首以盼，盼着它们能苗壮成长，尽快养起来蚕。

可是天有不测风云，一场大雨把我从美梦中惊醒。大雨过后，桑苗全泡在水里了。我赶忙跑到地头查看灾情，并让当地政府尽快想办法抽水排涝。可是他们告诉我没用的，喀斯特地貌就是这样，低洼的地方容易积水，涵洞、山洞还会不停往外涌水，抽水机是无法短时间内排干净积水的。我站在地头，欲哭无泪！这不仅仅是500多万元的投资，还关系到当地老百姓的基本生活保障。我那颗热气腾腾的心，顿时被浇得拔凉拔凉的。那次积水，抽了一个月，又晾了一个月，总算退去。所幸桑苗耐水，后来又活了过来。而我，也从一开始的热情冒进，变得谨慎有加，更懂得调研的重要性。扶贫，尤其是农业扶贫，因地制宜永远要摆在首位，不然一切努力都可能白费。

有了这次教训，我们经过多方考察，选定了新的农产品引过来种植，其中一个明星产品就是浙江这边的茭白。浙江农科院的茭白7号，成功扎根落户贵州安龙，试种成功后，亩产平均收益达到8000元以上，可以说是非常可观了。

茶叶种植方面，我们也引进了好几个适合在贵州种植、产量效益很好的品种，试种效果都不错。除此之外，我们还引进了百香果、火龙果等水果，还有各类菌菇……现在那边的农产品，品类丰富，质量上乘，原来"天无三日晴，地无三尺平"的农业弱势地区，总算找到了一些适合自己的作物，为当地老百姓增收帮了大忙。

以产业为重，开辟脱贫致富高速路

众所周知，贵州多山，很多地方其实早就不适合人类居住了。因此，政府就大胆作为，启动了易地扶贫搬迁计划，旨在搬迁一批脱贫一批。自计划启动至今，整个贵州从山窝里搬到城镇上的人口已超过26000人。这支庞大的队伍搬出了大山进了城，可是搬出来之后能干点什么，能干成什么，就成了摆在地方政府和扶贫干部面前的又一难题。

慈溪跟安龙这边有领导互访机制。有一次，领导刚下飞机，我就趁机向领导汇报了自己加强产业引入落地的想法，领导也很支持，于是我们就立马行动促成这件事。

慈溪的小家电产业非常成熟，是全国三大小家电基地之一。万洋集团在慈溪投资建设了很多产业园，发展很好，我们考虑把产业园模式引入安龙，但前期一定要做好调研工作，确保稳妥。

在这个过程中，慈溪市给出了"腾笼换鸟"的政策，安龙县则提出了产业提升的政策，双方来来回回交流了多次，都想促成这一项目落地。为此，安龙这边给出了最大的诚意，将原本用来搞房地产开发的一块地皮，拿出来搞产业园。

产业园交通便利，吸引了很多企业前来加入。同时，经过多次商谈，企业用电从五毛四降到三毛二，极大地降低了企业的能源成本。另外，贵州这边的劳动力比较充足，企业可以根据自身特点招聘不同年龄段、不同技能的工人，这也是很大的优势。营商环境好了，不同产业的企业陆续入驻园区。2年的时间，180亩土地的基建，30多场双向洽谈招商会，200多家企业考察，14家企业落户，我们的产业园建设，创造了真正的"宁波速度、贵州效率"。

举几个比较有代表性的例子。第一个是生产 EVA 凉拖鞋的百莱克斯公司。建厂之初，这里主要生产一些基础款的鞋子。后来，工人逐渐熟练了，就边培训边增加难度，开始上新款，工艺也更复杂了，工人的收入也明显提高了。现在，我们帮企业联系购货商，将产品出口到东盟、欧盟。由于拖鞋是日用消耗品，因此销量一直很好。这家企业的厂房也从最初的 3000 平方米扩展到现在的 9000 多平方米，这一项目获得巨大成功。

第二个是瓦楞纸箱生产。前面提到过，农业方面，我们成功引进了不少水果种植项目，而水果丰收后，如果不进行包装，那它就还是普通的农产品，不能成为一种优质商品进入市场。另外，贵州这边酒厂比较多，我们也考虑，是否可以联系酒厂，拿到一些包装纸箱的供货需求。于是，我们从慈溪引进了一家企业叫福联包装，还有其他一些包装产品的下游企业，进入产业园，共谋发展。前期，这项产业发展不错。但因为近期原材料价格上涨，产业发展受到一些限制，但是我们并不气馁，正在努力寻找突破口。

第三个是弘星密封件厂，因为跟安龙这边的气候条件特别匹配，也表现出勃勃生机。其他像汽车配件厂、石斛深加工厂等，都是引进产业的代表。以产业为重，最起码解决了当地老百姓在家门口就业的难题，让他们可以一边照顾家人，一边有稳定收入，我想这才是脱贫攻坚的最大初衷。

借社会帮扶，播撒社会各界大爱心

除农业、产业方面的帮扶外，在社会人士爱心捐助方面，我们也做了大量工作，甚至拿到了中国红十字会奉献奖，这个国家级奖项让我们感到意外而惊喜。

在贵州挂职时，有很多朋友都来看我，有条件的都会带来一些爱心物资。有一次，一位朋友来看我，居然带了 100 万元现金，要我帮忙用到贵州的扶贫事业中去。我问他，现在转账多方便，为什么非得带这么多现金？他回答说："我做好事不图留名，如果转账，就有违我的初衷了。"

他是不留名了，可把我"害惨"了。我平生也没见过那么多现金，因此非常紧张。保险柜放不下那么多钱，只好把门用凳子顶住，抱着钱睡。好不容易熬到了天亮，就带上钱去了当地红十字会。为保险起见，我们对资金用途提出了明确要求，必须建立捐助资金的使用制度和台账，钱用在了哪里，必须一笔一笔记清楚。

我们建立了一个"宁波博爱帮扶基金"，50万元用来帮助贫困学生，40万元作为边缘户的医疗救助资金，剩下的10万元作为应急专项资金。事实证明，那笔钱发挥了很好的社会效益，全都用在了刀刃上。这件事上报后，受到了领导的高度重视，也受到了媒体的广泛关注。这对我们来说很意外，我们只是做了一件小事，但没想到会有这么好的社会反响。

通过这件事，我们认识到社会帮扶这部分力量的重要性，下决心将社会各界爱心人士的力量凝聚起来，加以科学引导，使爱心物资的作用最大化。现在，每年有千百万元的社会捐助资金被拨给最需要的孤残人士、特困家庭、贫困学生，受到当地群众的极大好评。

考察调研过程中我们还发现，山区不少小学、幼儿园缺少书和教具，我们就动用资源帮忙补齐。很多扶贫干部还兼任志愿者，组织了一系列支教活动，专门开办各类兴趣课。这些志愿者中，俞利平老师最典型。她发起的天文兴趣班，让山里的孩子们有机会仰望星空，探索浩瀚宇宙，心中的梦想被点燃，那些成绩相对落后的学生，也因此重燃学习兴趣。这样的工作，其作用是潜移默化的，因为脱贫攻坚本身并不单纯只是物质上的脱贫，扶智、扶志，意义更加深远。

现在，我从贵州回来已经5个多月了，但心还在那里，情还在那里。3年多的时间里，我走遍了安龙县30多个贫困村，80多个行政村。安龙的山水田间，都留下了我调查走访的脚印。3年里，我就像一个满怀期待的园丁，看着产业园规划、建设、投产、运营，为当地老百姓带去实实在在的效益。

但我做的还远远不够。虽然脱贫攻坚战已经取得胜利，接下来如何巩固成果实现乡村振兴，依然任重道远，需要一代代干部群众共同努力，去创造，去见证，去实现。

我很幸运，一段如此峥嵘的扶贫经历。我也坚信，在伟大的祖国，实现共同富裕不会遥远，幸福的花儿必将绽放于祖国的山川河流、城市乡村之间！

劳务协作模式的典范

口述者：李　明

采访人：陈　泼　陈荣芳　詹　强

地　　点：余姚市发展和改革局

时　　间：2021 年 8 月 26 日

口述者简介：

李明，2018 年 4 月—2021 年 5 月，挂职贵州省黔西南州望谟县人民政府办公室副主任、扶贫办副主任、党组成员。

受组织的委派，我于 2018 年 4 月赴贵州省黔西南州望谟县参加全国的东西部扶贫脱贫攻坚工作，这一去就是 3 年。有一个词叫背井离乡，这就是我在这 3 年当中的一个感受，当中的过程真的很艰难，但结果还是挺圆满的。能够有幸参加这么伟大的脱贫攻坚工作，对我来说是一个非常好的完善和提升自我的机会。望谟位于我国西南地区，是一个少数民族集聚的地方，我们东部地区的干部能够到西南部去参加扶贫工作，既加深了对整个国情、整个国家的认识，完善了工作方式方法，又增进了对人文知识、民俗风情的理解，是一个很大的补充。每当我想到这次经历，我就感觉整个过程还是相当难的，但回过头来想想这 3 年的付出，我认为是非常值得的。

开创之路

我于 2018 年 4 月 26 日到望谟县挂职，同时挂职的还有几位我的同事。在 3 年时间里，我们先是经历了迷惘，后逐步地找到一条东西部协作之路，再之后就是脱贫攻坚。这是一个心态的转变，是从迷惘到坚定的转变，这也使得我们最后能够取得胜利成果。

在这 3 年当中，我们做了很多事，让我印象最深刻的有这么几件。第一件就是在东西部扶贫协作的过程中，余姚和望谟结对，在整个工作过程当中，找到了一条很好的路，能够快速、有效、长久地帮助望谟脱贫，这就是劳务协作。

通过市场化运作，成立国有平台公司，并且在有关部门的大力支持下，以及我们先前工作的基础之上，再通过积极争取，成立了当地的东西部扶贫协作劳务工作领导小组，同时书记也亲自来抓这个事情。在这个过程中，我们找到了正确的路子，能够成功建立这条路子有这么几个原因：一是组织的保障，二是平台的建设，三是资金的落实，四是社会力量的大量参与。

特别是第四个原因，我们把人员发动得特别好。那个地方相对来说是比较贫穷的，思想认识也好，文化水平也好，确确实实并不是很高，但若要将他们吸收进来，那是要消化的，而消化他们的正是这些爱心企业，企业一开始的出发点肯定是爱心，当然也有自己的需求，因此，当我们把当地的劳动力送到宁波后，先提供免费的吃住，后进行培训，培训合格然后再上岗，给他们的工资定额比市场上的平均工资要高。咱们先吸收，然后企业帮助我们来"消化"。

我们的工作在这一块做得特别好，尤其是在2020年疫情防控期间，我们一边做疫情防控，一边恢复生产。望谟县支持力度最大，第一批将外出务工的人员送出去，也是疫情稳定后支持复工的第一个县。在当时的情况下，这是非常困难的，也是不可想象的。为此我们还采取了包车的形式，为了这个事我们还专门和江西、湖南、浙江几个省都打了招呼，为什么呢？因为一路过来各省都处于防疫的重要时期，而且各种人力物力都用来保障医疗物资的输送，我们很难拿到资源来护送他们。

除此之外，对于这块工作，望谟县是第一个启动的。在启动过程当中，我们的工作得到了全国政协主席汪洋的亲自批示，因此这项工作也如火如荼地开展了下去。一开始，此项工作在余姚和望谟之间进行，后来因为效果不错，被国务院确定为典型案例。

疫情防控期间，通过政府劳务输出，我们送了3700多人，之后通过他们带动整个望谟县，当地政府组织了将近7.9万人，打造成为一个东西部扶贫劳务协作的模式，能成为宁波和黔西南州合作的典范。

两个工程

我感触最深的第二件事是我在边王村遇到的一件事。那里有5个深度贫困村，边王村是其中之一。我们常常去老百姓家中走访，有一次借用老乡家的卫生间，发现他家的卫生间是干湿分离的，而且用的是马桶，要知道黔西南州农村几乎都是用蹲坑的，而且都是装在外面的。这引起了我的注意，我问了这户人家的情况，了解到了一些令人欣喜的信息，他说他们是我们送到宁波去工作的，两夫妻在医院上班，每个月能够挣到1.1万元，爱心企业将他们的生活照顾得十分好，房间就像大学宿舍一样，有卫生间，有双床房，甚至还有夫妻房。两夫妻到宁波以后，发现这样的生活方式真的很好，感叹道宾馆里的卫生间原来是这么做的，后来也在老家建了类似的洗手间。这对夫妻给我留下了特别深刻的印象。

这让我认识到了劳务协作模式的优越性。这种模式一开始就能快速、有效、长久地让一个人马上脱贫，主要原因是它的标准很低，1个人年均收入4000块钱就够了。他家里就6个人，实现脱贫只需要2.4万元，他们夫妻俩工作几个月就能赚到2.4万元，"一达标两不愁三保障"里"一达标"马上就达到了。

然后是思想观念上的转变。通过劳务协作工作模式出去的人，见过繁华的现代化城市后思想上就做出了调整。因为外面的世界跟大山里的世界是完全不一样的。

后来在为望谟县的县委班子做参谋时，我说这种模式之后作为服务乡村振兴的方式也好，作为服务整个村全面共同富裕的方法也好，还需要在村基层组织里面做到两个工程，第一个叫作"领头雁"工程，第二个叫作"致富带头人"工程。"领头雁"和"致富带头人"都必须尽量从没做过干部的人里去找，因为这些人都去外面经历过了，我们需要将他们再吸引回来，到村里做村委或者是党支部两套班子的成员，他们的思想认识就会不一样。

这批人送出去了，让他们回来，就需要出台政策，让他们把学到的技术或者能够拿到的业务拉回来做，带动老百姓致富，因此我们所做的一切都以乡村振兴为目标，这是我过去3年一直在做的，甚至现在仍然在做。虽说如今余姚跟望谟不结对了，但是这几年来还是有许多望谟人来余姚。现在广东省惠州市也跟他们在做同样的事情。而余姚则开始扶持大凉山的两个县，所做的工作也是这么几个，第一个就是劳务协作。目前，我们想做一个红色演艺厅，打算招12个人过来，长期在这里工作，让他们排练一些革命故事来演绎。

我们这个模式已经成熟了，达到了什么样的程度呢？就是每个镇都有望谟县人力资源公司，之后每个村都有定向招工的点，像余姚就有很多地方成立了望谟人的党支部，两级联合党委，甚至公司注册也是在我们这里。我们专门派了13个人跟踪服务，帮助他们办理全部的手续。

我们努力实现在"一达标两不愁三保障"的过程中，其实还有一个很大的短板，就是专项资金有很多地方达不到，医疗、教育、住房、饮用水以及道路基础设施建设，这些都有专项资金，都是没有问题的。但是一些救助的、民政托底的，或者是关于小孩子教育、医疗和孩子们的"微心愿"的东西，或者老年人的愿望，这些是专项资金做不到的，而且一个贫困县，财政资金往往是不足的。在发现这个问题以后，我们打造了两地"遥望相助"的社会帮扶品牌。

我们在望谟从事教育、医疗、民政、残疾等方面的援助过程中，收集他们需要帮扶的东西，做成清单拿到余姚来，通过余姚市委市政府和对口支援局，再通过团委、妇联、社会各界，全员发动起来，才把这些东西完成了，这是这3年当中我们实实在在做的事。我的感触非常深刻：做成这件事，需要后方的强力支持。余姚的广大市民都踊跃参与，搞了许多场大型的爱心拍卖活动，学校、医院、民间组织和企业，主动的也很多。

另外，许多东西全部是靠老百姓来发动的，具体数字我忘记了，可能有2000多万元的社会帮扶金，我觉得很不容易，而且也很感激，这些市民都是很有爱心的。

在我即将离开时，望谟县政府专门开了个县委常委会，他们将望谟县的一条6.3公里长的双向六车道公路命名为"姚望大道"，他们说这个是余姚和望谟两地情谊的见证。"望谟的老百姓以后看见这条路，问起姚望大道的'姚'是什么意思时，就可以说'姚'是我们在东部的一个亲戚。"这句话让我潸然泪下。

辛苦后的甜蜜

在这3年里，我的人生阅历确确实实得到了丰满，苦也苦过，但是回过头来想想，我觉得这就是一笔财富，百姓的那种纯朴，特别是贵州干部的辛苦付出，真的是我们在东部时所不能想象的。"白+黑""五+二""夜总会"这套模式不是口头说说的，他们是切切实实每天都在做的。我在望谟的头两年，基本上都是凌晨两点才睡觉，并且没有周末。晚上一般来说要么是会商工作，要么是到村里调研。当地的干部也都是这么兢兢业业的。像这次疫情防控期间，绝大部分村干部、镇干部、县干部，都是 3 个月没回过一趟家。即使有些人家就在不远的地方，也都没回去过。

现在听这个事情只会觉得他们很辛苦，若不是亲眼看到，是很难想象的。领导来视察工作，党委书记吊着输液瓶迎接，就这么给县领导或省领导汇报工作，这不是作秀。真的是没办法，就是这个样子的。

现在回过头来想想，有的时候觉得挺有意义。我常常感叹共产党伟大，社会主义制度集中办大事的能力很强大，在我挂职的 3 年里又有了更深的体会。

国家投入了这么多钱，就是为了不落下每一个人，我之所以有这么深刻的体会，真的得归功于党史学习教育，让我不忘初心，坚定自己的信念。我们的制度优势以及我们党以人为本的思想是他国所不能比的，我们就是螺丝钉，好好为这个国家的繁荣昌盛、人民富足做出自己的微薄贡献。

绿了荒山，富了百姓

口述者：倪耀夫

采访人：陈　波　梅庆生　严　佳　沈信丞

地　点：宁波市海曙区人民政府

时　间：2021 年 10 月 13 日

口述者简介：

倪耀夫，时任宁波市海曙区经济合作局副局长。

这个事情我做了将近10年

2011年开始，我就从事扶贫工作，那时候与我们海曙区结对的是贵州省黔西南州贞丰县。1996年开始，根据国家、浙江省、宁波市对口帮扶工作的安排和部署，海曙区结对帮扶贞丰县，主要实施干部挂职、资金支援、社会帮扶等措施。2018—2020年，国家实施三年脱贫攻坚战略，帮扶力度进一步加大，内涵也进一步拓展。我测算了一下，从资金方面就增加了大概50倍，专业技术人员互派交流原来是比较少的，主要以干部挂职为主，后来也开始加强人员交流，至少在数量上比以前多了许多，也更加频繁。

国家对东西部扶贫协作的广度、深度全面深化，重点包括组织领导、资金支持、劳务协作、产业合作、消费帮扶、人才交流、携手奔小康等七大块内容。如组织领导，就是对组织领导制度化的要求，要求互相结对的地区领导之间一年必须至少召开两次高层联席会议，具体协商推进东西部协作。如产业合作、消费帮扶、携手奔小康等各模块的内容，我们这边引导一些企业到那边去落地投资，实现当地绿色农特产品的销售等。这几年做下来，我感觉全社会参与脱贫攻坚工作的氛围已经形成了，大家都觉得应该做这个事情。这个事情我做了将近10年，以前社会参与面不广、知晓度不高，但通过这3年的努力，现在已经形成了全社会共同参与的良好氛围。

脱贫攻坚结束以后，我国现行标准下贫困人口全部脱贫。2021年国家继续实施东西部协作战略，不过不叫扶贫了，而是叫东西部协作。很多人觉得这个事情应该继续做，包括买消费产品。我们2018年做时难度很大，不像现在，人家知道你是做扶贫工作的，他们也愿意参与其中，这是比较令人欣慰的。民众，就是说普通的市民群众，也知道了。2018年之前你去问，很多民众根本不知道、不了解。因此，通过我们这几年的宣传引导，尤其是 2021 年全国脱贫攻坚表彰大会以后，老百姓都知道了，而且愿意贡献一份力量。

2020 年开始，我们在海曙区鼓楼步行街搞了一个节假日的扶贫活动，一开始推的难度比较大，因为老百姓参与积极性不高。我们征集了很多贫困家庭、贫困孩子的"微心愿"，挂出来，市民可以扫码注册成为一名光荣的志愿者，可以登录网站认领一个"微心愿"，满足一个家庭、一个孩子的小小心愿，一般都是 300 块钱以内。300 块钱一个"微心愿"，通过国家扶贫网站或线下完成捐赠。很多市民都自己扫，自己摘下"微心愿树"上的一个个"微心愿"，然后主动注册成为志愿者。老百姓对需要帮助的困难群体的爱心体现在一个个"微心愿"中，对国家脱贫战略的拥护和支持体现在日常生活的点点滴滴中。

结对贞丰县

海曙区与贞丰县结对以后，在两地党委政府高度重视和通力合作下，在两地结对 20 余年良好合作的基础上，贞丰县整体的经济社会面貌得到了很大改善，特别是脱贫攻坚三年以来。结合两地实际，我们做了短期、中期、远期规划。资金持续投入，第一年是 5000 万元，之后每年保持在 5000 多万元这个额度，初步统计了一下，3 年大概总体投入是 2 亿多元，社会资金投入 7000 多万元。通过平台化的引导，两地实际需求的匹配，共有近 100 家企业直接或间接参与到脱贫攻坚战中，涌现了一大批爱心企业，如雅戈尔集团、太平鸟集团、广博集团、帅特龙集团、华茂集团等，它们的支持力度都很大，而且是持续性的。

海曙挂职干部人才在深入调研的基础上，结合当地产业发展规划和土壤、气候、温差等自然条件，打造了一个农特产品品牌"一江三果"，就是贞丰县北盘江边特色农业水果：芒果、百香果和火龙果。一年、两年、三年成熟的水果都有，三种水果甜度和维生素含量都普遍高于一般地区种植的水果，其中高档次火龙果还出口日本等国家。百香果是水果之王，维生素含量比较高。百香果当年就可以产生效益。老百姓的投入，或者说我们帮扶资金的投入，当年就能产生效益，对当地的扶贫带动效应非常好，很多贫困户当年就可以得到分红。火龙果两年成熟，芒果是三年，这是一个梯度培育的产业。通过自己的务工收入，加上土地收益和村集体分红，很多老百姓当年就实现了脱贫。

2021年开始，贞丰县与海曙区的结对调整为与广东省惠州市惠阳区结对，两地的合作照样很好。我们现在也还在联系，贞丰的朋友说火龙果成熟了，请你们有空来品尝一下。可以说，"一江三果"这个产业是可持续的，也是比较成功的。

我印象比较深的另一个产业就是茶叶。贞丰县的茶叶资源还是蛮好的，而且适合种茶。你看它这个山，全年雾气缭绕。当年知青下乡时，也种了一些茶叶，还一直在，最好的是1000多棵百年古茶树。我们认为，贞丰的茶叶经济价值没有被充分挖掘，技术和宣传包装都需要进行深化。

在充分调研对接后，我们与当地县委县政府相关部门一起对茶叶做了一个规划，面积扩大到近10万亩。我们把茶叶这一块做大，引进了一家企业，企业到贞丰去投资，做技术加工。现在做出来的白茶、绿茶、红茶，我们海曙这边政府机关都在用，因为质优价廉，我平常喝的就是贞丰的绿茶，我们每年都采购，我自己也买了一点儿。贞丰的回暖时间比宁波早1个月以上，当地的明前茶上市的时间比我们早，绿茶的价格为每斤300~500元，远远低于我们本地很多产茶地价格。我们很多单位的招待用茶，就是用他们的茶，红茶、绿茶、白茶都有。

茶叶是一个很好的东西，中国茶的历史文化源远流长，做好了市场前景广阔，而且茶园对当地的生态环境改造大有益处。我们引进的企业，专做白茶，就取名为"老树古茶"，绿色生态，在宁波这边销售很好。茶叶也是我们重点打造的产业，为此我们还专门申报了一个研究课题："多方参与和市场驱动下的可持续减贫模式——贵州省贞丰县发展茶叶产业案例"，还获得了第二届全球减贫案例最佳案例。

我们也一直在研究怎样可持续地扶贫，脱贫不是简单地输血，更是造血功能的打造。就是说你不去帮扶他了，他照样能发展，就是我们在与不在一个样，那才是真正地发展了，而不是说要通过不停地去投入，不停地去帮扶，他才能发展。不需要输血，他照样能够持续地发展，我们留下的产业、基础设施，包括一些理念会一直延续更新下去，他具有自我造血、自我进化的能力、自我发展的动能，这个才是我们应该达到的真正目的。

社会帮扶这几年的力度很大，而且整体效果也很明显，不仅仅在于物质方面。我印象最深的一个例子，那天是贞丰县的县长到宁波调研，想看看在海曙区务工的乡亲们，我们带她到了广博集团。广博集团这几年一直在吸纳贫困地区的劳动力，工资待遇普遍较高，基本在 5000 元以上。有一位贞丰籍务工者李桂花，非常勤劳，非常上进，新闻报道过好几次，她从一名普通劳务工作者做到班组长，一个月收入将近 1 万元。

县长一行到广博集团慰问老乡的过程中，有一位小伙子的话让我很感动。他说："我从 2000 多公里外的贵州来到宁波，却像回到了自己家里一样。"我们都有些好奇，从这么远的地方来到宁波应该是人生地不熟，各方面也应该有点儿不适应。他却当场解了我们的疑问："我真的一点儿不适应的感觉都没有，就像是回到了自己家一样。因为我从小在宁波人援建的'宁波小学'读书，一直以来能看到和听到关于宁波的一些人和事，所以说到宁波务工就感觉回到了家一样，很亲切。"他就说了这么一句话，很实在的话，我很感动，包括我们领导也很感动。

我们在贞丰县还搞了市场建设，贞丰前几年整个市场机制不是很完善。比如说茶叶，为什么老百姓不愿意扩大种植面积？因为没有一个专业的市场。炒好茶叶以后，就在马路边摆着卖，整体价格卖不高，而且因为缺乏技术和先进的机器设备，也没有品牌概念。我们去了以后，援建了一个茶叶交易市场，后来变成整个黔西南州的扁茶交易中心。整体的茶叶价格包括品质都上来了，因为有统一的交易时间，统一的交易市场。贞丰县回暖时间早。茶叶一般都是很早就上市，宁波可能要到清明前半个月，他们 2 月就已经上市了。茶叶市场建立以后，当地茶叶价格都提高了，达到了茶农增收的目的，极大地提高了农民种植茶叶的积极性。我们投入技术并实行品牌运营后，茶叶的产品附加值也提高了，形成了一个良性循环。

我们还搞了一个蔬菜交易市场，把周边的农民也带动起来了。他们原来没有统一的规模化的蔬菜交易市场。农民有富余的农特产品，一般在乡镇的市场或马路边交易。贞丰离广东比较近，很多农特产品都是卖到广东去的，但是从老百姓手里一户一户收，价格肯定不会高，大客户也不会过来，自从有了这个专门的蔬菜交易市场，就把周边区域的人都吸引过来了，对区域整体的农业发展是很有利的。

后来，我们还搞了一个工业园区，叫海曙贞丰工业园区，实行集约化管理，引进企业落户到园区内，产业集聚带动当地就业，同时也提升了当地的制造业发展水平。虽然还是一期开园运营，但我觉得至少为他们点亮了一盏灯，慢慢地把当地的经济给带动起来，整体的市场活跃度也会慢慢提高。

社会民生方面我们也做了大量的努力，除了学校、医院之外，做得比较出色的是对贫困学生、贫困家庭的关爱。比如说团委系统推出的爱心午餐、爱心晚餐，比如说家长最关心的孩子上下学问题。我们资助一个小学生是 1000 元一年，初中生、高中生包括大学生的资助费逐步提高。这种资助能够部分解决贫困学生的困难问题。教育事关下一代，如果那里的小孩子受到良好的教育，就能根本性地改变当地落后的面貌。我们还尝试做留守儿童的管理工作，很多家庭的主要劳动力都到外面去打工了，留在当地的小孩子都是爷爷奶奶、外公外婆带，他们的教育引导和健康成长也成了我们的工作重点。

接下来的工作任务

这么多年的对口帮扶和协作，让我认识到，只要从当地的实际出发，做到因地制宜，充分发挥当地的资源优势，就一定能够成功。2021 年开始，海曙区跟四川凉山喜德县结对，4 月确定结对关系，5 月第一次去对接调研。

调研和对接后，我们马上就投入具体的工作了。目前，主要在做的是这么几件事。

第一个是消费帮扶。现在从凉山那边过来的农产品价格比较高，运输时间比较长，所以我们在考虑，是不是在西昌、宁波各建一个仓库，形成一个物流系统，整体打包运作，把成本降下来。我们测算过，找了几家物流公司做方案，整体物流成本可以下降逾 40%。

第二个是劳务协作。凉山地区一共 17 个县（市），有 11 个是国家级、省级重点脱贫县。大部分青壮年选择外出务工，留驻当地的脱贫群众因各种原因外出务工意愿普遍不强，现在要做的就是帮他们巩固脱贫成果。我们在那边设培训车间，跟当地人社部门一起设立就业孵化中心，宁波的企业过去给当地人进行培训，培训合格后直接上岗，参加培训的人可以在当地就业，也可以到宁波就业。我们通过向当地扶贫车间下订单的形式给当地带去业务，这种模式有自由选择的空间，得到了当地老百姓的普遍欢迎。

新的对接已经开始，相信接下来的东西部协作我们会做得更好。

我经历的扶贫工作

口述者：钱赛红

采访人：陈　波　梅庆生

地　点：宁波市对口支援和区域合作局

时　间：2021 年 9 月 17 日

口述者简介：

钱赛红，女，现任宁波市鄞州区农业农村局党委委员、副局长。

共享稻田

2017 年开始，鄞州区结对吉林省延边朝鲜族自治州和龙市，2018 年与贵州兴义结束结对关系，调整至延边朝鲜族自治州延吉市，这样一来，鄞州区结对延边和龙、延吉两个地方。延边地域辽阔，民族特色浓厚，人口不多，只有 20 余万人，朝鲜族占了近 50%。延边的森林、土地资源都是比较丰富的，有较大的发展前景。延边不像贵州那样贫困，相对贫困的是集体经济，其实老百姓相对还是富有的，集体经济稍微薄弱一点。

我们第一次去和龙，到了一个叫光东村的地方，习近平总书记曾去过，那里盛产大米，口感真的是很不错，有点糯，又有一股清甜的味道。2017 年，他们的大米还没有引到我们宁波，我们吃的大米多是"稻花香"，还有黑龙江的五常大米。我们第一次尝到那个大米，就感觉真的不错，后来我们几个代表团都过去了，考察了那边的农特产品情况，觉得应该为他们的大米开拓一下市场，后来我们就提出了搞"共享稻田"，第一年在光东村试点，然后拓展到和龙平岗地区。"共享稻田"就是运用"众包、众筹、共享"新经济理念，一方面把对口地区的特色优势农产品直供鄞州区，让鄞州区群众共享口福；另一方面把最大的收益留在对口地区，让对口地区群众特别是困难户共享收益、增收增效。

"共享稻田"对于光东村的发展贡献挺大的。该村结合"共享稻田"，大力发展农文旅产业。第一年，试点的"共享稻田"就完成了 400 万元的销售额。光东村村集体收益还是很不错的，净收入近 100 万元。他们用这些资金开始发展集体经济，把集体产业慢慢打造起来了。

2019 年、2020 年，"共享稻田"每年有 1000 万元左右的销售额，都是通过发动干部职工、企业、社会爱心人士来认购。虽然我们这边反映大米比较贵，每斤 10 元，但是大米的直接收益是通过设置公益性岗位让当地的贫困人口来分成的。3 年来我们销售了 2400 万余元的"共享稻田"大米，利润超 600 万元，带动脱贫人口 1600 余户，户均增收 3000 元左右，效果还是蛮好的，也被一些中央媒体进行了宣传报道。

山丘市集

2018 年底，国家提出了消费扶贫概念。从 2019 年开始，我们在鄞州区的南部商务区搞了一个消费帮扶特色民俗风情街区——山丘市集，这个街区共有 1 万平方米左右，也是在宁波市对口支援和区域合作局的指导下建成的，针对我们对口的八大地区，把一些餐饮、农特产品，还有一些风俗民情、旅游产业等，在我们这个南部商务区集中展示，把大山里的东西带到城市。

目前，八大对口地区都齐了，框架也已经搭好了，当时是 1.0 版，现在想把它打造成 2.0 版。我们的帮扶活动可以在那里搞，每季度差不多做一次民俗风情展示，通过这个风情街区，可以展示我们对口地区的一些特色产品，让宁波市民知道我们宁波有八大对口地区存在，也可以让市民在那里直接买到比较正宗的对口地区特产。南部商务区水街本来人员不多，有点冷清，通过我们风情街区的打造，现在很热闹了。以前这个地方白天都是白领办公，晚上灯一关，冷冷清清，现在晚上人还有很多，车都不好停，等于打造了很好的夜市经济。

当然，现在更多的是展示功能，销售功能相对还是有所欠缺。我们一直想把那块街区打造得更完善一点，景区化、餐饮化，再把民俗风情的体验加进去，以吸引更多的人。

助学典型

除了共享稻田、山丘市集这两块比较有亮点的工作外，还有一个典型人物，就是周秀芳老师。几次接触下来，就能发现她在做对口地区的支教助学工作时有多用心。四川凉山有些孩子是真贫困，而且上学很困难，家在山区，分布很散。前段时间周老师去了泸沽湖边的一个小学，发现有的孩子上学要走一两个小时的山路，学校也没有集中住宿的地方，因此她通过我们的社会组织比如"善园"等渠道，筹集了一些社会帮扶资金，到那边给一些女学生建宿舍楼。

周老师是哪里有需求就去哪里，我们是 2021 年 4 月开始跟凉山结对的，到现在我去了 3 次，自认为去得还算频繁了。但周老师从 6 月开始对接，就已经跑的比我多了，这个月 21 日又要过去，到那边成立一个周秀芳爱心教育工作站，还对接了一家北京的企业，与我们在那边的一个现代农业园项目合作搞一个研学基地。把研学基地搞好，就能把我们援建项目的效益提上去，否则援建项目弄好了，客流量没有，效益还是出不来。

周秀芳老师所做的一切纯粹是自发的民间的一种助学行为，她做得很用心，真的是带着一种感情去做的，而且年纪也这么大了，一般人都想在家里歇歇，她一大把年纪了还跑来跑去，每次都是带着自己的资源过去，她就是想实实在在地为贫困地区做一点事情。年纪大了，她就拖着自己的儿子一起去，现在儿子也参与了，不愧是全国道德模范。

工作机制

对口工作是一项综合性的工作，需要统筹各条线、各层级的力量，更需要把企业、社会组织、爱心人士等引导进来。我们成立了鄞州区对口协作工作领导小组，并设立了办公室，对口办作为牵头部门，统筹协调各部门各单位共同推进。我们这一块工作，有 40 多个部门参与，鄞州区全部镇街都参与其中，都跟对口地区结对，每个部门，包括工会、共青团、妇联，都参与到社会帮扶工作中，每个部门都有任务要求。而且鄞州区领导十分重视，将对口协作作为一项重要的政治任务来推进，光上半年常委会就 4 次研究部署对口工作。

山海协作

现在都在谈共同富裕，说得通俗一点，你富有了，其他几个兄弟还穷着，那你肯定要多干点嘛。现在浙江省要建设共同富裕示范区，在建设全国首个共同富裕示范区和加快山区 26 县跨越式高质量发展两大战略的大背景下，作为在省域层面推动共同富裕的着力点之一，山海协作被赋予了新的内涵。山海协作的对象主要就是 26 个山区县，我们鄞州区对口的是衢州市衢江区。2013 年，鄞州与衢江正式推进山海协作工作，先后推进了山海协作产业园、"消薄飞地"、"科创飞地"等产业合作平台，并在全省率先启动了乡村振兴示范点建设，打造了"蛟垄样板"。

另外，丽水景宁是我们结对帮促地区，最早是我们 10 个乡镇与景宁 10 个乡镇结对，每年都有帮扶资金过去，互相学习、互相交流。2017 年调整为一个县结对一个村了，鄞州与景宁的杨绿湖村结对帮促；2021 年 6 月，省里下发了通知，省农业农村厅牵头，结对帮促工作与山海协作并在一起，就是集中力量到衢州市的衢江区推进山海协作。

晴隆支教印记

口述者：童富远

采访人：陈　泼　何路旦　詹　强

地　点：宁海县农业农村局

时　间：2021 年 8 月 19 日

口述者简介：

童富远，2019 年 9 月—2021 年 3 月，挂职贵州省黔西南州晴隆县第三小学，被评为晴隆县脱贫攻坚优秀共产党员，荣获宁波市脱贫攻坚突出贡献奖。

在我到晴隆第三小学支教期间，郑栅洁书记对我的名字做了重新释义，说我这个名字起得好，寓意让百姓变得更富，让儿童走得更远。这一全新的诠释，赋予了我的扶贫工作更深远的意义。

在晴隆支教的一年半时间里，我担任副校长，主要负责以下几项工作。

发起"课桌圆梦"行动

作为"课桌圆梦"行动的发起人，我们的这一计划，为晴隆县 11 个乡镇、50 多所学校送去了 1 万多套课桌椅，价值 200 万元。

初到晴隆，我们看到的课桌椅，和我们小时候读书时使用的差不多，有的甚至比那时候的还要陈旧。有一次，我去考察一个学校，一个班级里居然有四五种课桌，六七种凳子。有的孩子甚至用的是家里那种塑料凳子，塑料凳子还是缺角的，桌子也是摇摇晃晃的。那次我一次性为他们提供了 200 多套课桌椅。

"课桌圆梦"行动得到了中央电视台、"学习强国"平台、新华社、半月谈、"中国蓝"等各级媒体的多次报道，体现了宁海县政府和人民东西部协作、助力脱贫攻坚的决心。

当好"传话筒"

作为宁海教育局和晴隆教育局的联络员，我尽心尽力，勤奋奔波，谦虚认真地做好"传话筒"，并把各项工作按局里要求落到实处。

2019 年 11 月，我前后奔波对接落实宁海县党政代表团赴晴隆考察帮扶工作和"甬黔携手，党群同心"宁海晴隆教育扶贫专项活动。

2020 年 6 月，我全力以赴、细致入微对接落实"宁海晴隆 2020 教育扶贫专项活动"。6月15日上午9点，宁海县2020年"情暖晴隆，课桌圆梦"行动暨宁海晴隆"互联网＋教育"远程互动教学点揭牌仪式在晴隆第六中学隆重举行。上午10点，宁海、晴隆两地各5个远程互动教学点同时进行"互联网＋教育"空中课堂远程教学研讨活动。下午1点半，宁海教育支援工作团分成7组走访考察，开展教育帮扶活动。

2020年4月19日和5月13日，我先后协调落实2批支教教师工作对接和生活安排，明确学校分配和迎接工作方案及服务指南，为他们做好生活保障。

2020年11月16日，宁海12名教师赴晴隆支教1个月。我与晴隆教育局做好前期对接工作，落实好教师们的吃住等生活保障，并指导新来的支教教师快速融入、开展工作等。

在平常，我还要仔细做好两地教育局的资料接收、转发和存档留册工作。

做好"勤务兵"

我是支教工作组的一个小组长，落实好支教老师的生活保障，是我的重要职责。这方面工作包括给支教老师们找房子、落实他们的具体工作安排、指导他们如何开公开课或讲座等。事无巨细，每一项都关乎支教老师们的日常教学和生活，所以我有责任把这项工作落实好。

为了对接落实宁海、晴隆两地学校结对帮扶活动，我的主要工作有四点：一是接受宁海学校的咨询，指导它们开展结对帮扶活动；二是主动收集结对学校的函件、行程安排、新闻报道、公开课、讲座、捐赠凭据、结对名单、活动照片等，并转发给教育局和扶贫办；三是针对宁海有些学校资料不全甚至空白的情况，主动联系学校把资料补齐；四是收集晴隆学校到宁海学习考察的资料。

2020年底，宁海县结对学校赴晴隆开展帮扶活动开始频繁。11月11日，宁海县教育局王建东副局长带队来自7所宁海学校的30人赴晴隆开展帮扶活动，我负责全面对接和全程陪同工作。10月和11月，宁海先后有20多所学校赴晴隆开展活动，我都做好了服务、对接和陪同工作。

齐心打造"书香校园"

我挂职的晴隆县第三小学,是一所处于城乡接合部,有着 700 多名学生的学校。要提升学校品牌,首先要走进它、了解它。我作为晴隆县第三小学帮扶团的团长,与来此支教的 5 名老师一起,群策群力,发挥专长,以"书香校园"为主题开展相关支教工作。

到一个新的环境,首要工作是融入。我经常到每个办公室聊工作、聊学生、聊家庭教育、聊子女培养等,跟同事们打成一片。我把每个办公室老师们的座位画了下来,并标上了老师姓名、所教班级、所教学科,以便下次能更快地叫出他们的姓名,以此拉近距离,增加亲近感。

我天天拿着笔记本,时时处处观察记载学校里发生的点点滴滴。根据自己的所见所闻,从实际出发,初步设定好如何从班主任工作、少先队建设、班干部管理、书香校园建设、学生成绩等方面来提高学校的办学质量。

比如看到有些班级布置凌乱,缺乏班级特色,就开展了"美化班级"评比活动,改善学校环境和加强班级特色。

又如看到学校特色是"书香校园、经典诵读",但是氛围却不浓,就给每个班级配发课外读物和国学经典,要求每个班级在午读时间读、背一篇国学经典和独立"静阅"课外书。针对学校没有坐班制,整个午读时间大部分老师并不下班,我提出每班要培养值日班长,进行班干部轮流管理制度。午读时间,有些班级管理不良,就亲自到班级进行指导培养。平时我还跟学校领导们、教师们交流宁海先进的办学理念和宁海教师们勤奋的工作作风。

比如说葛群杰老师,前期定位就很好,每年开展两次活动。春季活动的主题是"书香小家庭"和"十佳小书迷"评比,秋季活动则是围绕"书香校园"做一个大型汇报演出。两次活动办下来,效果非常好。

王建友、林建英两位老师,则把楼梯文化和走廊文化充分发掘出来,全部布置成书香校园的特色。原来走廊和楼梯都是空白的,他们就利用这些区域,设计版面,进行张贴布置,受到一致好评。

我去之后,发现学校的书不太多,于是就筹集了 1200 多本国学经典和

3000 多本名著,这些书就放置在教室后面。但学生一开始并不愿意借阅,担心弄丢了还得赔。为了打消他们的顾虑,我就挨个教室去给他们解释,借书不用登记,每个教室放了几百本书,可以随便申请,随便阅读,哪怕破了、丢了都没事。书是用来读的,这些书放在教室里被借阅,比放在图书馆书架上没人读要好多了。

就这样做了一年,这项活动可以说非常成功。第三小学的"书香校园",在晴隆县非常有特色,已经小有名气。

现在这一特色活动得以保持下来,年年开展,收效显著,当地的校园文化基础建设也得到了极大改善。现在,你只要走进校园,就能接触到书。原先当地师生的很多顾虑,以及对教育的认知,也发生了很大改变。

做好"资料收集员"

除上述工作外,我还负责支教老师、宁海教育局以及宁海 40 所学校等相关资料的收集工作,这也是我花费精力最多的一项工作。毕竟各级的检查,对资料要求非常多,所以我经常整理资料到深夜。

整理的资料类别,有大面上的,也有非常具体的。比如说我们宁海的 40 所学校,每所学校都需要保留针对晴隆帮扶送教的相关痕迹,包括照片素材、安排记录、银行流水等。

而与支教老师相关的资料则包括他们上过的公开课和做过的讲座,内容详细到必须收录每次送教活动的现场照片、签到簿,以及上课的教案等。另外,支教老师在晴隆所对接的一些资助,也需要保留好照片和银行单据。

40 所学校的对接资料,再加上这两年支教老师的资料,素材非常多,工作量非常大。2019 年宁海去了 29 名老师,2020 年去了 34 名老师,这么多老师的资料也需要汇总到我这儿,再由我进行整理、检查,久而久之,我都成教务处人事专员了。

到了年末或者是考核来临之前,资料收集提交任务就更重了。比如填写人才培训统计表和相对应的印证材料,讲座、公开课的培训通知、签到名册、活动照片、课件教案等;撰写东西部协作典型案例;提交捐赠帮扶结对统计表和印证材料，其中包括清单、收据、照片、仪式、文稿、报道；统计两地学校结对帮扶活动等。高强度的资料收集整理工作，使我经常工作到深夜，腰酸背痛，一看电脑眼睛就痛。

为当地的孩子送去希望之火

一开始去支教时，我总担心自己做不好。但是我深信，只要踏踏实实、谦虚本分、低调去做，就一定能做好。

当我看到当地条件比较差时，我就在思考该从哪些方面去改善。当地饮水困难，经常停水，很多地方的村民喝不上水，有些学校甚至喝接的雨水，就是屋顶的水流到池子里，一年到头喝这样的水。

那么我们该如何解决这个问题呢？我们向他们捐赠饮水机，帮他们对水进行过滤，每半年更换饮水机滤芯。在更换的过程中发现当地的水质真的非常差。滤芯取出来，全部都是黑的，滤芯孔全被堵住了，真是让人触目惊心。

除了物质条件的改善，教育理念的变化、知识重要性的深入人心，是我们带给当地人最重要的改变。国家层面也在强调，扶贫先扶志，扶贫必扶智。我们教育扶贫工作者，真心希望能通过自己的辛勤付出，为当地的孩子送去希望之火，点燃他们走出大山的梦想，照亮他们前进的道路。

我们也希望通过与当地教师的交流对接，将最新的教学理念和方法留在当地，宁海和晴隆的教育系统可以互通有无，相互促进，这是我们教育工作者最大的心愿。

因为上述工作的顺利完成，我先后获得"晴隆县脱贫攻坚优秀共产党员""黔西南州脱贫攻坚突出贡献奖""宁波市脱贫攻坚突出贡献奖"等荣誉。而这些工作能够顺利推进，离不开宁海县委县政府，以及广大党员干部和人民群众的支持。我是站在巨人的肩膀上获得这个荣誉的，其实就是站在大家的肩膀上摘了一个"苹果"而已。

一年半时间，在繁忙的工作中一瞬即逝。一种感觉油然而生：年近半百，还能参与脱贫攻坚这一轰轰烈烈、彪炳史册的伟业，还能为祖国建设发挥自己的一份光和热，仿佛岁月在燃烧，人生有了更大的意义。虽然劳累，却有成果；

虽然孤独，却有快乐。我克服背井离乡的寂寞和乡愁，克服客居他乡的不适和困难，累倒过，也病倒过，但我在教育扶贫、脱贫攻坚的人生道路上，情怀与梦想齐飞，责任与担当并存，以坚定顽强的意志力和尽心竭力的责任心，做一头辛勤耕耘的"老黄牛"，兢兢业业，无私奉献！

我在并嘎这一年

口述者：王　东

采访人：陈　泼　严　佳　沈信丞

地　点：宁波市公安局

时　间：2021 年 11 月 15 日

口述者简介：

王东，2019 年 11 月—2021 年 1 月，在贵州省黔西南州雨樟镇并嘎村挂职。

我叫王东，是宁波市公安局的一名人民警察。2019 年 11 月，我接到组织交给我的一项任务，要我去贵州省黔西南州驻点参与公安部和宁波市的合作帮扶。

一接到任务我就蒙了，这么多年，我都在公安系统，让我去扶贫，可真难为我了。警察去扶贫，究竟能干点啥，怎么干，当时我心里一点底都没有。

就这样，怀着忐忑的心情，我们这支由 7 个人组成的小分队，向黔西南州进发了。

刚到县城，我心里还有一丝窃喜，心想，这地方也不算贫困嘛，也有高楼大厦，也算车水马龙，说不定就是派我们来看看，应该不难搞定。可是，当我们到达入驻的村子时，几个人就都傻眼了。没想到这边的城乡差距如此之大，农村的贫困让人触目惊心，我瞬间觉得肩上的担子有千斤重。

我们属于公安部与宁波合作的一支派驻扶贫力量，与其他有计划、有资金的扶贫组织不同，我们属于临时派出，没有经验，没有经费，没有计划，什么都需要摸索，资金也需要我们自己想办法。

可是，我们是人民公安！没有什么困难会把我们打倒，更何况这次接受的任务，事关脱贫攻坚的国家战略，事关百姓脱贫致富的人间大事，我们必须全力以赴。

一步到位驻村，一举一动走心

既然是去扶贫，我们就直接住到村里去。我们驻扎的这个村子名叫并嘎村，是个以布依族、苗族为主要人口的山村。刚到那儿时，我们发现，村民们对我们这些"外人"有点敬而远之，并不是很喜欢跟我们聊天。

于是，我们脱掉衬衫、皮鞋，换上轻便的服装，拿上笔记本，7 个人分成 3 组，挨家挨户地走访。每到一户人家，我们就对这家的人口组成、收入来源、实际困难、居住环境等进行全方位的调查评估。有些贫困程度特别严重的农户，光一份调研材料就有四五页。因为只有做到了全方位了解，才能更有针对性地帮扶，真正为他们解决急难愁盼。

通过走访我们发现，有的人家确实非常贫困。有的房子连门都没有，有的没装玻璃，屋顶漏雨等情况更是不在少数。村里更没有什么公共活动设施，这个古老而贫穷的村落，急需一些外部辅助力量来改变现状。

对于帮扶这样一个地处祖国西南贫困地区的少数民族村寨，面临的困难和挑战是我们无法想象的。一是没有钱，我们去了7个人，没有专门的资金支持，要想干点实事，就得自己想办法回宁波做招商、拉赞助、找资金。除此之外，动员工作也不好做，因为我们能够感受到，对于突然造访的我们，村民们还不能做到信任和认可。

为了尽快融入，我们把自己当作并嘎村的一员。除了挨家挨户排摸一手信息，与村民面对面交流之外，有的人家缺乏劳动力，我们就帮着开垦荒地，让他们有地方种粮。有的人家没地方盖房，我们就帮着选址整地，帮着修建新房。就这样，我们同当地村民同吃同住，彻底改变了他们对扶贫干部"坐一坐、问一问、转一转"的印象，泥巴裹满裤腿，汗水湿透衣服，这些我们都不在乎，因为我们就是并嘎村人，我们愿意与村民们一起努力，只为让他们过上更好的生活！

经过不懈努力，我们成功联系到了一家专门制作警用服装、鞋子的工厂，他们愿意在当地建厂招工。于是我们又返回村里，对着档案挑选出有能力的劳动力，送进工厂，实现了家门口就业。这样，既让一部分村民有了固定收入，带领全家脱贫，同时还可以照顾家里的老人、孩子，他们对这一扶贫项目非常认可。

另外，我们还广泛鼓励村里的年轻人异地就业。比如，我们曾为当地争取到宁波这边150个辅警名额，希望通过这种方式，让一部分有能力的年轻人走出来，通过实干实现脱贫，同时也可以开阔眼界。

一年的时间虽然不长，但村里人都对我们非常熟悉了，见面都会热情打招呼,有什么想法和困难也敢于说出来,愿意向我们求助。我们还一起筹措资金,为村里建了一处村民活动中心,世世代代务农为生的村民们,在闲暇时间也有了一处活动场地,村子的氛围更融洽了。我们看在眼里,喜在心头,觉得自己的付出是值得的!

用心改善医疗,百姓交口称好

去到当地没多久,我们就发现了一个急需解决的问题,那就是当地群众的看病难问题。村里的诊所,因为条件差,没设备,留不住医生。附近的乡镇卫生院,海拔高,山路难走,老百姓生病了,往往要开车一个多小时才能到,硬件条件也非常落后,很难满足附近十里八村居民的看病需求。

于是我们到当地的卫生局了解情况,走访卫生院的大夫,力求掌握当地真实的医疗资源需求和医生在工作上急需改善的条件。拿到了一手调研资料,我们就回到宁波,动员社会各界尤其是企业捐款捐物,共同为当地医疗条件改善出一份力。

当时工作的开展还是遇到了不少阻力。很多企业不理解,说我在本地也可以献爱心,也可以承担社会责任,为什么一定要让我把钱捐到贵州去?我们就把国家的扶贫大计,把做好脱贫攻坚、医疗扶贫工作的重要性一一讲给他们听,好钢要用到刀刃上,社会援助力量也理应送到更需要的地方去。况且脱贫攻坚是国家战略,企业有担当,社会效应也会好很多。

就这样,我们在宁波苦口婆心做"说客",到贵州还要事无巨细监督卫生院改造。前前后后,我们为乡卫生院捐资 160 万余元,医院设备更新,住院条件改善,以后再有头疼脑热的小病,附近村民也不用担心看病难了。医生们的工作环境改善了,人才流失也少了很多。

针对贵州地区潮湿,很多村民深受风湿关节病困扰的状况,我们联系了宁波这边的中医,为卫生院做风湿关节病方面的培训,并配备相应的理疗设备,风湿关节病的治疗效果非常好,这一举措,极大地缓解了村民的痛苦。

医疗扶贫,紧迫却又急不得,需要我们设身处地为老百姓考虑,才能把事情做扎实。现在,一想到村民们就医条件改善,我心里就美滋滋的,扶贫工作,让我看到了更多人间疾苦，也体会到了尽职尽责、为民服务的快乐。

做好教育帮扶，呵护乡村未来

回顾初到并嘎村的经历，有一幕情景至今让我难以忘怀。

那是一个雨后的下午，我们小组去一户农家走访。当时就见一个小姑娘蹲在地上，就着一条窄窄的板凳在写作业。小姑娘头发略显蓬乱，衣服上还沾着泥巴，显然刚干完农活。

我也是一个父亲，看到当时的情景，眼泪一下就涌了出来。我们的孩子享受着比这不知道好多少倍的物质条件，我们做父母的还总是觉得不够，可是这里的孩子却还在承受贫困的煎熬，依然坚持努力不放弃。我当时就决定必须把教育扶贫这块做起来，解决农村孩子居家学习环境差甚至上不起学的问题。

其实，教育扶贫工作确实是历年来扶贫工作的重点，一批批的扶贫工作人员和爱心企业积极努力，援建了不少山村小学，有些爱心小学的硬件条件并不比城里差。但是，在贵州山区，家家户户普遍有 3 个以上的孩子，贫困家庭的比例也很高，他们连最基本的吃穿住都是问题，就更谈不上舒适的学习环境了。因此，急需解决的还有孩子们回到家如何舒适、安心学习的问题。

我们把这一情况给局里领导做了汇报，最终决定，以每位局领导所在党支部为单位，结对帮扶对口扶贫地区的贫困生，以保证结对帮扶的长期性和稳定性；通过"一帮一""多帮一"等形式，做好爱心传递，保证他们顺利完成学业。同事们纷纷捐款捐物，最终共计捐助资金 40 万余元，书包、图书、衣物等物资数千件，结对特困生 25 名，帮扶覆盖全村 250 多个贫困生家庭，及时送去了"宁波爱心"，为孩子们送去来自宁波警察叔叔阿姨们的温暖。

孩子是祖国的未来，更是贫困地区脱贫攻坚成果可持续的希望。通过这一年多的扶贫工作，我看到了更多真实的农村孩子的受困现状，而能为他们的学习生活改善出一份力，我内心也踏实了很多。

回首在并嘎村的一年多时光，有过汗水，有过劳作，有过困难，但收获更多的是发挥公安奉献精神、与老百姓同甘共苦的美好回忆。扶贫的亲身经历，也让我体会到了这项工作的不易。古老的村落需要外部帮助，焕发新的活力，而我作为一名警察，能在自己的职业生涯中，有一段如此特殊且难忘的经历，也是倍感荣幸的。

说真心话，从警 17 年来，从基层民警到派出所所长，再到高新分局副局长、市局政治部副主任，我始终把工作、群众放在突出位置，在母亲手术、亲人病危与工作、群众冲突之时毫不犹豫地选择了后者。2010 年，我主动深入学习信息化知识，主抓警务"E 超市"系统平台奉化试点工作，将奉化 60 万余条人口数据全部录入系统内，并按照经纬度精准无误"建房入住"，通过数据快速查询比对，当年抓获网上逃犯 37 名。

这次扶贫工作经历，我与家人几个月见不上一面，而作为一名人民警察，肯定是要不畏艰难困苦，一头扎进大山深处，把群众的幸福当作自己的幸福。在我和几位同事的共同努力下，在局领导的大力支持下，支援建设的 2350 万元资金均已成功拨付到位，并招引千万民资参与并嘎村富美特色乡村建设，村内 14 项帮扶项目先后落地，百姓生活条件显著改善，美丽乡村的蓝图一步步转化为现实。

我在并嘎村的这一年多时光，必将成为我尽心尽力做好本职工作的后续动力，也必将成为我人生中的一段美好回忆。那山那水那人，已融进我的生命，此生难忘。

有一种幸福叫被需要

口述者：王　勇

采访人：陈　泼　梅庆生　严　佳　沈信丞

地　点：宁波市海曙区人民政府

时　间：2021 年 10 月 13 日

口述者简介：

王勇，2018 年 7 月—2019 年 7 月，挂职贵州省黔西南州晴隆县，任晴隆县人民医院副院长。

初到晴隆

2018 年 7 月 3 日，我到了贵州省黔西南州晴隆县人民医院。跟政府部门的对口帮扶稍微有点不一样，2013 年浙江省卫生厅要求，每个三甲医院要与贵州省一家县级医院结对，因此我们医院早就已经在帮扶这家医院了。后来经过调整，宁海县改为与贵州的晴隆县对接，我们医院相当于是和宁海县一起去帮扶的。

在医生里，我去得算是比较早的。一开始都是政府部门的人，每个县去五六个人，他们是组织部门派过去的，我们作为第一批专业技术人员晚一两个月到。

刚到时，条件确实比较艰苦。晴隆县城是山地，连出租车都没有。他们对我还是比较关照的，宿舍安排在一个新建小区的小套房里。我上班从宿舍到单位，要坐那种小三轮，到医院每次 5~10 块钱，而且路面不平整也比较陡，一路颠簸。

另一个问题是水无法 24 小时供应，有时候洗澡洗一半，突然会停水。因此刚到那儿就有人就提醒我，一定要准备好水桶，来水时赶紧把水桶放满，放满也有可能不够用，因为最长时停了一个礼拜的水。喝的水，基本上准备瓶装的矿泉水，但是洗漱用的水，就靠有水时接到桶里。当地水库地势很低，自来水要从水库里打上来，成本很高。因此，停水是经常的事情，那边的人也习惯了，但我们刚去时确实不太适应，停一两天还好，停一个礼拜确实比较麻烦。从这两点来看，那边条件相对来说比较艰苦，跟我们东部的差距还是挺大的。

挂职副院长

我挂职晴隆县人民医院的副院长，原来没什么行政管理经验，单位派我过去，一方面是帮他们提升业务水平，另一方面也是让我去锻炼，有一个学习的机会。

去了以后，发现当地的医疗水平跟我们比确实差距很大。刚去时，当地医院在老百姓当中是没什么口碑的，老百姓就算得了小病，也要转到兴义去看，因为现在高速也通了，一个多小时就能到。当时整个医疗系统本身实力确实也不行，另外一个可能是医务人员的工作态度也不被当地老百姓认可。我们去了以后，觉得这个情况肯定是不行的，我们一定要帮他们进步、改善。

联合后来宁海县去的同事，我们的第一件事就是把他们医院的形象重新树立起来。我们通过各种途径，到基层去宣传，"宁波的专家到县医院来帮扶了，县医院不是原来的县医院了"。周末，我都会带着同事去下面义诊，有的乡村挺远，最偏僻的地方从县城坐车要 3 个小时。

当地老百姓的健康观念，跟我们宁波的差距也很大，起码有一二十年的差距。我们宁波主动体检的人很多，而且查出一点小问题，就会去门诊看病。那边老百姓好多有高血压，也不吃药，有些还照样喝酒，因此他们心脑血管疾病的发病率是比较高的。

平时的防治工作没做好，有些人知道自己的状况，有些人根本不知道，知道了也不一定吃药，好多人都是中风了以后，才到医院去看，就因病致残、因病致贫了。我们做了大量的义诊，帮老百姓改变这方面的观念，就是疾病预防要重视起来。

提升医疗水平

我们的工作重心是把县人民医院的医疗水平提上去。医院原来主要有三方面的问题：一是人才。要有好的医生，要有能培养的人。如果没有人可以培养，光靠我们做也没有用。我们光"输血"没有用，我们要让他自己"造血"，但一开始也只能通过直接"输血"来做一些改进，让他马上"造血"是不可能的。

因此一开始，主要也是我们带着他们各个专业的医生。我是心血管专业的，主要任务是让他们心血管医疗技术这一块有所提高。我们人派过去，他们医院也每年派一批人到宁波或宁海学习、进修，开阔他们的眼界，提高专业水平。这几年通过我们去带、请他们来宁波的医院进修等，县人民医院医护人员的整体精神面貌、学习劲头等都有了很大改善。

二是医疗设备。现在看病不像以前老中医看病搭搭脉就好了，确实离不开先进的医疗设备。我们跟他们领导提建议，现在不是原来的时代了，没有先进的医疗设备，你就没办法吸引老百姓，没办法把老百姓留在当地进行治疗。像我们心血管科，好多心肌梗死、冠心病患者，要做介入治疗，要放支架，要装起搏器，如果没有这些设备，那只能是吃吃药、打打针，好多疾病解决不了。因此在培养人才的同时，医疗设备该买的还是要买，该投入的还是要投入。他们也是想方设法去争取更多的资助，宁波的爱心企业就给他们捐赠了一台核磁共振设备。医疗设备投入了，整体的吸引力也就有了。

三是管理。他们那边生活比较安逸、节奏比较松散，老百姓也很纯朴，像我们规定几点上班就几点上班，他们医生不按时上班，老百姓也不会投诉，病人就老老实实等在门口，本来8点要门诊了，可能9点医生都还没出门诊。他们没有这么一个倒逼机制。像我们这边，你迟到5分钟，可能病人马上就会投诉你。我们是结对帮扶，有些话不好说得太直接，但最基本的规章制度还是要执行的。通过我们这么一年、两年、三年的帮扶，他们的组织性、纪律性也越来越强了，不像原来那么松散随意了。

县医院是公立的，不以营利为目的，但有个数据在一定程度上可以反映出医院的业务量变化。原来他们一年的医疗收入就2000万元，相当于宁波这边的一家卫生院。我们一年帮扶下来以后，它的收入基本达到了1个亿。这说明医疗水平提高了，老百姓留在县医院接受治疗的多了，老百姓愿意留下来，不用跑到兴义去看病了，因为整体的医疗水平确实上来了，管理也越来越规范了。

帮扶见成效

县人民医院的泌尿外科是我们最早帮扶的，2013年就开始了。可能跟当地水质有关，他们那边尿路结石发病率很高。因此当时我们医院就定下方案，先帮扶他们的泌尿外科。宁波对他们的帮扶非常重视，派了骨干过去，使他们泌尿外科实现了一个质的飞跃。通过长期帮扶，特别是最近五六年，现在晴隆县人民医院泌尿外科在黔西南州已经很有名气了，不仅没有病人转出去，反而吸引了周边地区的病人到这里来就诊。这个帮扶效果就出来了，完全实现了从"输血"到"造血"的转变。

心血管科也是一个帮扶重点。我回宁波以后，我们这边科室骨干一直过去帮扶，没间断过。帮扶力度大，成效也比较明显。通过几个科室的帮扶，他们也知道了应该怎样去发展。县医院要把病人留住甚至吸引过来，肯定要有自己的特色。如果说威胁到老百姓生命的这种病你都能解决了，老百姓自然就愿意到你这里来，好多普通毛病也可以顺带看看。原来针对心肌梗死，他们只能开些药缓和病情，然后转到州里的医院，现在他们完全可以做介入手术。心跳慢的病人需要装起搏器，他们也能自主完成手术了。这个帮扶的成效还是比较明显的。

我刚到没几天，有天半夜他们院长给我打电话，说有个病人心跳很快，每分钟200下左右，他们什么办法都想过了，没有用，很着急。我急忙过去，一看，其实这样的病例在宁波见得多了。但他们因为接触得少，医疗技术相对来说也有所不及，所以值班医生用了好多方法都没效果。我了解病情后建议换一种药，推进去几分钟，病人心跳就恢复正常了。

通过这样的案例，老百姓也加深了印象——宁波来的医生确实厉害。有个病人，他在县医院看好病后，就到处宣传，说县医院来了几个宁波专家，都很厉害。因此，好多病人就愿意留在县医院治疗。我回宁波后，我们一个同事在那边，有个县领导在开会时突发心肌梗死，被送到县医院，通过手术抢救回来了，愈后也很好。通过实实在在的一些案例，让群众真正认识到有帮扶专家在县医院，医疗技术已经不是原来的水平了。

我7月刚去时，县城里是没有出租车的，10月开始出租车试运营。有一次，我打车从宿舍到县医院门口，下车准备付钱，司机说："你好像不是我们本地的嘛。"我说："是的，我是宁波过来帮扶，搞东西部扶贫协作的。"他马上说："那这个打车钱我不能收你的，你是来帮助我们的，我不能收你的钱。"这件小事让我挺感动的，说明当地老百姓认可去帮助他们的技术人才，他们是从心底感谢我们的。

有机会参与到脱贫攻坚这项伟大的工程，虽然只有1年的时间，我觉得还是挺荣幸的，这是十分难得的机会。另外，我觉得这一年非常值，对自己也是一个历练，收获很大，他们当地政府、老百姓对我们的工作非常认可，能被别人需要，也是一种幸福。

三个故事，三张名片

口述者：吴益统

采访人：陈　泼　严　佳

地　　点：宁波市工商业联合会

时　　间：2021 年 10 月 12 日

口述者简介：

吴益统，2018 年 4 月—2021 年 5 月，挂职贵州省黔西南州册亨县委常委、副县长。

2018 年 4 月 25 日，受组织委派，我到黔西南州册亨县挂职县委常委、副县长。去之前，我在宁波市江北区委任组织部副部长、"两新"工委书记。

我去的这个地方很特殊，是黔西南靠近广西的一个河谷，叫册亨县。在贵州，它和隔壁的望谟县号称"贵州的西藏"。当地有一句话叫作"册望册望，贵州的西藏"。这句话是贵州当地人对册亨和望谟两个地方极端艰苦恶劣的自然生态环境的生动概括。黔西南州册亨县是贵州省 14 个深度贫困县之一，山高坡陡谷深的喀斯特地貌加大了脱贫的难度。坡度基本上都在 25° 以上，土层不厚，植物长不出来，发展环境非常恶劣。

全县 2400 平方公里的地域面积，相对集中连片 500 亩以上的坝子地只有 7 处。在这么一个环境下，给我们准备的时间也不长。4 月 25 日到了那里，刚好碰上"五一"放假，我们就待在那里，利用 7 天的时间进行了一个下乡调研，初步掌握了当地的一些气候特征、地形地貌、经济作物构成等情况。

通过初步的排摸，加上翻看当地的县志，对当地的土壤气候、群众的种植习惯等有了一个初步的了解，基本确定了我们在这个时期初步形成的帮扶总体思路，即在产业扶持上确定了"三个一"——一瓶油、一块布、一碗菜，成立了"三个一"产业帮扶工作室，后来成了册亨县的三张名片。

一瓶油的故事

一到册亨我们就注意到，当地漫山遍野都种植着油茶。册亨有悠久的油茶种植历史，全县有油茶林 21 万亩左右，其中百年以上的油茶林有 5000 多亩，年产油茶籽 8000 吨以上，但当地却没有一家山茶油生产加工企业。

用油茶籽加工生产的山茶油是公认的绿色健康油，不饱和脂肪酸含量高达 90%，同时含有丰富的角鲨烯、维生素 E、多酶、甾醇等成分，具有降低胆固醇等多方面的作用。

经过进一步调查，我们发现当地的油茶籽收购价每斤 10 元左右，对于辛苦种植、采摘的农民来说，只够补贴一点家用。而被收购的油茶籽加工成山茶油后，可卖到每斤 100 多元。这也让我非常感慨：册亨农民真的是守着金果子，过着穷日子啊。

没多久，宁波江北区就根据我提出的油茶产业"五个一"全产业链概念，投资 700 万元在册亨创办了天香布依油茶有限公司①。天香公司 2018 年 9 月开工建设，我负责统筹安排，没日没夜地高效推进，在次年 5 月就投产了，创造了"宁波速度"。

天香公司每年可以生产 500 吨以上的精炼油茶籽油，按每斤 100 元的售价计算，至少可以实现产值 1 亿元，这也使册亨县产生了第一家年产值超亿元的农产品加工企业。

天香公司投产后，我也积极联系，多方营销，帮助建立起健全的销售体系，当年就实现销售 1000 多万元，成为册亨县域经济的一张新名片。贵州省副省长吴强称赞，这是"立足本地资源实现产业化的好样板"。

需要指出的是，天香公司对当地油茶籽实行保底收购，收购量占全县总产量的 40% 以上，帮助解决了大部分林农油茶籽的销售问题，带动了该县 1000 多户贫困户参与油茶种植及经营，同时提供长期就业岗位 50 个，临时性用工 2000 工时以上。

册亨县虽然有悠久的油茶种植历史，但因为山多地少、劳动力外流，当地农民疏于对油茶林进行打理，导致油茶籽产量和品质逐年下降，每亩平均产量仅有 80 多斤。

我选择在册亨县油茶籽的主产区弼佑镇实行低产林改造。经过一年的努力，老茶林改良示范基地里的 400 亩低产林，由原来平均产量 85~95 斤提高到 150~200 斤。

在我的主导下，建成了 30 亩良种对比示范基地，移植来全国各地的油茶

---

① 以下简称天香公司。——编者注

品种，培育出更适宜在本地种植的油茶品种。同时建成的 22 亩良种繁育基地则实现了本地良种的自主繁育。而且，苗圃每亩育苗 25 万株，每株售价 3.2 元左右，经济效益非常显著。

油茶籽烘干厂也在 2019 年投产使用。2020 年，又在当地建成了采穗园，并开建了古法榨油作坊。不仅能让群众用上传统古法榨出的山茶油，还能作为旅游景点。

这个项目宁波市江北区一共投入了 3000 万元，从低产林改造提高产量、油茶改良、烘干厂提升茶籽品质到加工厂精炼提升附加值，初步打造了册亨油茶全产业链。

我提出的这一系列针对油茶的产业扶贫，不仅撬动了 10 亿元的产值，还帮助了至少 2000 户贫困户脱贫致富，带动了现有 4000 多户油茶种植户增收，为册亨县经济发展注入了新的活力。

在我回宁波前，册亨县油茶产业 2020—2025 年规划也已经编制完成。根据这个规划，5 年后，当地的油茶种植面积有望达到 40 万亩。2021 年，册亨油茶的综合产值已经达到 10 亿元。

前些年，册亨"红球源"牌山茶油已经亮相宁波市场了，受到了很多有爱心又追求健康的宁波市民的喜爱。截至目前，"红球源"在宁波已累计销售 2000 多万元。

为什么要搞苗圃种植，在这里再说明一下。第一，山茶油是国家重点发展的一个木本油料作物，世界上三大木本油料作物包括橄榄油、山茶油、棕榈油，本土只有山茶油。山茶油的烟点是 215℃，比橄榄油高，更适合中国人的烹饪习惯。

第二，从做油料供应的国家安全来讲，我们食用油的安全要掌握在自己手里。国家对山茶油推广一段时间后，都是有任务下达给各省的，像贵州有 60 万亩的种植任务。虽然整个省任务是下来了，但是没有种苗工。因此我们 2018 年搞种苗刚好在风口上，效益非常好，赶上了好时候，而且油茶这个东西房前屋后都可以种，不占用粮田，好养活。

苗圃通过连续三年的发展，现在已经成为贵州省重要的一个种苗工程。

2019年，中央电视台来了两次，《新闻联播》专门介绍了山茶油油厂和帮扶项目，后来央视农业军事频道专门做了一个30分钟的专题，这说明我们的"一瓶油"搞出了一定的影响。

一块布的故事

精准扶贫，关键是找准方式找对产业，布是苗族、布依族人民的特产，布艺是他们的特长。

册亨县享有"中华布依第一县"和"中华布依族刺绣之乡"等美誉，全县有2万多名妇女从事土布纺织、刺绣等民族传统手工艺。他们有手工织布的传统，但大多只是为了满足日常所需，基本上很少销售。

我把浙江纺织服装职业技术学院、宁波市服装协会等单位的一些老师和专家请过去"把脉"，更重要的是跟宁波服装协会对接，把一些服装企业引到当地，对土布进行改造。我概括了三句话，叫"三改"：改进设计、改良工艺、改善销售。其实就是工业化，工业化"两条腿走路"，一条是手工的，这种手工的，把传统的民族文化保留下来，但是手工它又没有很强的生命力，通过工业化的探索，手工只能是做一张名片，城市名片，但想赚钱是不行的，赚钱必须工业化，要量产。

我们通过"三改"基本上确立了土布产业的地位。

宁波从土布改良、刺绣优化、产品设计研发等领域到完善产业链、丰富产品线、开拓大市场等方面与册亨开展全方位合作，选派高级管理人员、设计师驻点培训指导，把宁波服装市场、先进工艺、技术人才等优势嫁接到册亨，合作产品销往北京、上海、广州，并远销日本、新加坡等国家。目前，册亨已建成中华布依锦绣坊等15个特色锦绣坊，提供集中就业岗位400余个，实现年产值近1000万元。

2019年1月，我们在黔西南搞了当地历史上第一场走秀活动。宁波服装协会派人过去帮助他们搞了一个中心，场面很大，很壮观，也帮他们把"一块布"的产业建了起来，形成了地方特色。这是"一块布"的故事。

一碗菜的故事

我们在册亨县冗渡镇建设了1000余亩供港蔬菜基地,实行统一技术标准、统一生产布局、统一投入供应、统一操作规程、统一采收销售"五统一"管理模式,全面带动册亨农业产业现代化。

冗渡镇坛坪村的平均海拔高达1100米,水源较好,土壤肥沃,周边无污染,特别适合高山绿色蔬菜的种植。我们引进宁波江北绿荟现代农业专业合作社和宁夏费尔诺生物科技有限公司落户册亨,采取"公司+合作社+基地+农户"的模式,建设高标准的坛坪山地循环农业示范园。

册亨全县只有7个坝区,而且它的坝区有个特点,地上全部是石头。当地老百姓种了几十年的水稻,庄稼地里的石头还在这个位置,不会捡起来扔掉,他们的观念跟我们不一样。2019年,宁波一家合作社在册亨搞蔬菜种植。第一步就是平整土地,刚开始老百姓不肯流转,后来通过做工作把土地流转了过来,采取合作社的形式。他们也不愿意干,他们没搞过这种东西,怎么也不同意打掉田坎。后来我们开玩笑地说,表面上是把他们的田坎打掉了,实际上是把他们的心坎打掉了,一定要让他们接受规模化生产、现代化生产的模式。

田坎打掉以后,我们搞机械化施工。一体化是很壮观的,第一期搞了1000亩,很成功,我们在那里种广东菜心,广东菜心成熟期很短,1年可以种8次,这样一来,1年可以种8000亩。

后来这些菜直供香港,我们的蔬菜成了粤港澳大湾区当下的一个品牌,获得了蔬菜基地称号,成为粤港澳蔬菜基地。

我们也建了一个有机肥加工厂,利用生猪粪搞生物循环圈。后来蔬菜供应量大了以后,又配套建了一个泡沫箱厂,用来包装。所以实际上通过一个产业带动,发展了它的整个产业链,把产业链给它完善起来。我们还发展小黄牛养殖产业,形成了小黄牛养殖与蔬菜种植结合的融产、供、销于一体的现代循环经济产业链。

做一颗永不生锈的"螺丝钉"

口述者：许文平

采访人：陈 泼 严 佳

地 点：宁波市对口支援和区域合作局

时 间：2021 年 10 月 12 日

口述者简介：

许文平，2017 年，挂职贵州省黔西南州扶贫办党组成员、副主任。2018 年 5 月—2021 年 5 月，挂职贵州省黔西南州政府副秘书长，黔西南州扶贫办党组成员、副主任。

主要工作

我挂职期间的主要工作是宁波帮扶项目资金的安排、协调和督查。

2018—2020年，宁波共安排了东西部协作项目420个，涉及资金11.8亿元。420个只是最后确定的项目，各县（市、区）报上来的要多得多。各县（市、区）都想"多分一杯羹"，如何分配至关重要。

投哪个不投哪个，都要有充分的理由，作为审核者必须做足功课。对各县（市、区）初步确定的项目安排，我们都按照合规、合理以及与贫困户利益精准连接的原则，仔细审核，既要突出精准聚焦"两不愁三保障"问题、产业扶贫和就业扶贫等重点工作，又要兼顾劳务培训、人才交流等各个方面。

每个项目，不管大小，至少要走三趟——确定前实地调研、建设中实地检查、完成后现场验收。为确保项目实施，光靠人跑是不够的，关键是要靠制度。后来我们推出了资金使用和项目管理办法、项目督查通报等一系列制度办法，成效显著。

我最上心的项目

残疾人帮扶项目是我最上心的项目。全面小康，一个都不能少。残疾人脱贫是难中之难、艰中之艰。贫困残疾人由于身体原因，帮扶难度极大。我在长期下基层工作中发现，黔西南州一年四季都有杂花，于是就萌生了养蜂脱贫的想法。

养蜂具有投资小、见效快且不需要高强度体力劳动的优点，非常适合搞贫困残疾人产业扶贫。经与州残联等多方商量，在我的协调和争取下，州、县两级共安排了300万元东西部协作资金用于支持残疾人养蜂产业，还协调了

2019万元用于实施残疾人家庭无障碍改造等项目，覆盖带动建档立卡贫困残疾人家庭3062户。

我们在海子镇发展了58户贫困残疾人家庭从事养蜂，每户6箱蜂，每箱补助952.5元，每户共补助5715元，他们靠养蜂很快就有了4000多元的收益。

看着残疾人贫困户走上了致富新路，我的心里真是说不出的畅快。

健全工作机制

作为州扶贫办的分管负责人，我在任期间健全了黔西南州东西部扶贫协作工作机制，重新组建了工作班子，增加了工作人员，增强了基层工作力量。

对新来的工作人员，我一般都会带领他们一起学习东西部扶贫协作相关工作内容、考核办法，组织他们赴一线调研，熟悉项目，召开工作研讨会，就工作中存在的疑问共同商量，统一认识。

两年多的时间，工作人员的业务能力水平有了较大的提高，一名同志得到了提拔，一名同志获国务院扶贫办的单项表彰。黔西南州的东西部扶贫协作工作在2021年初的国家考核中，得到了"好"的等次。

挂职感受

3年的挂职工作很快就结束了。在我回宁波之前，帮扶项目已全部完工，人才交流、劳务协作、产业合作等指标也已全部完成。

黔西南州是全国脱贫攻坚的主战场。我能够到黔西南州挂职，亲身参与脱贫攻坚这一伟大事业，既是完成组织交给我们的任务，更是个人成长道路上的一份荣耀。3年的脱贫攻坚实践，使我进一步记牢了党的宗旨，进一步增强了使命担当，也进一步提高了工作能力。

在黔西南州脱贫攻坚过程中，我是一名脱贫攻坚战斗员，也是甬黔协作的联络员和宣传员。作为对口帮扶战线上的一名"老兵"，哪里有需要，我就在哪里，努力做一颗帮扶领域永不生锈的"螺丝钉"。

我在望谟人民医院当院长

口述者：张建丰

采访人：陈　泼　陈荣芳　詹　强

地　　点：余姚市发展和改革局

时　　间：2021 年 8 月 26 日

口述者简介：

张建丰，2018 年 10 月—2019 年 4 月，挂任贵州省黔西南州望谟县人民医院副院长。2020 年 1 月—2021 年 7 月，挂任贵州省黔西南州望谟县人民医院党委副书记、执行院长，全面主持望谟县人民医院工作。

我叫张建丰，来自余姚市人民医院，于 2018 年和 2020 年先后两次赴贵州省黔西南州望谟县参加脱贫攻坚医疗帮扶。能够响应习近平总书记的号召，参与到国家脱贫攻坚的大事中，是我人生中最值得回忆的一段经历。

当地的医疗条件让我震撼

2018 年 10 月，我第一次来到大山深处的望谟县，当时给我的印象就是落后，与我们东部地区有着巨大的差距。

望谟县人民医院是当地唯一的二甲医院，承担着全县 32 万人的医疗保障。医院硬件设施落后，医疗力量薄弱，医疗人才奇缺。更不可思议的是将近一半的临床医师没有执业医师资格证。

我到医院的第三天发生了一件让我至今耿耿于怀的事。一个 22 岁的小伙子因为低压导致心搏骤停未能抢救成功，失去了年轻的生命。如果早一点挂号问诊，如果早一点对症处理，这样的悲剧完全可以避免。

望谟县很大，有 3018 平方公里，正好是我们余姚的两倍。望谟县有很多山地，道路崎岖，最远的乡镇距离县城有 4 小时车程。每次送医下乡看到一大群因为没有及时或者正确治疗而致残、拖延成慢性病导致丧失劳动能力的人，我的内心都很痛惜。

我要改变现状

作为一名共产党员，作为一名医者，尽管能力有限，但既然来了，我就要尽己所能改变一些现状。第一次去的时候计划只待 1 个月，后来我待了半年。2020 年 1 月再次来到望谟，工作性质就从一开始的专业帮扶变成了挂职，担任执行院长，主持整个医院的工作。让我欣慰的是，通过我和同事们的努力，整个医院的医疗能力和医疗环境有了跨越式的发展。

这不是我一个人的功劳，望谟县人民医院的每一位干部、职工，他们内心都想改变，但受制于各种因素，医院一直得不到发展。望谟县人民医院原先在贵州省内的排名是垫底的，他们内心实际上也很压抑。我的到来，让他们充满了期待，充满了希望，我所推行的每一项制度、每一个流程都能高效地执行下去。我所号召的每一项行动，他们哪怕加班到凌晨都毫无怨言。为了病人的安全，我要求全院干部、职工禁酒。虽然少数民族都比较喜欢喝酒，但由于我一直强调医务工作者喝酒会耽误工作，最后他们都不折不扣地做到了。

当然，成绩的取得也离不开当地政府对我的绝对信任。在我的建议下，当地政府把大量资金投到了医疗上，我们采购了 64 排 CT、1.5T 磁共振、dsa、腹腔镜等医疗设备，花了将近 9000 万元。最让我感到高兴的是，为了提升望谟县人民医院的急诊急救能力，政府投入了 400 万元资金，完全按照我们余姚市人民医院的救治模式改造了抢救室，配置的抢救设备甚至比宁波的医院还要齐全。

余姚市人民医院把李子龙博士生导师工作室搬到了望谟，把抢救室主任邀请到望谟担任急诊科主任，派了一大批临床专家驻点望谟医院。最多时同时有 29 位帮扶专家进驻，他们全力以赴，倾情付出，通过学术讲座、实践指导、模拟演练，整体提升了医院各专业的学科发展水平。

我清楚地记得，第一例心脏起搏器的安装，第一例内镜切除手术，第一例急性胸痛溶栓成功，一项项新技术在医院不断诞生，一台台新手术在医院不断开展。3 年协作下来，共有 21 项新技术在望谟县人民医院得到了成熟开展。他们的儿科、妇产科成功申请了县级重点学科。尤其是转院率，原来因为医疗水平相对比较低，平均每月有 22 例转移到 200 多公里以外的百色、兴义等地治疗，经过我们的努力，如今已下降到每月 4 例。医疗能力的提升，可以说是颠覆式的改变。

我离开的时候，望谟县人民医院的干部、职工含泪送别的一幕，让我永生难忘，能为西部地区大山里的老百姓的健康保障奉献个人力量，对于我个人来说是无比自豪和骄傲的。

望谟县委县政府为我颁发了终身名誉院长的聘书，这是我这辈子得到的最高荣誉，望谟县人民医院成了我一辈子的牵挂。

我主动延长了工作时间

我第一次去时，只是当作体验生活的。那时我工作的余姚市人民医院在筹建放疗科，趁着还没开业，我想还有空余时间，去1个月就去1个月吧。到了望谟，就当即决定要凭我个人的力量，为他们做一点事情。所以原计划待1个月，结果却待了半年。

第二次是他们通过宁波组织部主动协调要我过去的，正好那时候他们的一个院长离职了，暂时找不到负责人。我前面的半年帮扶工作给他们留下了很深刻的印象，所以他们主动邀请我再去一次。

我想，既然他们对我这么信任，对我这么看重，那么我便义无反顾了。第二次，时间是一年半。正好他们想搞医疗改革，因为全县整个医疗水平比较低下，能力比较薄弱，便把他们和人民医院、中医院、妇保院三院合一了。县政府投入大量的财力购买先进的仪器设备，医院也终于有了100万元以上的医疗设备，整个医院的硬件水平提升很快。

硬件水平的提升只要有资金支持就能很快实现，但是理念和观念的转变却需要更长的时间，陆陆续续我们去了很多医生，给他们灌输行医思路，纠正他们原有的理念。

他们原来每个科室都有一个类似药房的房间，里面各种药品随意堆放，我们整理出不少过期药品。我们把这种现象纠正了过来，药品该怎么放就怎么放，要做到规范整齐。后来贵州省卫健委相关工作人员跟随贵州省政协副主席来医院视察，他们看到原来这么落后的地方，一下子改变这么大，就把经验在全省推广。

我在院期间，还实施了"6S"管理法，取得了巨大的成功。精细化管理从"6S"行动起步，得到医院领导的支持后，马上起草文件，建立组织架构，全院培训，落实责任，全院行动。计划是美好的，但遇到的阻力和困难也是事先没有预料到的，尤其是习惯的改变太难了，无论是员工的习惯，还是病人的习惯。那就一次次培训，一次次检查，白天不行就晚上，一个科室一个科室地指导。排名和绩效挂钩，重拾院训，重塑"望医"精神，接着又打造"有温度的医院"，建设"美丽医院"。渐渐地，一切顺畅起来，管理方式在改变，职工理念在改变，精神面貌也在改变，职业素养提升了，安全隐患排除了，病人满意度提高了。现在望谟县人民医院已经是一张亮丽的名片，全省都来学习。

我第二次去，最主要的就是帮他们提升急诊急救能力，那是救命的。望谟县内有很多山地，道路高低不平，残疾人也很多，主要是没有得到及时的救治。病人送过来也吃不消，只能转院，医院有 16 辆救护车，每天都跑个不停，都是往外送，有些病人送到半路就不行了。因此必须提升急救能力。我们先给他们打造机制，为此政府给了我们 400 万元。通过一段时间的努力，急救机制有效地运行起来了。抢救室打造好以后，我们也派人过去，把我们这边一个抢救室医师放到那边当急诊室主任。完全按照我们医院的模式，最后获得了巨大的成功。

贵州给了我很多荣誉，包括贵州省卫生系统的特殊贡献奖，全省也就 20 个人，他们的领导对我也表达了充分的肯定，我在望谟县的院长生涯以最完美的方式画上了句号。

把扶贫的"小锣鼓"敲得响一点

口述者：张祖安

采访人：陈　泼　陈荣芳　崔宗军

地　点：宁波市中山饭店

时　间：2021 年 9 月 16 日

口述者简介：

张祖安，1997 年起任宁波市对口扶贫办公室主任，从事宁波市与贵州省黔东南州、黔西南州两州的对口帮扶工作。现已退休。

1962 年，我初中毕业，上了四明山林校。1962 年到 1980 年，我在四明山待了 18 年。后调到了林业局，1985 年任林业局局长，1997 年 3 月调到对口扶贫办，2007 年 8 月退休。

艰难起步

1997 年，我调到了扶贫办，周鹏飞同志比我早到两天，我们的办公场地租用了中山饭店的西边楼。办公室也只能坐一个人，什么都没有，连热水瓶和杯子都是自己从家里拿的。宁波对口贵州扶贫 24 年多，先后有 4 个带队的人，好比是 4×100 米接力，我是第一棒。2008 年，扶贫办跟协作办并入现在的经济技术合作局。

摸索中前进

我们市里的党政代表团最早是在 1996 年 11 月去贵州的，由宁波市市长张蔚文带头，一共 70 多人。1997 年 3 月，我第一次去贵州，领导和我谈好话后，我从市政府出来，就去新华书店买了一本贵州地图。我们搞林业、搞农业的，不大会去省外出差，以前最远是去杭州开会。第一次去贵州时，贵州的地形地貌和贫困生活让我震惊。我长期在宁波林业系统工作，可以说宁波市最贫困的地方我全部都见过，但跟贵州的贫困山区比，还是要好很多。我到了贵州以后发现，不管哪个县，它的县城规模、它的交通条件，跟我们的差距都很大，老百姓家里穷得叮当响。当年我穿着一双旧皮鞋，买的时候花了 200 块钱，而当地有的农户家里，我眼睛能见到的东西加起来也不到 100 块钱。从省城到县城，再从乡镇到农村，这个落差更大。我从内心认为中央这个扶贫决策是高瞻远瞩的。先富帮后富，走共同富裕之路，这就是中国特色社会主义道路。

没有工作条件，我们就创造条件前进，不能被困难吓倒。第二趟去了贵州以后，我更深地体会到了自己工作的意义。最让我震撼的就是学校，当学校硬件差，师资不足，许多孩子因交不起学杂费而辍学。知识改变命运，我们扶贫要从教育入手。在与当地干部的接触交流过程中，能感觉到他们的思想观念比较保守。

在工作过程中我发现，当地的贫困是全方位的。我们宁波可以帮，但我们不可能把它所有的问题都包下来，因为那个时候中央没有明确的指示，省委、市委也没有明确的指示，对口帮扶工作该怎么搞，心里没数。那时候，国务院扶贫办还是一个司级单位，在农业部里面，由一位副部长分管。1997年，宁波市里没有给我们拨款，因为1996年市财政已经拿出了300万元，黔东南、黔西南两个州各150万元，1997年就没钱了，1998年又给了我们150万元，一直到我退休，最多的一年是1400万元。后来，宁波市政府就想了一个办法，我们跟贵州商量，两个州各对口6个县，一共12个贫困县。这种情况下，我们天天考虑的是怎么样去做好这个工作，1998年，我们确定了两个"千家万户"的工作方针，即"让千家万户得益、让千家万户致富"，这一工作方针是王卓辉书记去贵州时提炼出来的。

贵州的贫困，冰冻三尺非一日之寒，它有历史的原因，也有现时的原因；有客观环境的原因，也有主观人为的原因。我们只能在有限的时间里用有限的资金，通过"抓重点"实现有限的目标。

为了两个"千家万户"

针对两个"千家万户"，当时我们确定了几个工作重点。

第一，发展经济。我认为宁波与贵州纬度相近，贵州可以引种宁波的经济作物，后来就引种了几万亩杨梅，一直到我退休，两个州种了近5万亩，农户现在有收获了。

第二，搞好教育。知识改变命运，这一代贫困人口已经这样了，下一代如果再失学，小学没毕业就去打工，小姑娘嫁人生孩子，每个人都没有希望。人最可怕的就是看不到希望。我认为发展教育实际上是希望后来者改变观念和命运，这才是根本。因此，早在 1998 年我们共青团组织招募的第一批支教老师就去了，后来还组织了 8 个青年志愿者到贵州支教半年。后来，我们这里派老师去，他们那边的老师、校长到我们宁波来培训。

第三，卫生医疗。因病致贫和因病返贫是贫困地区之所以贫困的重要原因。我不是这方面的专家，所以第一次去时，我们邀请宁波卫生局何一天局长和一院、三院、李惠利医院 ① 几位院长前往考察，咨询卫生扶贫怎么搞，重点应该放在哪里。考察结束后他们告诉我只能搞一两个点，帮他们衔接县级医院里面的设备跟手术。我们第一次派出医生是到黔西南州的兴仁，去了半年，效果很好。后来还搞干部培训，他们的干部观念比较保守，需要到沿海开放地区学习提高。

我们迈不开大步，也要小步快跑，我们的工作必须用心扎实有目标，要把工作思路落实到项目上，也要把资金落实到项目上，项目则要落实在行动上。因此，我们每年工作基本上形成了一个规律，就是年初确定项目，项目确定好以后开始实施，把前期资金打过去一半，下半年检查项目完成度，完成度好的再把另外一半打过去。

25 年了，宁波实实在在、持之以恒地坚持对口扶贫。宁波市委市政府很重视，各对口帮扶单位也很重视。这么多年了，真的不容易！我们有单独的机构，国务院扶贫办每次开会议，都让我们发言。全国脱贫攻坚这 3 年，我们宁波的干部在黔西南州各县辛苦工作了 3 年，实绩很好。

还有就是我们组织的"万人助学"和"一块钱午餐"活动，影响大，反响好。想当年，我叫他们来宁波打工，但当地人顾虑重重不肯来，现在想法变了，眼界开阔了，也就愿意来了。

总的来说，我认为我们的工作搞得还不错，至少跑在了前面。投资金力度不如深圳、大连、青岛大，但我们搞得比较扎实。我当时的想法是，尽管我们扶贫人手少，没有钱，千里迢迢而来，只是一只"小锣鼓"，但也要把它敲得响一点。

---

① 一院、三院、李惠利医院分别指宁波市第一医院、宁波市第二医院、宁波市医疗中心李惠利医院。——编者注

筚路蓝缕扶贫路

口述者：周鹏飞

采访人：陈　泼　陈荣芳　崔宗军　严　佳

地　点：宁波市中山饭店

时　间：2021 年 9 月 16 日

口述者简介：

周鹏飞，原宁波市扶贫办巡视员。

缘起

我第一次到贵州是在 1996 年 11 月，当时宁波市委市政府为落实中央扶贫工作会议精神，由市长张蔚文同志率领市党政代表团首次出访贵州，开展工作对接。代表团成员由各县（市、区）长和市级部门领导组成，共 74 人，我也是其中一员。除代表团成员外，有些县（市、区）还组织了一些企业参加考察和项目洽谈，如慈溪的金轮总公司、鄞县的雅戈尔集团、北仑的贝发集团等。因为代表团活动很分散，所以市领导临时指定我做好联络工作，特别是要关注金轮总公司等企业经济合作项目洽谈的进展情况，同时还要我负责签约项目的登记和汇总工作。因为我是第一次去贵州，也是第一次接触这方面的工作，所以当时工作是很辛苦的。

从贵州回来以后，市委召开了领导干部会议，会上传达了江泽民同志要求宁波做好对口帮扶贵州的电话指示精神。接着就宣布了两个重要决定：一是决定由宁波 11 个县（市、区）、经济技术开发区和 13 个市级部门以二对一的方式承担对口帮扶贵州黔东南州、黔西南州 12 个县的扶贫任务；二是决定成立宁波市对口扶贫协作工作领导小组，市长张蔚文同志任组长，副市长徐杏先同志任副组长，各县（市、区）长和市级各有关部门领导为组成人员，领导小组下设办公室，负责对口扶贫工作的日常事务。

不久，市委市政府就决定抽调市林业局局长张祖安同志担任扶贫办主任，他一直在林业部门工作，有丰富的山区工作经验。我也同时从市乡镇企业局抽调到了扶贫办。

扶贫办成立之初，办公场地、活动经费、工作用车、人员配备等都没有到位，困难很多。但为了尽快开展工作，我们只能边考察调研、熟悉情况，边着手扶贫办的筹建工作，当时确实困难重重，但我们充分发挥主观能动性，想方设法，逐步解决问题。我们的办公场地租用孝闻街的中山饭店西边楼，因电力不足不允许安装空调，夏天热得难以忍受，无法正常工作；没有会议室，就只能在楼梯边用夹板围起来，搭了一间四面都没有窗，只有一道门可以采光通气的会议室；没有工作用车，就要了一辆其他单位淘汰的面包车；人员不够，我们就通过借、聘、调的办法解决。通过一段时间的努力，一支扶贫系统的队伍终于建立起来了。各县（市、区）和有对口任务的部门都有领导分管，落实了责任处室和具体专职人员。虽然我们的工作条件很艰苦，但大家的积极性还是很高的。

贵州地处山区，虽然风景优美，物产丰富，但由于交通不便，信息闭塞，其经济社会发展相对滞后，群众生活水平低，贫困人口多，贫困程度深，因贫致病、因病返贫现象非常突出。

对口扶贫工作是一项艰巨的任务，我们对贵州的情况不熟悉，也没有扶贫工作方面的经验，要完成中央交给我们的任务压力很大。当时对口扶贫贵州的有四个单列市，其他三个城市在扶贫工作上起步较早，有经验，特别是深圳和青岛。深圳的财政扶持力度大，一些大型企业在特区创立初期曾得到了贵州企业的帮助，所以企业参与扶贫积极性较高。青岛对贵州在经济合作上很有经验，许多企业早就有合作，如海尔在贵州有冰箱生产线，海信电视机也在贵阳设置了生产线。最典型的是红星化工厂，他们的原料供应基地就在贵州，生产基地在青岛，后来生产基地也搬到了贵州，青岛的生产基地"腾笼换鸟"转产其他，这样就减少了原料运输环节，使化工厂得到了更好的发展。而贵州生产基地和原料基地在一起，降低了运输成本，现在生产基地除了管理和技术人员外，其余普通工人都在当地招聘，解决了当地许多贫困户的劳动力出路问题，增加了收入，使这些贫困人口得以脱贫。企业所缴纳的税收也留在当地，增加了当地政府的财政收入。企业为了生产需要，修建了饮水工程和电力设施，给当地群众生产、生活带来了便利。这个项目相当成功，得到了国务院扶贫办的高度评价。

宁波的做法

我们宁波和贵州过去联系相对比较少，对贵州情况不甚了解，对于扶贫工作，我们感到压力很大，只能在实践中摸索。根据市领导提出的扶贫工作须做到两个"千家万户"，即"让千家万户能得益、让千家万户致富"的要求，在具体实践中我们主要从以下五个方面入手。

第一，着眼于开发式扶贫。输出式扶贫只能解决一时困难，只有建成造血功能才能解决长远困难。针对贵州与宁波纬度相差不大，气候条件相似度高的特点，我们各县（市、区）利用特色优质农产品的优势，引种贵州，建设一批高效的农产品基地，采用"公司＋农户"的经营模式，利用有限的帮扶资金发挥出更好的作用，帮助更多贫困农户摆脱贫困。如慈溪、余姚的杨梅、黄花梨，奉化的水蜜桃，鄞县的蓝莓，宁海的白枇杷、波尔山羊，镇海的长毛兔、乌骨鸡、白羽王鸽，象山的白鹅，江北的茶叶和肉牛等。通过各种农特产品基地的建设，有效地提高了当地农户的积极性，大大增加了其收入。

第二，改善基础设施。为使千家万户得益，我们把基础设施改善工作作为扶贫的重要内容，把当地最需要的列入帮扶项目，如"一池三改"（沼气池，改厕、改厨、改圈）、特困户危房改造项目、进村道路修建项目、人畜饮水工程、苗寨木结构房子的防火渠工程项目等。

第三，开展智力扶贫。我们在扶贫中十分重视智力扶贫。一方面是硬件，我们援建了一大批学校、医院，帮助建设远程教育电视网络，实现网络村村通。另一方面是软件，我们也加大了投入力度，互派校长挂职，组织教师讲师团等，选派大量优秀教师、医生到贵州开展支教、支医工作，给当地教育的发展和医疗事业的发展提供了很大的帮助。我们第一医院派去的一位泌尿外科医生，他不但实施了当地医生不会做的手术，还培训了当地的医生，并将带去的一台膀胱镜赠送给了当地医院。一位妇产科主任医师在当地传授了产妇自体供血的技术。海曙区捐赠的 X 光机在当地医院也发挥了很好的作用，他们还首次给教师开展了体检活动，起到了很好的社会效果。

第四，提高干部素养。为帮助当地干部更新观念，开阔视野，拓宽思路，多年来，我们一直为贫困地区开展培训工作，参与培训的有县、镇领导，村支书和农村致富带头人，成效显著。黔东南州一个叫南花村的寨子，支部书记在宁波接受培训后就搞起了旅游业，利用苗族特色活动吸引游客，把旅游业搞得热火朝天，增加了村寨集体和村民的收入。周边许多有条件的寨子也仿效南花村的做法，把旅游业搞成了一个重要的产业。干部挂职是扶贫工作的重要抓手。对口扶贫以来，我们一直开展干部互相挂职，两地都选派优秀干部到对方所在地挂职。通过挂职，既传送了两地在政治、经济、文化建设上的经验，也锻炼了干部，许多干部脱颖而出成了领导骨干。

第五，推动劳务输出。为帮助贫困农户尽早脱贫，我们大力推动劳务输出。我市乡镇企业比较发达，每年都会吸收大量劳动力，把贵州农村剩余劳动力吸引到宁波的企业，既能解决企业劳动力不足的问题，又能增加当地贫困农户的收入。

对口扶贫的过程，也是我们学习提高的过程，一方面，使我们对西部长期欠发达地区的真实情况有了更深入的了解，从而加深了对党的战略决策的理解和认识，增强了大局观念和发展意识。另一方面，从贵州人民身上看到了艰苦奋斗、自强不息的创业精神，激励了我们的责任意识，培育了市民的爱心，升华了宁波精神文明建设。对口地区艰苦的环境也促进了扶贫干部的队伍建设。

宁波对口扶贫工作得到了党中央国务院和贵州人民的肯定，2004年，宁波市被国务院授予"全国东西扶贫协作工作先进集体"称号。扶贫办主任张祖安同志荣获"全国人民满意的公务员"称号。

多年来的实践证明了"政府主导、社会参与、开发扶贫、注重实效"的扶贫之路是行之有效的。

在扶贫工作中，政府的主导作用是最主要的，当中央下达宁波对口扶贫贵州省黔东南、黔西南州的任务以后，市委市政府高度重视，多次开会研究，及时传达中央精神，统一认识，切实加强组织领导，健全推进机制，坚持每年开展领导互访制度，组织党政代表团分别出访黔东南、黔西南两州，商讨当年扶贫工作计划，分析上年扶贫任务落实情况。

建立市长为组长的领导小组和具体工作机构及"二对一"结对机制，使对口扶贫工作有了可靠的组织保证。

坚持开发式扶贫，惠及千家万户，这是我们的根本要求，把扶贫资金用好，讲实际效果，使每个项目都成功，抓典型、抓示范项目带动综合资源，突出重点，健全长效机制，建起枢纽功能。

坚持开发式扶贫，针对对口地区生产力相对较低、经济欠发达、农民温饱难解决的现状，我们大力帮助发展适合当地的农特产品，增加了农民收入。比如宁海扶持的"隆波尔山羊"项目存栏已达12万头规模，使晴隆全县14个乡镇68个行政村9600多农户4万多人从中受益。

为使千家万户得益，根据当地生产、生活环境差的现状，我们帮助建成了一批示范村，扶助了2万多名贫困群众，每年为贫困农户捐献衣被。这些措施的实施，改善了对口地区群众的生产、生活条件，推进了社会发展和新农村建设。

消除贫困，必须提高干部群众的素质，开展智力扶贫。多年来我们坚持培训交流为主要途径，先后帮助对口地区培训各级党政干部、教师、医生等，加上农业科技、非农就业技能培训，共达数万人次。通过培训交流，更新了观念，拓宽了视野，推动了当地经济的发展。

扶贫工作任务艰巨，单靠政府力量是不够的，动员全社会力量参与是非常重要的举措。从捐献衣被、捐献图书，到万人助学，都充分显示了社会力量的重要性。数千名贫困学生在万人助学活动中很快就被我市热心的市民结对帮扶了，这说明社会参与蕴藏着巨大的力量，企业参与了，市民参与了，在海外的宁波帮人士，如赵安中、陈廷骅、朱英龙先生等也参加了捐助活动。他们热爱祖国、热爱家乡、热心社会公益事业的情怀令人动容。

"宁波朱先生"的故事

2003年，在宁波市人民政府台湾事务办公室牵线搭桥下，朱英龙先生来到了宁波市对口帮扶的贵州省黔东南州和黔西南州。当他看到孩子们在摇摇欲坠的危房里上课，有人还因交不起学费而失学时，大为震动，当即慷慨解囊。几年下来，朱先生在贵州捐助教育楼、学生宿舍楼数百座，资助贫困生万余人次，使无数的孩子坐进了明亮的教室，回到了久违的校园。

每年，朱先生都要到贵州两三次查看已经建好的项目，确定新的捐建项目，为了能多看、多了解情况，他一天要赶三五所学校，一趟行程得在贵州待上半个多月。白天在去学校的路上，晚上又要和当地教育部门研究讨论到深夜，对每个校舍项目都要亲自论证。他说："我捐助项目要雪中送炭，不是锦上添花，要让急需的地方率先解决。项目做到够用、实用、不浪费，使捐建的校舍发挥更好的作用。"他帮助的校舍项目有教学楼、宿舍楼、食堂，甚至还有浴室。项目的分布有小学、中学、高校，他捐资过的项目几乎遍布当地的每个乡镇。

同时他还大力帮助贫困学生，从最初的失学儿童，到高中、大学阶段的贫困学生，他帮助过的学生达上万人次。贵州山区许多小学生上学路途较远，很不方便，还有许多留守儿童没有人照顾。朱先生为此向上级教育部门呼吁推行小学寄宿制，他的努力没有白费，黔东南州小学寄宿制开始试行并已取得阶段性成果。他为贫困地区教育事业可以说竭尽全力。

在贵州黔西南州和黔东南州的苗族、侗族、布依族乡间，都传诵着这位"宁波朱先生"的爱心事迹。他们中许多人搞不清他的名字，但他们都知道他是一位祖籍在宁波并由宁波人邀来贵州助学的台湾老人。

朱英龙先生除了捐资贵州省黔东南州、黔西南州和毕节市外，还在陕西贫困地区助建希望小学，与西北农林科技大学合作开展水土保持项目。朱英龙先生博爱助人、扶贫济困、惠泽乡亲、乐善好施的义举和以德为本、克勤克俭、弘济众生的美好品格令人敬佩。

一点感想

对口帮扶工作，是中央的战略决策，让先富起来的地区带动贫困地区发展，这是社会主义优越性的集中体现。1994年中央提出"八七扶贫攻坚计划"，至今已有20多年了，现在9899万农村贫困人口已经全部脱贫。这是贫困地区各族人民奋发图强、艰苦卓绝的努力结果，也是经济相对发达地区全力帮扶的结果。我作为亲身参与的干部也是倍感欣慰。扶贫已经取得阶段性胜利，但要巩固成果，防止返贫，使当地的经济持续发展，还任重道远，扶贫工作也不能着眼于一朝一夕，扶贫战线上的同志要始终保持强烈的责任感和使命感，要有决心、有恒心，争取最后的胜利。

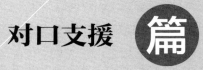

对口支援 篇

我的梦想：在比如县建重症监护室

口述者：范　震

采访人：陈　泼　严　佳

地　点：视频连线

时　间：2021 年 10 月 15 日

口述者简介：

范震，医学硕士，宁波市第一医院重症医学科副主任医师，2021 年宁波市援藏医师。

我是宁波市第一医院 ICU[1] 的医生，很荣幸能够作为援藏技术人才，去西藏从事医疗帮扶工作。

我先介绍一下我们整个工作团队和发生的一些故事。

援藏基本情况

那时我们宁波负责援助西藏自治区比如县。比如县平均海拔在 4000 米以上，空气中的氧浓度跟宁波没法比。整个辖区面积非常大，有 11200 平方公里，但是全县人口只有 8.2 万人。

宁波从 1995 年开始，一批一批去援藏，总共 9 批，每批 3 年。26 年以来，宁波累计募集资金大约 8 亿元，完成了 200 个援藏项目。

老西藏精神，在新时期就是不怕吃苦。在海拔高、境界更高的原则上，在领导们的反复提醒和教育之下，我们面对问题、克服问题的意识和能力大大增强，在脱贫攻坚和全面建成小康社会这方面贡献自己的力量。

我们整个工作主要涉及四大方面。

第一，交流工作。到现在为止，宁波差不多总共有 23 拨 237 人次到西藏学习考察，西藏有 15 拨来宁波学习考察。2020 年 8 月，我们市委副书记带领的宁波代表团 24 年来首次来到海拔高达 4000 米的比如县城，当地的县委书记之后也带队到宁波考察。这样的工作交流越来越多，也逐渐实现了常态化和制度化，形成了一个长效交流机制。

第二，筹建产业园。我们的产业园是最早开始的工作，也是一个比较大的突破，实现了产业园方面零的突破。我们去了之后牵头筹建了浙江支援西藏拉

---

① ICU，即重症加强护理病房。——编者按

萨的一个产业基地，2021 年 7 月顺利开园，浙江省委书记跟西藏自治区党委书记共同给产业基地揭了牌。同时，组织邀请了很多家企业去考察学习。这是 25 年来建成的第一个实体产业园项目，可年产 10 万套服装。一期的项目已经在 2020 年 4 月正式填补了当地实体制造业的空白，提供了 162 个就业岗位，创造了 2000 多万元的产值。

第三，民生援藏。我们获得了很多计划外的捐款，比如镇海的企业家资助了大约 1000 万元，后来用于建设镇海双语幼儿园。此幼儿园于 2020 年 8 月开工建设。中华慈善总会资助了 800 万元的医疗物资，中国光华科技基金会给当地的小学和幼儿园分别捐助了价值 200 万元和 100 万元的数字教育资源。还有很多宁波企业，提供了很多就业岗位，交流合作也非常多。

第四，医疗援藏。我们今年去的医疗人才是第二批。3 月 19 日西藏发生了 6.3 级地震，领导就带着我们直接参与抗震救灾和灾后重建工作。几位领导都已经在当地工作了一年半快两年的时间，我们就向他们学习，学到了很多。在原来的岗位，我们的责任就是把病人的病治好，把病人照顾好，其他时间都是看书和查文献。到了西藏后，思想意识和专业能力都得到了提升。同时，我们一边治病救人，一边手把手地带当地的医生和护士，他们掌握了这方面的技能，就可以去挽救更多人的生命。

我们是如何工作的

第一，业务培训。2020 年 7 月，由我们提供支持的一个项目——在比如县人民医院建立的整个地区首家医疗教育培训基地正式建成并投入使用。目前，这个基地已完成各种医疗教育培训 64 个，培训了 2000 多人次，包括一些医疗的基本技能，还有疑难杂症的远程会诊。培训中心汇聚了宁波市第一医院、李惠利医院、妇女儿童医院等知名医院的专家共同研讨病例，共同商议治疗方案。

由宁波医疗专家组成的智囊团队，给这个偏远县城的教育人才培训提供了很好的保障。医疗教育培训基地的设备在整个地区都算先进。新冠肺炎疫情暴发之后，我们第一时间向爱心企业寻求支持，他们立即给我们筹集了大概 50 万元的口罩、消毒水、隔离服等防护物资。在医院建设这一块，我们努力把县医院的医疗水平整体往上抬，以造福更多的当地百姓。

第二，县医院技术力量提升之后，通过远程会诊中心，把各个乡卫生院在网上联络起来。由于比如县范围特别大，海拔跨度也很大，有雪天气，老百姓在乡里、村里生病之后很难及时送到县人民医院，因此建立远程医疗服务非常有必要。

第三，提升各村卫生室的技术服务能力，进一步加强医疗方面的抢险系统建设并进行推广。

我们宁波的医疗援藏团队会利用业余时间，大约一个月一次下到各个乡镇去，给当地的村民进行义务诊治。到现在差不多有 11 次了，这个下乡是真不容易，但我们坚持了下来。前几次印象特别深刻，我们刚到当地还在适应高原反应时，就都下到一些海拔高达 4500 米左右的乡镇去了。我们背着制氧机，插着管，去给他们看病，体会很不一样。极端条件下我们也体会到了病人缺氧的感受，之后面对患者也更能感同深受了。

我们干出了一些成绩

我们的工作差不多从 2019 年 7 月开始，做得还是比较扎实的，其中有 29 项工作先后被新华社、人民日报等中央媒体报道。在各级组织领导的关心下，宁波工作组也被授予宁波市对口扶贫协作攻坚奖"组织工作奖"。有一名援藏干部被评为西藏自治区的脱贫攻坚先进个人、优秀共产党员、援藏干部人才，并获得个人突出贡献奖。还有一名干部被评为宁波市"六争攻坚"好干部。

我个人是 2021 年 3 月开始从事相关工作的。在海拔 4000 米以上的环境下，体会到了医疗工作的艰辛和不易。我们刚到比如县时，本来计划先休息几天，等适应了当地环境后再开展工作。但到了第二天晚上 11 点，医院急诊科打电话来说，有一名病人子宫大出血，情况紧急，要做急诊手术。当时我们有高原反应，头也有点涨，3 月初气温在 –10℃ 左右，但身体再不适，我们医疗团队4 个人都赶去了医院。我们总共在手术室待了 4 个小时，我是负责麻醉、术中监护和抢救的，得保证整台手术的顺利进行。中间我感觉快要晕倒了，高原反应特别大。在这种极端的情况下开展同样的工作，需要耗费比平时更多的精力。

因此，我们也深刻地体会到援藏干部和当地医疗人员的不易。

我的梦想：在比如县建重症监护室

我在宁波本来是在重症医学科工作的，新冠肺炎疫情暴发后，我也跟着我们宁波的医疗队在武汉的同级医院抗击过疫情。当时的工作强度已经很大了，但是在西藏比如县开展医疗帮扶对我来说挑战更大，不仅仅是医疗方面，还有自然环境的因素以及跟当地藏族兄弟姐妹们的交流困难，都需要自己不断学习，逐一克服这些挑战。

因为当地还没有重症医学科，所以我在半年多的时间里一直在着手筹建县人民医院的重症医学科，这样可以让更多的危重病人不用冒着风险转去拉萨。ICU 建立之后，都在按照原来的计划推进。我还选派了两名医生、一名护士，到宁波市第一医院，进行为期三个月的专门学习。

他们回去之后，带着麻醉科和急诊科的几个实习生，抢救了七八个功能衰竭的病人。原来这类病人当地是没有能力医治的，只能转到拉萨，但是途中要五六个小时。现在能对这些危重病人开展救治了，而且成功率还是不错的。所以下一步就是等着医疗设备到位，我们的 ICU 建设也能更加健全完备。

1890，我在库车的便民服务密码

口述者：胡　楠

采访人：陈　波　严　佳　沈信丞

地　点：宁波市月湖盛园

时　间：2021 年 11 月 15 日

口述者简介：

胡楠，2019 年 12 月—2021 年 7 月，挂职新疆库

车市委党校，任副校长。

我叫胡楠，1988 年出生，2015 年从中国人民大学毕业后，一直在宁波市委党校工作。

2020 年 2 月，领导找我谈话，问我有没有意向参加援疆工作。组织选定我，是出于几方面的考虑：第一，单位的年轻人中，只有我还没成家，可以轻装上阵，来去无牵挂；第二，众所周知，援疆是一项挑战性极高的工作，对个人成长历练也大有裨益。因此，出于对大美新疆的向往，也想挑战一下自己，丰富个人阅历，我欣然接受了这一任务。

在库车市挂职的一年多时间里，我主要在市委党校工作，可以说干的是老本行。我同时还兼任宁波市援疆指挥部办公室副主任，工作内容涵盖党建、纪检、宣传、公务接待等方面。

我对新疆其实是有情怀的，上学期间，我就到过北疆，参与了"春蕾"关爱活动，帮助的对象主要是贫困地区的女童。那次新疆之旅，让我对祖国西北边陲有了更具象的认识。新疆这个地方，自然风光壮美，物产丰饶，但贫困的地方又极其贫困，需要我们对口支援的干部精准识别贫困人员，进行定点帮扶。

在各领域的帮助中，我主要参与了党建援疆、干部培训以及 1890 便民服务中心等项目，下面就让我与大家分享一下援疆期间的经历。

党建援疆，为干部补足精神食粮

我们国家的援疆工作已经持续开展了很多年，这期间，有资金的输入，有技术的支持，也有教育的帮扶，但是党建援疆这一领域，还没怎么启动。于是我想，我既然长期在宁波党校工作，这一领域恰好是我的专长，何不以此为切入点，为当地党员干部带去更多精神层面的帮助呢？

党员干部是否有坚定的理想信念，直接决定其他各项工作能否顺利开展，能否取得成效。因此，党员干部培训工作非常有必要，而我作为挂职党校的一名副校长，就率先组织人员上起了党课。

党课只有讲得生动有趣，贴合实际，才能引起党员干部的兴趣。于是我就先从备课入手，各个细节都亲自抓，亲自做。"新中国成立后前三十年与改革开放"，带着大家回顾新中国的发展史，厘清历史的脉络；"政策执行问题与对策分析"，从实务的角度，教给干部们比较实用的政策领会、理解执行的方法；"新时代反腐败斗争的挑战、趋势与突破"，注重结合案例，使受训干部始终绷紧心中的"廉政弦"，思想不松动、不滑坡。除了以上课程的讲授，我还牵头组织了"又红又专大讲堂"等活动，真正把党课送到基层，把党建援疆的工作做深做细，送到党员干部身边，把理论和观念根植到他们心里。

在此期间，我们还多次深入基层社区，既调查民意，听取民声，同时也给老百姓宣讲党的富民好政策、民族大团结的重要性，以及党和国家对边疆人民的深情厚谊。这样的活动，拉近了我们和当地干部群众的距离，其他一些具体事务性工作的开展也变得顺畅多了。

通过做好党建相关的工作，我个人也发挥了专长，个人价值得到了充分体现。而我们的党员干部培训，到我挂职结束时，受惠人数已达500多人。我估计，到2021年底，学员人数应该有1000人了，这在库车地区还是很少见的。这种全员参与、积极学习的良好氛围，充分体现了做好党建工作的重要性。

而我个人，则愿意做一只小小的萤火虫，把理论的光播撒出去，照亮更多党员干部的心灵。

1890，解开便民服务密码

除了党建工作，我还参与了一项便民工程的推进。这项工程叫作"1890"，取谐音"一拨就灵"，旨在打造一个便民服务平台，为库车市民提供便捷、高效、实惠的家政服务。

为什么会起心做这样一件事呢？因为到库车挂职没多久我就发现，那边的家政服务实在太匮乏了！简单的马桶堵塞，且不说动辄数百元的费用，仅仅是等待时间不确定这一点，就让居民吃尽了苦头。更不要说日常家里打扫什么的，那更是天价，在宁波花一两百可以搞定的事，在库车，因为按面积收费，往往要花费数倍的钱！

这几件小事，让我发现了新疆地区家政服务方面的短板。于是，我想参照宁波的"81890"服务平台，在库车做一个以家政服务为主的平台，帮老百姓解决与日常生活息息相关的家政问题。

一开始，这只是一个想法，毫无着力点和头绪。我们找到当地几家比较大的家政服务公司，可他们对入驻平台并没有什么兴趣，因为他们并不缺少订单，也不想改变既有的供需关系。后来我们联系了一家在乌鲁木齐做物业管理的公司，经过沟通，他们有意向到库车这边试一试。我们总算请到了平台的第一家公司。

有了平台，不论是市民找服务方，还是服务方找客户，都有了第三方的联系和约束，服务方不再坐地起价，经营越来越规范；用户需求反馈也更及时了，家政问题得到高效解决，也就更相信我们平台的力量，也乐意现身说法为我们做推广。目前，入驻的这家物业公司已拓展经营范围，并且处于盈利状态，当地的老百姓也得到了实实在在的便利。

这件事虽小，但因为关系到百姓的日常生活，我们在构思和操作时非常认真，要办事，还得把事情办好。党建无小事，服务群众更无小事。

事无巨细，促进民族团结一家亲

除以上项目外，我还参与引进了一批科技项目。我们联合当地农科院，宁波市、浙江省的农科院以及中科院的生物研究所等，集聚科研力量，做了一家库车农业科创中心，主要开展土壤、种子等方面的农业研究。

我们还牵头兴建了一个甬库振兴村，通过第一、第二、第三产业全面振兴，巩固脱贫攻坚成果，为乡村振兴摸索新路、打造样板。希望能通过这种模式，发挥一定的辐射带动作用，为其他村落脱贫后的发展提供参照。

其实，援疆干部还有一项更重大的政治任务，那就是维护民族团结。在援疆期间，我多次参加当地的"民族一家亲"活动，走到人民群众中间，去宣讲党的政策，转达内地人民对新疆人民的友好和关切。其间，我还承担了大量信息宣传和图片、文字资料的收集整理工作。在这一过程中，我个人感触也很深刻。援疆是需要情怀支撑的，也只有爱我们的国家，爱我们的民族和人民，才能不怕吃苦，经得住客观艰苦条件的考验，圆满完成对口帮扶任务。

通过这一年半的援疆经历，我个人也从原来的侧重理论、安于"象牙塔"，变成扑下身子实干，善于发现问题、分析问题、解决问题。不论是理论知识到实践的转化，还是个人意志品质的提升，都很明显。如今我虽然已经回到宁波，但这段经历必将成为促进我成长、成熟的催化剂，让我在今后的学习生活中，更理性，更务实。真心感激党和组织给予我这样的机会，也真心祝愿祖国民族团结、繁荣富强！

对口工作给我最大的感受就是要有情怀

口述者：黎万权

采访人：陈　泼　陈荣芳

地　点：宁波市对口支援和区域合作局

时　间：2021 年 9 月 16 日

口述者简介：

黎万权，1965 年 8 月出生，2003 年入职原宁波市对口扶贫办，开始从事对口帮扶和对口支援工作，历任对口帮扶处（对口支援处、综合处、办公室）副处长、处长等职，现为宁波市对口支援和区域合作局对口支援处处长。

对口帮扶工作

我是 2003 年到市扶贫办工作的。当年我跟着张祖安主任一起到了贵州，跟我们一起去的还有慈善家朱英龙先生的两位助手汤女士和蒋女士。

那一年我们刚到贵阳，一位省领导很热情地请我们吃饭。张祖安主任现场就开始传帮带，对我说："人家很热情地招待我们，就是对我们很有感情，我们要领情，把工作做好。"这位领导说："看到你们来了，我们很高兴，我们天天盼着你们来。"做这个工作，首先要有感情，没有感情，没有激情，是做不好这个工作的。这是我的第一个感受。

第二个感受是，做对口工作，这个感情或者说激情是有传承的，需要一代一代传下去。两地这么多年来形成了一种默契，这个默契是什么呢？就是一种传承，有的东西可以明确地写在本子上，有的东西则不能，就像感情往来，要靠传承。

对口工作的传承，体现在哪些方面呢？

我举个例子。有一天早上，贵州省黔西南州委书记碰到我们了，很热情地聊了一会儿。他说要到宁波去看看，还要送个礼物。送什么礼物呢？宁波人民很富，我们很穷，怕送不起重礼。但是礼物太轻的话，又表达不了对宁波人民的感恩之心。虽然说礼轻情意重，但是也不能太轻了，还是要送个"大礼"。最后他们选了一块盘江石，重 8 吨，弄了一辆大卡车，开了几天几夜才送过来。这就是对口地区人民的感情。他们对我们的情谊我们永远不会忘记，帮扶工作能得到当地领导和老百姓的肯定，我们很有成就感。

第三个感受就是，两地要互相尊重和理解。

2003 年，我刚参加这项工作不久，有人跟我说，贵州人很懒的，家里脏兮兮的也不打扫，房子破了也不修，下雨的时候屋子漏雨就用盆接一下。我老家在重庆，我是西部地区来的，我对贵州还是挺了解的。这其实是当地还没发展起来的缘故，而不是因为他们懒惰。

我 1984 年来到宁波，我的部队所在地旁边有个村庄，春节期间下雨，村里几乎无法通行，到处都是牛粪。但是到了 90 年代，条件好了，老百姓开始修路了，开始修房子了，上楼要脱鞋了，都是一点一点慢慢变好的。

2007 年，我陪同贵州培训班的村支书们到宁海考察学习。刚上高速公路没多久，一位来自黔东南州的老支书就感慨："这么好的田地什么都没种，长的全是草，太可惜了，你们这里的人太懒了。我们那里没有好的地，都是石头，要是有这么好的地，肯定都种庄稼了。"

事实上，双方都不懒惰，为什么呢？宁波人懒吗？宁波人肯定不懒，而且应该说很勤奋。那个时候刚开始搞乡镇企业，农民变工人了，天天在工厂上班，收入比种地高很多，没时间去种地，这是当时有些地抛荒的原因。

贵州人民也不懒。他们为了解决温饱问题，天天在地里干活，只要有地种，能有粮食吃，家里面脏一点破一点没关系，最起码不会饿肚子。

因此我对我们宁波的同志们说，一定要尊重贵州的老百姓，尊重他们说的话和意见，他们和我们处在不同的发展阶段。我们去老百姓家里了解情况，一定要学会和老百姓聊天，和老百姓打成一片，并且要引导老百姓去做一些产业。

那个时候，我们还帮苗寨解决了整个村寨的喝水问题，对此我还是有挺多感触的。

10 年下来，那边的变化很大，交通便利了，其他条件也改善了很多。村里有个老太太说："你们来了，我们的生活条件比以前好多了，吃穿都不愁，交通也便利了不少。"

宁波参与对口帮扶工作很多年了，这期间都有传承，一直没间断过。

对口支援工作

我们处室负责全市对口支援西藏、新疆、青海、三峡库区的综合协调工作。对口支援总体规划和实施方案的拟订，年度实施计划的下达，相关规划、计划执行情况的检查考核都在对口支援处。我们还要协调开展宁波市与受援地区的互访交流和经贸合作，组织实施西部人才培训工作等。这说起来话就长了，我简单地说一些，具体的由前方的干部来说更生动。

一说三峡库区。根据国务院的统一安排，从 1993 年开始，我们先后对口支援重庆市渝北区、长寿县①、涪陵市②。1997 年开始对口万县③五桥移民开发区。在近 30 年的时间里，我们按照党中央、国务院的要求，积极主动地做好对口支援库区的各项工作。宁波市人民政府、市三峡办多次被评为对口支援三峡库区移民工作全国先进集体。总体来说，主要是为对口地区援建了一批学校、卫生院、敬老院、防疫站、信息中心等公共设施，培训了一批致富带头人，引进了一批企业落户库区。现在万州区随处都能看到宁波援助的痕迹，宁波路、宁波小学、宁波中学，以及宁波市人民政府援建的字样随处可见，这些既是宁波市民的爱心体现，也是库区人民对宁波的感恩之举。

二说对口支援新疆。我们按照中央和省市的要求，牢固树立"支援库车就是发展宁波"的理念，在做好精准脱贫、智力援助、劳务协作、市场开拓、旅游合作、社会帮扶等工作的同时，还要做实做好四项工作。一要切实提高民生援助实效，结合实施乡村振兴战略，保质保量建设一批富民安居、教育文化、医疗卫生项目，真正把实事做好，把好事做实。二要切实提高产业援疆实效，深入实施"十镇百厂"工程，鼓励宁波企业赴库车投资办厂，把库车打造成宁波投资新疆的重要基地，实现更高水平的互利共赢发展。三要切实提高交流交融实效，引导库车各族人民主动维护民族团结，始终像石榴籽一样凝聚在一起。四要切实提高固本强基实效，帮助库车提高基层基础建设水平，加快打造共建共治共享的社会治理格局。我们有几个亮点，发明推广的国家通用语言牌得到全国政协主席汪洋的批示肯定，在全国最先提出"党建援疆"的理念。

三说援藏。现在已经是第 9 批，西藏那边条件比较艰苦，那么高的海拔不是说你想克服就能克服的，对身体影响确实很大，我们援藏回来的同志，基本

---

① 今长寿区。——编者注

② 今涪陵区。——编者注

③ 今万州区。——编者注

上都留下了很难痊愈的隐疾。第一，道路不行；第二，环境恶劣。还有就是太遥远了，太偏了。我们 2020 年 4 月进藏的时候，刚好碰上了风雪天气。由于风雪很大，我们在路上滞留了很长时间。但不管如何，还是要去适应那个地方，不仅要严格按要求完成各项援藏工作，还要主动作为，做出宁波的亮点和特色。

四说对口支援青海。2010 年宁波市开始对口支援青海天峻县，也是高海拔地区，我市挂职干部只有一人，不仅相当辛苦，还很寂寞。但每批挂职干部援青任务都完成得很好，受到了当地干部群众的高度肯定和赞扬。

感受

在做对口帮扶和对口支援工作的过程中，我有两个很明显的感受。第一，心态要平和，和对口地区相比，我们的生活条件真的是太好了。第二，非常有成就感，能够帮助对口地区人民提高生活水平是我们这一代人的荣幸。

柴达木职业教育印象

口述者：刘　斌

采访人：陈　泼　严　佳

地　点：浙江纺织服装职业技术学院

时　间：2021 年 10 月 11 日

口述者简介：

刘斌，2019 年 7 月—2020 年 12 月，挂职青海省柴达木职业技术学院，任院长助理、教务部部长。

我叫刘斌，2019 年 7 月底受组织委派前往青海。组织选派的时候，询问过我个人的意见，家人最初还是有点担心的，一方面是担心高原反应，另一方面是家里离不开我的照顾。经过一番思想斗争后，身为党员的爱人也表示了支持。

初入青海，人才紧缺

大学毕业时，看着隔壁班有一个同学被团中央选派去援疆了，就觉得他身上有一种光环，那时我心里就有了一个想法：我也要去支教。

最初，我对青海没有什么了解。后来，在网上看到第二批、第三批援青干部和人才的资料，才慢慢对它有所了解。关于支援青海的宣传也比较少，之前我们大部分的关注点都是援藏、援疆，援青的历史只有 10 年，所以对援青也是所知甚少。

到了之后，发现青海没有"老少边穷"地区那么落后。一些县级市，感觉硬件条件还是不错的，有些甚至比我们浙江的县城建设得还漂亮。慢慢地，工作久了和接触的事情多了之后，我发现那边在观念上、政策制度上，甚至在很多方面都比我们这边要落后很多。

柴达木职业技术学院最初给我的感觉是建得很漂亮，比我们浙江的一些学校建得还要漂亮。但有一件事令我难忘，报到的第一天，刚开学就有 6 位老师辞职，过了几天，又陆陆续续地走了十几位老师。

后来了解到，这里的老师大多数是没有编制的。青海的编制卡得特别紧，这跟经济发展水平也有一定的关系。那边本身就是高原地区，环境异常艰苦，待遇也不是特别好，尤其是许多学校，大部分老师没有编制，这对搞好基础教育和职业教育更是难上加难。青海的人才缺口是一个巨大的难题，我们作为对口支援的技术人才去援青更是意义重大。

那边的人才学历要求和技能水平都很低，像本科毕业的学生就可以去青海当老师，而且是高等院校的老师，硕士就更少了，学校 2014 年成立，到现在，一个博士都没招到。

青海的人才很短缺。在浙江，高校招个博士是一件很正常的事。但去全国各个高校转了一圈也没几个博士愿意去青海，太偏远了，学生们都不想去，这让我很难受，也很难忘。离职率高的问题迟迟无法解决，我们想了许多办法，包括争取中央财政的支持、派人才去国外或者省外培训，但因为种种原因，依旧留不住人才。

西宁和我们在人才方面也处于一种竞争关系，学院一个系主任直接被西宁挖走了，我们学院花大力气培养的人还是没留住。学院所在的德令哈市，海拔将近 3000 米，而西宁那边要低很多，其他条件也比这边好很多。

如何在工作中慢慢扭转局面成了我们亟须解决的问题，我向当时在教育部挂职的领导反馈，现下的编制制度是留不住人才的，之后我们也聊了很多，想方设法帮助他们改变局面，领导们对我也是十分关心，特别认可，工作、生活都事无巨细，总问我有什么困难。

一方面，他们对我们援青技术人员有一种感激之情；另一方面，也有青海对人才的渴望，希望我们去了能够帮助他们解决人才缺口的难题。在援青时，我切身体会到了青海人民的热情，这令我十分难忘。我们回来后，都感慨一次青海行一生青海心。

百里路程，千日成果

那边有些地区还是比较落后的。新生入学时，我碰到了两个维修工，他们说一开学就会很忙，学生寝室下水道很容易堵。我为什么会这样，他们说藏区的小孩从小身上就揣一块石头，上完厕所就用石头刮，用水洗洗再揣在身上，到了学校之后发现有抽水马桶这种东西，石头就扔马桶里了，然后就堵得一塌糊涂，一疏通就哗啦啦掉下一大堆磨得非常圆润的鹅卵石。

在藏区，牧场离得比较远，离县城有上百公里。有些藏民家里很穷，我们跟初中和高中的老师去家访，看到有些藏民真的是家徒四壁，一些上不了学的孩子只能在外面晃荡。因此教育扶贫，对充分利用西部劳动力，是一个非常有效的渠道。

教育是扶贫的一个强有力的手段，尤其是西部这块，教育确实是一个短板，需要花大力气去抓基础教育和职业教育。虽然个人的力量对一个地区来说十分渺小，但我依然兢兢业业，为青海职业教育尽自己的一份力。

学院发展很快。一开始，8 所高职院校，柴达木学院排第 7 名，我离开时已跃升到第 2 名。我很喜欢同事们做事的气氛，大家团结一心地去做一件事，我也收获良多。

当地学生的学习基础非常差，很多藏族学生是不学数学的，有些学生专业是化学工程和机械工程，100 分的卷子，只能拿寥寥几分。学生基础差导致了老师教学十分费劲，这不单单是方式和方法的问题。

最初我对西部并不了解，到了青海后，最大的感受是党中央对西部建设的力度和决心如此之大，对少数民族同胞是如此关心爱护，能够作为援青的一分子参与到祖国的西部建设，为西部职业教育事业改革尽一份力，我十分自豪。特别感谢省援青指挥部、各支援单位和派出学校对我的关爱，家人们的理解支持和默默付出，让我时刻感到心里暖暖的，一股股强大的力量鼓舞着我，使我能够全身心地投入工作中去。

在第 4 批援青干部人才进青满 1 年的集中考核中，我获得了优秀。另外，我还荣获了 2020 年青海省海西蒙古族藏族州"优秀援青教师"荣誉称号、浙江省东西部扶贫协作突出贡献奖、对口支援青海省海西蒙古族藏族州"优秀援青人才"荣誉称号。组织给我的荣誉是对我援青工作的认可，能为青海做一点事情，我感到十分骄傲和自豪。

我的援疆故事

口述者：娄逢良

采访人：陈　泼　陈荣芳　崔宗军　严　佳

地　点：宁波市中山饭店

时　间：2021 年 9 月 16 日

口述者简介：

娄逢良，2005 年 8 月—2008 年 7 月，挂职新疆维吾尔自治区和田地区和田县教育局副局长。

出发

我刚开始参加工作时就在教育系统，先是宁波市教育局教研室，1994 年调到教育局机关纪检处工作，2005 年 8 月到新疆挂职，担任新疆和田县教育局副局长。

我被选派到新疆比较偶然。第一批援疆人员名单里本没有我的名字，后来有人家里有困难，有人体检不合格，我是临时被拉去的。8 月 8 日出发，实际上定下来是 7 月中旬，只有很短的一段准备时间。

当时刚好宁波市高校在搞布局调整，我负责宁波市高校园区的整合工作，手上工作一大堆，需要移交的工作材料很多，实在没时间移交了，索性就把办公电脑和材料全交给了和我对接的人。

出发的日子是 8 月 8 日，很吉利，市委组织部在新芝宾馆办了一个欢送会，为我们送行。当时的对口支援、对口帮扶性质跟现在有点不一样，现在资金、项目、政策支持都是全方位的，当时我们对口支援新疆，主要是干部人才，资金比较少，所以我们到了那边之后，关键是发挥我们干部人才的作用，基本上就是通过我们沿海一带的工作作风和工作精神，去影响、引领他们，帮助他们做工作。

为工作竭心尽力

刚到和田县，我在办公室待了 2 个星期，主要是熟悉日常的工作，适应当地的环境，并制订 3 年援和工作计划。

2 周后，我就到全县的中小学校走访。近 2 个月的时间，我几乎把全县 11 个乡镇所有的中小学都跑了一遍，深入学校，调查了解学校的建设和教学情况，认真听取当地教师和学生的建议和需求。

那段时间，我经常起早赶黑，晚上还要加班。远程教育工作说起来容易，但做起来真的很难。有些工作已经安排妥当了，但由于学校的情况不一，不能及时完成，我只有不停地督促检查，情况才会好一些。

记得远程设备运到和田县后，因为没有人手，我就自己爬到大卡车上卸载，常常累得精疲力竭。经过半年的努力，和田县远程教育设备基本完成了安装调试，受到了自治区远程教育验收组的表彰。为此，自治区远程教育验收组还专门给和田县多分了一套远程设备。

为保证设备的正常运转和安全使用，我根据和田县教育工作实情，制定了一系列远程教育设备管理制度。这套管理制度细致、全面，在整个自治区得到了推广。

为发展积极奔波

刚到和田且教育局时，我看到整个教育局连套像样的办公桌椅都没有，我就赶紧与宁波市教育局联系，得到了单位领导的大力支持，最后宁波市教育局筹资 10 万元为和田县教育局购买了桌椅、柜子以及电脑等办公设备。我还利用暑假休息时间，回宁波带了 6000 多册价值 11 万元的有关教育创新与教学创新方面的书，并及时发放到全县各学校。

在学校建设方面，我也积极奔走，和其他援和干部共同努力，为和田县争取到了 1800 多万元援助资金，其中 750 万元用于建造和田县第二中学教学综合楼。此外，我还从教育部争取到了 30 多万元的资金，为和田县中小学添置必需的教学仪器设备。

远程教育这件事

当时新疆地区师资教学水平比较薄弱，想通过现代远程设备，把沿海地区的优质课程资源输送到那边去，我就负责远程教育这方面的工作。我 8 月到岗，9 月开始落实远程教育的设施设备到位问题。

一套设备包括电视机、接收器等，到位后要进行安装、调试，调试好之后还要做好日常的维护和保养。这样一套流程，在宁波是相对比较容易的，但在新疆却是一件非常困难的事情。比如说设备刚到的时候，10吨的大卡车，满满一车，只有几个工人，根本来不及卸货。怎么办？只能亲自上阵，还得清点，这个工作量是很大的。

卸货后要分发，要安装。虽然有专门的技术人员负责安装，但是安装的所有点，安装的情况怎么样，还有质量，都要去检查、去落实。100多个点，每个点都要到位。之后还有维护这一块，工作量更大。某个点的接收信号不好，他们不懂怎么处理，只知道今天接收不到信号，马上打电话过来求助，我就得到现场去处理。当地没有专业技术人员，我只能硬着头皮充当技术人员。设备提供方是有售后的，但是售后服务是到不了的，因为新疆地方太大，100多所学校，跨度太大，他们根本顾不过来。我后来买了一辆汽车，专门用来跑各个点。3年来，远程教育工作量是最大的，这个工作后来得到了自治区远程教育验收组的一致好评。

除了远程教育设备和师资的保障，最主要的还是通过我们援疆干部的亲力亲为，去影响到当地的干部，让他们了解教育，重视教育，到最后从根本上建立起好的教育理念，学会好的教育方法。

有一个例子上我印象很深刻。

在和田县，如果有上级领导来学校考察，学校一般是这么做的：停止所有的教学工作，学生不上课，全部集中到操场上。于是我利用一个机会让他们的领导改变了这个思想观念。那是2007年，和田县政府某位领导带队到宁波中学考察，他们要来看看新疆班的娃娃，让我跟宁波中学先联系好，他们决定某一天的下午过去。宁波中学的老师回复我说那天下午学生有课，能不能另外安排一个时间。然后我就转达了学校的意见，并说明了原因，因为学生的学习是第一位的。我建议他们另外选一个时间，选在学生没课的时间去看望。这样既不会影响学校的正常教学，也不会耽误学生的学习。他们听了以后觉得很对，不能因为领导的到来扰乱了学校的正常教学秩序。

我们就是通过这样的实例来影响他们的思想观念的。

钱怎么用

资金上面，当时教育局定的原则是"123"，即第 1 年 10 万元，第 2 年 20 万元，第 3 年 30 万元，总共是 60 万元。我们宁波的教育代表团去新疆，在"123"的基础上又增加了 20 万元，一共有 80 万元的援助资金。我通过其他多种途径，争取了大概 100 万元左右的援助资金。

我们要保证所有的资金都用在教育上。经过测算，建教学楼是他们最需要的，也是最有用的。他们的教学楼不像我们这里的这么复杂，教学楼楼层不高，基本上就两层，1 间教室的成本大概 5 万元，1 所学校大概 6 个教室，30 万元就够了。我们争取资金帮当地建了 2 所学校的教学楼。我们还通过社会渠道，建了一所以企业命名的学校。

我们创造了历史

在我援疆的那段时间，我们宁波各界对援疆、援藏相当重视，一年到头一直有政府考察团、企业考察团过来考察。这 3 年里宁波也来了非常多的援疆干部。可以说，各方面的工作都开展得轰轰烈烈。尤其在教育方面，做出了非常好的成绩，得到了教育部的肯定，教育部特意把现场会放在和田县召开。

教育部来和田开会，我一方面觉得很惊喜，因为我们的工作得到了肯定，另一方面又有些紧张，因为一定要把这个接待工作做好，把现场会开好。于是我就自告奋勇地负责起草方案。在大家的共同努力下，最后圆满完成了任务。

题外话

再说说在这边的生活，有两个困难是需要我们克服的。

第一个是水。这边的水是重水，我们喝不了。有几位同事喝了水之后就拉肚子，因此我们只能买矿泉水喝。第二个是沙尘暴，我们从来没见过。

有一次我在途中遇到了交通事故，差点就把命留在了和田，当时人在空中翻转了好几圈。

当然，不管怎么讲，我在和田的 3 年经历，是其他任何地方不能给我的，它增加了我的人生阅历，同事们的那种精神、那种干劲，也给我上了一堂课，这些都是我这辈子的财富。

我被评为和田县优秀共产党员、优秀援和干部，并记三等功，这些都是组织对我的肯定，也是我参与援疆的人生见证。

战斗在高原上的建设者

口述者：马家双

采访人：陈　泼　严　佳

地　点：宁波市住房和城乡建设局

时　间：2021 年 10 月 11 日

口述者简介：

马家双，2007 年 6 月—2010 年 6 月，挂职西藏自治区比如县，任建设局局长。

2007 年 6 月，我主动请缨作为第 5 批宁波援藏干部，担任西藏那曲比如县建设局局长。2009 年 9 月，由于劳累过度，胆囊炎发作，被市委组织部召回。在宁波动完手术不到 1 个月，又赶赴西藏，战斗工作在一线。援藏 3 年，我们为比如县主持实施援建了"六路一街""三中心三广场"，把比如县打造成为名副其实的"藏北江南"。

做好民心工程

我们一行共 7 人，宁波 4 个人，绍兴 3 个人。我原先一直是在建设系统工作的，那个时候说要挑一个建设局局长，我就报名了。人生中有这样一段经历，最起码以后值得回味。那里条件艰苦，要趁年轻的时候在那有所作为，尤其是我们搞建设的。我们是第 5 批，条件是一批比一批好，前面几批的条件更恶劣。

从机场开车到比如县城要 6 个多小时，沿路都是在怒江的河谷，那曲是怒江的源头，沿着河绕来绕去，最后绕到一个县城，就在羌塘草原上。这个地方，气候比那曲好一点，海拔将近 4000，那曲是 4500 米。

我们那一批争取的资金号称是前 4 批的总和，然后做的项目叫"六路一街"。"一街"是步行街，当然我们这个规模很小，堪称"微缩景观"，因为整个县城也没多大，建设 6 条路，外加 1 条沿河街，做成步行街。基本上比如县城所有的道路都实现硬化了，在这之前只有一条硬化的道路，叫宁波路。第 2 批和第 3 批建了一部分宁波路，第 4 批基本上把宁波路建好了，我们第 5 批把整个宁波路拓展了，一方面是两边延伸拓展，另一方面是往步行街旁边拓展。那个时候有金华路、建设路、象山路，"六路一街"基本上都实现硬化了。路硬化后整个县城的环境好了很多，原先是风一刮尘土飞扬，因为高寒地区降水量比较少，风沙一直刮到县城里面，现在环境一下子变好了，而且两边的行道树都是从西藏拉萨采购的树苗，经过精心培育，长势喜人。

前几天原先的县长，现在是那曲市市长，他给我打电话说，那个时候确实做得好，我们打造了"藏北江南"。除基础建设外，公共服务这块我们也没有落下，打造了"三中心三广场"，包括卫生服务中心、教育中心，还把烈士广场整治了一下，做了一个雕塑群，体现了我们援藏干部跟当地的农牧民一起战天斗地、创造美好家园的奋斗精神。

我们还建了一些安置房，原先藏北牧民是放牧到哪里，老人小孩就跟到哪里，这就有问题，老人得不到照顾，小孩没有学上。我们以乡镇为一个集中点，乡镇建有卫生院、学校，能使他们安定下来，我们叫"安居工程"。

那里的自然风光非常好，风吹草低见牛羊，一般要到六七月以后，草才返青，返青以后风景确实很好，山上云雾缭绕、白雪皑皑。后来我们创建了一个叫纳卢沟的风景名胜区，也不知道现在开发得怎么样了。

我作为建设局局长，职责就是把基础的道路修好、公共服务做好，通过我们的建设，比如的变化是巨大的，我们确实把小环境整治得非常好，那里已变成美丽的羌塘草原。

不了解它的时候，你会觉得它是那么荒凉，不适合人居住；当你真正融入了解以后，它就会变成你的第二故乡。那种韵味，那种风景，那种人文风情，确实不一样。那里的居民都非常纯朴，跟我们的关系也非常好。我们每天都跟他们在一起，他们看见我们援藏干部，就说以为是当地的汉族干部，很亲切。

从规划、设计到现场施工，每一道工序，我全部要亲自把关。我们引进一套设备，就要派一个人去拉萨学习这套设备怎么使用。我甚至自己给他们讲课，从一些基础性的东西讲起。我们还组织了10多个退伍军人，跟他们讲怎么执法，什么叫城市管理。建设局里好像什么人员都有，正式编制却没几个。现在想想我们还是有专业性、系统性的，后来我也出了一本书，给他们讲以后这块怎么弄，这也算是我留给当地的一个礼物，基本上把宁波这边先进的技术和管理经验都教给他们了。

刚才讲的建设这一块，我们3年要把这个任务完成，但是全年的施工期很短，只能等三四月解冻以后，才能动土，到八九月又不能施工了，可供施工的期限特别短。我们第1年基本上是做计划，第2年开始做设计和规划，到第3年才能基本上把它完成，整个工期的安排要科学。我们当时请了几个设计人员过去，把这个情况跟他们讲好，把整个的关键线路都排好，否则的话会变成"豆腐渣工程"。在当地的自然条件下，没有科学的指引是行不通的。

关注农牧区发展，统筹城乡建设

关注农牧区发展，统筹城乡建设，是我们第5批援藏工作组的重要工作内容。3年来，着力建设4项实事工程（农牧区水、电、路、桥实事工程，县城自来水进户工程，县城生活区环境整治工程，完小教职工周转房项目）和小集镇示范工程，有效改善了农牧民群众的生活条件。

浙江宁波新村和达塘乡小集镇示范工程是我们浙江省第5批援藏工作组统筹城乡建设和以点带面重点建设的社会主义现代化安居新村，总投资230多万元。其中浙江宁波新村建筑面积近20000平方米，配套建设10条小区道路、2个公厕、给排水到户，并建设了一个150平方米公共文化活动室，设置300平方米公共活动广场，该项目使80户农牧民住进了新房子。

达塘乡的居民扎西罗布在浙江省第5批援建的商业示范街开了一间特产店，他说："援藏建设浙江宁波新村，修通了道路，人也多了，条件也好了，生意也越来越好了！""以前的商铺门前又脏又乱，现在援藏干部鼓励并会同乡镇干部义务劳动种植行道树，美化了两侧商店环境，看起来干净整洁多了。"

达塘乡小集镇示范工程与浙江宁波新村项目的实施，使乡镇功能更完备，对所辖农牧区起到经济文化辐射作用；使农牧民享受到城镇化文明，进而促进人口集聚、经济繁荣与产业优化，起到藏北小集镇规划发展示范效应。

比如县地处高山峡谷，河沟较多，农牧民居住分散，基础设施起点低，生活出行有诸多不便。援藏工作组通过实施农牧区水、电、路、桥实事工程，健全了农牧区的基础设施建设。投资30万元对夏曲镇电网进行了改造，解决了100户安居农牧民住户用电问题。

同时，我们实施的农牧区吊桥工程，通过资金补助、发动农牧民义务劳动，大力建设牧区引水、太阳能、吊桥等小项目，给农牧区百姓带来了实惠，提高了他们的生活品质。我们援藏干部会同当地县政府相关部门同志,深入县城区域每个行政村、寺院、企业、政府单位与中直单位,实地勘察,规划调整工程最佳线路,现场优化设计方案。实施了县城水厂扩容与进户工程,着力改造破损支管,并使管网进入各个政府大院、各企事业单位、各行政村。建成16套教职工标准周转套房,对政府一号院进行环境整治,有效改善了干部职工的生活条件与工作环境。针对比如县规划、建设与管理混乱的问题,以及县城区域脏、乱、差的现状,援藏工作组带领有关人员充分调研,起草并发布了《比如县城镇建设项目管理暂行办法》《比如县城乡容貌与环境整治管理暂行办法》,规范了规划建设管理行为。以上种种,都让我感觉能够参与其中,真的无比自豪。

娜秀草原献真情

在这3年援藏的过程中,我们工作组紧紧围绕县委书记张世方提出的比如县经济社会发展总体思路,充分借鉴内地经验,结合比如县实际,认真实施援藏项目,为比如县经济社会发展做出了应有的贡献。

尤其是张世方书记,他身先士卒,进藏以来冲锋在维稳和经济建设第一线。2009年,他因病无法进藏开展工作,但他人在内地,心系比如。对比如发展、稳定、援藏工作十分牵挂,时时询问工作进展,提出要求,督导落实,整体把握工作动态。援藏3年,个人争取资金达779万元。他踏实的工作作风、开阔的工作思路、对农牧区老百姓的深切关怀,使得他深受全县干部群众的爱戴。中央援藏总领队、自治区党委组织部许鹏副部长在比如县调研时,对张世方同志提出的比如县"四轮驱动"经济发展总体思路高度赞许。

绍兴援藏小组组长何鸿成同志是个闲不住的人,他既是常务副县长,对所管工作建章立制,规范行政行为,办事风风火火、雷厉风行;又是县维稳办主任,坐镇指挥调度,亲临一线视察,为比如县平安稳定做出突出贡献。休假期间,他也闲不住,为了比如县吉前电站的建设协调、设备的采购,奔走在广东、上海、浙江与西藏间,不辞辛劳。终于水电设备到位了,工程即将完工,但这位闲不住的援藏干部的身体却更加单薄了。

援藏干部徐挺身材略胖,高原反应较别人大,他经常是默默地到公寓吸氧,然后继续坚持工作。他爱人和小孩来探亲，他不改幽默本色："一人援藏，全家援藏，让家属们放心，我们在比如挺得住！"他爱人和孩子在县上住了一个月，援藏公寓充满欢声笑语。小孩回到宁波后大病了一场，援藏兄弟们都跟着心酸。

吴超、王叶刚、娄天荣同志克服高原反应，在比如县检察院、卫生局和教体局以身作则，梳理案例、讲授法律，传授医术、援助设备设施，援建教职工周转房，在行业系统留下援藏干部良好的形象。

为提升干部队伍素质和人才技术技能水平，援藏工作组通过实施"请进来、走出去"战略，充分吸收内地沿海地区先进行政管理与经济建设经验，组织大规模考察团 10 余批共 160 多人次赴内地考察学习，极大地开阔了全县干部的工作思路；同时，请来浙江宁波、绍兴各地领导、科研院校专家、工程技术人员等共计 70 余批 600 余人，传授先进经验和技术。

"藏北的黄昏来得晚了些，但很悠长。援藏公寓旁藏家房顶的炊烟袅袅地升起，那是在烧牛粪煮酥油茶，醇香的味道飘进援藏公寓的窗口，满脸皱纹的藏族老阿妈微笑着向我挥手……"缺氧难眠的夜晚，我们援藏干部用笔记录着这块土地上的喜人变化，全体援藏战友们坚守在雪域高原，只为比如的安宁和发展，只为比如人民的幸福和安康。

3 年来，第 5 批援藏干部以发展比如、稳定比如、服务比如为己任，在雪山草原上留下了援藏的坚定足迹，书写着援藏的壮丽诗篇。地的干部群众称赞我们："浙江援藏干部特别能吃苦，能奉献。"有此评价，我真的知足了。

情满龙井，汗洒延边

口述者：吴　晓

采访人：陈　泼　何路旦　詹　强

地　点：象山县农业农村局

时　间：2021 年 8 月 18 日

口述者简介：

吴晓，2018 年 4 月—2021 年 5 月，挂职吉林省延边朝鲜族自治州龙井市扶贫办副主任。

出发

2018 年 4 月的一天，领导突然找我谈话，内容是关于扶贫协作的。谈话中我了解到，这次要去的地方叫龙井，一个我闻所未闻的地方。好不容易在网上查到了一些信息，才知道这小城都挨着朝鲜了，是真正的边城啊！

去与不去，领导让我回去征求一下家人的意见再决定。而我心里非常明确，只要我下了决心，他们肯定支持。我父亲曾在东北当了 13 年的兵，母亲带我随军 3 年，我本人对东北很有感情，也觉得有能力很快适应。唯一放心不下的就是两个孩子，当时他们还小，需要照顾，如果我去扶贫的话，这 3 年就要辛苦爱人和家中老人了。

当我把跟领导的谈话告诉家人时，果然，他们一致表示支持，这给了我极大的信心和动力。我想，只要延边人民需要我，我一定竭尽全力，不打胜仗决不收兵！这也契合了宁波市政府当时的一句口号："把延边地区当作宁波地区来发展，把延边人民当作宁波人民来服务。"带着政府和领导的嘱托，带着家人的支持，带着打赢脱贫攻坚战的信心和决心，我出发了。

我们把汽车从宁波运到了延边

2018 年 4 月 26 日，我们一个小组开赴龙井。初到龙井，我什么都不熟悉，周边同事都在加班加点地工作。按照进度，龙井当年就要实现脱贫，我们去时，已经到了攻坚阶段。全体工作人员没有一人退缩，全部都是"白 + 黑""5+2"的工作模式，走访调研、整理资料、准备考核材料等。我因此也深受感染，很快就进入了工作状态，加入了这支敢打硬仗的队伍中。

经过一段时间的摸索，我对当地的基本情况有了一定的了解。前 3 个月，我们频频下乡，挨个村子走访。全域 65 个自然村，其中包含 36 个贫困村，我都摸了个遍，后来再去哪个村子，根本不需要导航，直接就去了，感觉已经熟悉到跟自己的家乡一样。

当时，当地的交通非常不便，有的地方一天也就一两趟班车，为了能够加快进度，很多宁波的扶贫干部选择把自己在宁波的车子托运过来。在龙井，人们经常会看到浙 B 的车。当地干部群众一开始很好奇，知道我们是来帮忙后，再遇见我们就会热情打招呼，有时还会表达感激和谢意。

有一次，我在排队等待过铁路道口，交警看到我的车牌，主动过来招呼我先通行。我说没关系可以等，但他一再坚持，还说我们宁波帮助龙井那么多，不能耽误我们工作，让我千万不要客气。这虽然是一件极小的事，但给我留下的印象很深刻，触动很大。有句话说得好，"金杯银杯不如老百姓的口碑"，对于我们扶贫工作者来说，当地老百姓的信任和认可，才是我们最期待的收获。

其实我们去时，离最终考核只剩半年左右的时间，已经相当紧迫了。临考核前，考核组目的地一变再变，真正确定来龙井时，剩下的准备时间真的是少之又少了。当时我们连夜召集人员回来加班，整理材料，尽量做到万无一失。

因为龙井的考核成绩代表延边，也就代表宁波，所以当时压力非常大。最终，经过全体人员的不懈努力，我们顺利通过了考核，龙井顺利脱贫，我个人第一年的扶贫经历辛苦但圆满。

医疗卫生扶贫，解群众急难愁盼

我们扶贫队带去了不少优秀的医务工作者，他们经常下乡做义诊。龙井这个地方，村子里老年人居多，因病致贫的发生率达 87%，再加上当地交通不便，很多老人有一些常见病、慢性病，很难得到及时的诊断治疗。

在医疗扶贫的过程中，有一件小事令我印象深刻。有一次，我们下乡义诊。来了很多老百姓，到中午还有人陆陆续续来问诊。有的人甚至急切询问，这次之后还会不会来；上午结束了，下午还在不在。

其中一个会讲普通话的老乡就给旁边的乡亲们小声解释，说你看这些医生多好，不仅医术高，而且耐心周到，你问什么他们都给你细心讲解，态度温和。

我在旁边听到当地老百姓如此评价，内心真的非常感动，这是当地百姓对我们扶贫工作最真实的反馈和最朴实的认可。

后来，经过多方努力，我们在当地乡村筹办了村卫生室。从此以后，村医有固定的地方上班了，老百姓有个头痛脑热也能就近就医了。这对老年人占比相当高的龙井农村来说，是一项实实在在的利民工程。

产业项目扶贫，因地制宜是关键

除了一些民生工程，我们做对口扶贫，带去产业、留下产业是关键。而促成一批产业项目落地，并不是拍拍脑袋就能决定的，需要做很多调研工作，最重要的是因地制宜。

就拿在龙井搞象山大白鹅的养殖来说，一开始，我们是有顾虑的，毕竟两地距离遥远，各方面环境条件差异很大。尤其是气温，龙井冬季气温低，大鹅能不能扛得住，这是个问题。

但是龙井有它自己的基础和优势。养殖大鹅不需要太多劳动力，当地的中老年人就能胜任；龙井盛产玉米等农作物，而且售价低，解决了饲料问题；当地地广人稀，家家户户都有大院子，稍微改造就可以建起鹅舍；东北人民喜欢吃鹅肉，同时我们宁波的合作方还可以回收成品鹅，这为实现产销一体化提供了保障，为大白鹅养殖奠定了基础。

为保险起见，一开始我们只是少量、小范围进行养殖试验。第一年带去的小鹅苗，除了少数几只在运输途中死了，其他的居然安安稳稳度过了一个冬天，并且长得非常好！

这给了我们极大的信心。同时考虑到鹅苗的成本问题，我们决定打一个时间差，选择养殖淡季运送小鹅到龙井，节省了大量鹅苗成本。我们选取一定数量的贫困户和普通户进行养殖试验，50只起步。经过3个月的精心饲养，大鹅顺利出栏，为养殖户带来了第一桶金。

然而，去年因为受疫情影响，刚刚起步的养殖项目被迫暂停。这是我扶贫工作中最大的遗憾。但是，因为前期已经铺好了路子，等大形势好转，我想这个项目还可以继续推进，为当地老百姓创收致富提供动力。

除了大白鹅养殖项目，我们还巧妙利用当地已有的旅游资源，联系浙江的开发商，打造与当地相适应的旅游项目。

其中有一个民宿项目，利用当地的文化资源，由当地政府、浙江政府和开发商共同注资打造，以"中国朝鲜族爱国诗人尹东柱"为宣传点，力求打造一个融民宿、红色旅游、乡村休闲、农特产品销售于一体的旅游项目。目前，这个项目已经开工建设，初具雏形。相信它的建成开放，必会为当地老百姓提供更多在家门口就业的机会，并带动当地农副产品走向全国市场。

希望龙井的明天会更好

3年来，我走遍了龙井的大小村落，感受到了当地老百姓的真诚和热情。个人觉得，能有机会参与到这样一场空前绝后的脱贫攻坚大决战中，不胜荣幸。如今对口扶贫地区全面已脱贫摘帽，我们推进的各项产业发展势头良好，当地父老乡亲正享受扶贫带来的红利，朝着更加美好的明天努力迈进，我是幸福的，也是欣慰的。

在此要感谢组织的信任和托付，让我有了这样一段难忘的经历。希望龙井的明天会更好，我个人也必将继续发扬不怕苦不怕累、敢拼敢干的精神，努力完成组织交给的每一项任务，争取更大的成绩和进步！

3年挂职期间，有艰辛、有欢乐，有付出、有收获，有成绩也有遗憾，同时本人也深深体会到以下几点。

一是背靠组织，依托后方。这是我们做好东西部扶贫协作工作的底气所在、信心之源。

二是深入基层，了解需求，解决群众实际困难。这是我们开展东西部扶贫协作工作的出发点和落脚点。

三是挖掘本地优势，因地制宜，找准项目。这是我们提升东西部扶贫协作工作的重点和关键。

四是市场运作，优势互补，合作共赢。这是我们推动东西部扶贫协作工作的持续之策和长久之道。

天峻山下写春秋

口述者：徐善燧

采访人：陈　泼　梅庆生　崔宗军　严　佳

地　点：宁波市审计局

时　间：2021 年 9 月 17 日

口述者简介：

徐善燧，2013 年 8 月—2016 年 7 月，挂职青海省海西蒙古族藏族自治州天峻县委常委、副县长。

初到高原闯三关

青海以青海湖为中心，分为海西、海北、海南、海东。天峻县隶属青海省海西蒙古族藏族自治州，位于青海湖西北部、柴达木盆地东缘，是海西州唯一的牧业县，以煤炭和畜牧业为主要产业。这个县区域范围广大，有 2.52 万平方公里，相当于两个半宁波那么大。海拔相对较高，县城所在地海拔高达 3400 米，人口不多，仅 2.5 万人，户籍人口只有 2.2 万人。贫困人口绝对数也不多，700 多户，1500 多人，其中少数民族占大多数。

当地的收入来源以畜牧业为主。原来有煤矿，叫木里煤矿，在柴达木盆地一带。木里煤矿产的煤非常优质，是能量很高的焦煤，而且因为全部露天开采，不像我们常见的煤矿，要打井，所以开采成本很低。但是，因多年的滥挖滥采，形成了多个巨大的天坑，木里矿区生态环境破坏情况让人触目惊心。2013 年，青海省成立了柴达木循环经济试验区，进行全面整治。

我之前一直在宁波海曙区工作，当时在西门街道。我是第 2 批经部门推荐去援青的干部之一，浙江援青工作从 2010 年就开始了，第 1 批去了 2 位同志，组织推荐第 2 批援青干部时，我想青海自然环境应该还可以，自己应该能适应，就主动申请了。到了之后才发现，天峻县平均海拔 4000 米左右，县城都有 3400 米，跟拉萨的海拔相仿，但当地的气候条件比拉萨还要恶劣。因为它西北是沙漠，所以不能只看海拔，还得看纬度，同样的海拔，纬度越高，环境越差。天峻基本上是不长树的，都是那种灌木丛或者草原，刚去的时候，面临的就是这样的环境考验。

我常说，到天峻需要过三关，第一关就是缺氧。

初到天峻，需要直面的第一个难题就是睡觉。晚上总是缺氧，翻来覆去，头疼欲裂，持续很长时间。有人问，你都去了那么多次了，应该适应了吧。我就说，这个是不可能适应的，只能说比刚去时要好一点。刚去时，头两三天可能整夜都睡不着，即使勉强闭着眼睛，还是睡不着，那种感觉实在太折磨人了。很多时候，生理上还没出问题，人的心理就先出问题了。那个时候，吸氧机还不是很普及，后来我们就自己想办法在房间里装了个制氧机，放到窗户底下，虽然有一些噪声，但在很大程度上缓解了缺氧的痛苦。

第二关是气候干燥。当地干燥到什么程度呢？晚上洗的衣服，随便往屋里一挂，第二天早上就干了。气候干燥会引发什么问题呢？我们沿海地区的人到那儿以后，皮肤会痒得受不了，有些干部背上都被衣服磨出血了。冬天，脚底会开裂，起初自己都不知道，有时候在房间里穿着拖鞋走路，怎么感觉拖鞋里黏糊糊的，一看才发现是血，干燥导致脚底开裂，血就渗出来了。还有一个，就是会流鼻血。晚上睡着了，毛细血管扩张，会不自觉地流鼻血。我刚去的时候，有天半夜被憋醒了，鼻子里好像塞着什么东西。挖出来一看居然是血块！后来也就习惯了，一入冬就做好心理准备，过渡期先流一周鼻血。

第三关是什么呢？就是饮食习惯。因为当地以面食和牛羊肉为主，青海人口味比较重，辣椒放得多。说实话，我一开始很不习惯，天天吃面条，都要吃吐了。偶尔吃一顿米饭，发现还是夹生的，因为当地海拔太高了，水温达不到，米都蒸不熟。在我的再三建议下，食堂买了一口高压锅，当地干部第一次吃上高压锅焖的米饭时，都在感叹，米饭原来这么香啊！

有过高原旅行经历的人都知道，最大的考验是缺氧，而缺氧状态下最怕感冒。感冒容易引发肺水肿，搞不好是要出人命的。那是个下雪天，我在乡镇监工挖土井，忙活了一整天，确实比较累，就感冒了。那真是一点力气都没有，后来在医院打了三天吊针。还有一次，我去参加一个验收会，突然就感冒了。当时就感觉喘不上气来，走不了几步路就得停下来大口喘气。我当时意识到这样不行，赶紧下到西宁，气喘的症状马上就缓解了。有些人不太相信，认为自己身体好，即使感冒也不会有问题，如果因此掉以轻心，缺乏常识，在高原地区，确实会出大问题。因此，到了那里，只有闯过这三关，才有可能顺利开展工作。

　　我们到了那里，先把三年的工作思路整理出来。我们的工作主要集中在三大方面，即用好干部资源、优化项目资源、搞好智力扶持。而干部资源和项目资源很多时候是相结合的。当然，扶持要"输血式"跟"造血式"相结合，并且以"造血式"为主。而民生改善要与经济发展相结合，找准结合点，所以我们就从民生入手，开启了帮扶之路。

藏区归来话感受

　　去之前，我对藏区的印象是民风彪悍，但去了以后，切身感受则是民风淳朴，热情好客。只要以诚相待，藏区人民还是非常尊重我们这些扶贫干部的，对党、对国家也是满怀感激之情。

　　当地资源丰富，人民勤劳，靠着养牛放羊，一年也有七八万元的收入，称不上贫穷。他们有定居点，也有一部分人带着帐篷逐水草而居。青海的牧民放牧距离一般不会太远。当地的草场按季节可以分为夏季草场、秋季草场、冬季草场，他们就根据水草的情况，赶着自家的牛羊，以放牧为生。因为夏季草场游牧时间相对较长，我们去之后，就在夏季草场附近，牧民相对集中的地方，帮他们建了一批固定房屋，让牧民们即使放牧，也有一个相对固定的住所。

　　现在有部分人搬到县城了，主要是为了解决孩子上学的问题。以前，牧民居住分散，即使当地建有学校，因为生源稀少，学校也很难正常开展教学。搬到县城，则可以保证孩子们接受连续的教育。因此，初到青海，我们花了很多精力协助地方政府解决这些关乎民生的教育、医疗、住房难题。

　　我到天峻县，分管过招商引资、城市管理、司法、文化旅游和工商，浙江过去的扶贫干部，都不是简单挂职，而是实实在在任用，担重任、做实事。

　　另外，严酷的自然环境，会给人的身体带来诸多不利影响，导致很多干部到一定年纪就开始规划退休生活，离开天峻到西宁去居住。长期缺氧的环境，会给人的心脏造成极大压力，时间长了，心脏肥大，确实影响健康。另外，缺氧会影响人的大脑，导致记忆力下降，这些也是当地干部早早就申请提前退休的客观原因。就拿我来说，我原来记忆力还挺不错的，在那边待了一段时间，明显感觉记忆力下降了，有时候迎面走来一个人，看着面熟，就是想不起人家的名字，甚是尴尬。因此，有了切身体会，我也就慢慢理解了当地干部做事的作风和效率，确实需要耐心地引导他们慢慢改变。

打好民生这张牌

以前，当地对教育不够重视，干部培养方面更是严重缺失。之前，牧民根本就不会考虑教育的重要性，孩子也不去上学，早早就拿起皮鞭，赶羊放牧。住房方面，他们也不在乎；医疗方面，国家有专项资金加以保障。因此，对当地牧民来说，期待不多，幸福指数反而很高。住房、医疗、教育三座大山，在青海牧区，并没有那么明显，牧民们过着看起来自由自在、无忧无虑的生活。

但是，一旦有人迈出了第一步，走出去了，他就会发现，茫茫草原跟高楼林立，真的是两个完全不同的世界。因为眼界放开了，很多孩子走出牧区，到城市读书生活，都不太愿意再回来。国家出台一系列针对性政策，保障当地的孩子们能够受到更好的教育，有更多机会走出去。渐渐地，当地百姓对教育这件事也开始重视了。我们还联系浙江师范大学附属中学专门为天峻的学生办了一个班，加强当地学生与内地的交流联系。

说到工作开展，还真得讲究天时、地利、人和。我在天峻那几年，必须得感谢一个人，这个人叫杜传军，人送外号"杜老三"，当时是天峻县人大常委会副主任、总工会主席，我们平常都叫他三哥。他生于斯长于斯，对当地情况了如指掌，对我们扶贫干部也是非常关心爱护，所以很多方面我们都愿意向他请教，听听他的意见和看法。

他在县里威望很高，亲和有力，牧民老老少少都认识他，下到基层，老百姓都是"杜老三""杜老三"地叫。而对我们扶贫工作，他也帮了不少忙，从招商引资到项目论证，再到资金协调，他都帮了我们很多。我们初来乍到，人生地不熟，多亏有这样一位领导支持，各项工作才得以顺利开展。

因为高原的自然条件，当地白内障病发率很高；又因为放牧辛苦，很多小孩子容易摔跤，有时腿摔断了也没条件医治，导致骨骼问题也很多。扶贫工作，医疗帮扶是很重要的一部分，所以当时就由我发起，搞了一个"高原白内障复明工程"，受到了牧民们的热烈欢迎，也实实在在为当地老百姓解决了困扰已久的问题。听说宁波的医生要来天峻县医院诊治，许多牧民提前一两天就赶了过来，住在医院旁边等待医生的到来。当时县医院医疗设备匮乏，我们的医生就带着设备上高原，实在因为过于精密难以运输的，我们就向西宁医药公司协调。活动期间，前后来了1000多人，有效筛查了500多人，最后符合手术条件的有53人，我们全部帮他们做了免费手术。

一朝重见光明，牧民激动得不知道说什么好，纷纷追问什么时候再组织这样的活动，因为当地有这样需求的病人还有很多。通过这次尝试，我们也觉得为牧民们办了一件大实事，社会反响也很好，这也让我真正体会到了扶贫工作的意义。

3年时间，弹指之间。回忆起来，辛苦归辛苦，但也有很多不舍，有很多令人难忘的人和事，我在这3年时间里，也对当地产生了很深的感情。如果没有这个援青的机会，我就不可能深入了解我们的民族地区、民族文化、民族风情，所以这些经历对我个人来说也是一笔宝贵的财富。正如我们援青精神所述，"缺氧不缺精神；海拔高，标准更高；风沙硬，作风更硬"，这是我3年援青的真实感受。

近年来，随着国家对环境保护和煤矿规范开采的重视，天峻县的财政收入大不如前。我当时就提出，一定要从畜牧产品深加工和旅游业等高附加值产业入手，寻找新的利税来源。

比如围绕青海湖，我们可以搞环湖自行车赛，可以搞油菜花节、摄影大赛，当地雪季开始比较早，我认为也可以作为一大特色，开发一些冰雪相关的旅游项目，吸引更多游客。天峻地广人稀，牧草丰美，牛羊都是天然放牧，不喂饲料，因而出产的牛羊肉品质上乘。牦牛则是更大的特色，当地牦牛一般七八年才长成，肉质营养丰富，经过深加工后，可以成为当地的一大特产，为牧民增收助力。

虽然扶贫工作已经结束了，但是我对天峻还是怀有很深的感情。两年前，工会组织疗养，我回去过一趟。后来省里评选"先进援青干部"，我有幸被评上，去参加了表彰大会。很多人可能觉得援边扶贫就是去"镀镀金"，可实际上到了以后，真的有很多事情需要做，很多问题需要解决，很多方面需要改善。

我因此跑遍了天峻大大小小的乡镇，那山那水那草原，都留下了我深入基层考察探访的脚印。扶贫工作是要讲情怀的，我很荣幸曾是援青干部的一员，也希望天峻的未来更美好，天峻的老百姓都能过上幸福的日子！

对口支援，为天峻的新发展创造可能

口述者：叶 龙

采访人：陈 泼 严 佳

地 点：宁波—青海视频连线

时 间：2021 年 10 月 15 日

口述者简介：

叶龙，2019 年 7 月，担任浙江省援青指挥部党委委员、副指挥长，挂职青海省海西蒙古族藏族自治州天峻县，任县委常委、副县长。

我叫叶龙，之前的十几年，一直在宁波交通部门工作。2019 年 7 月，我接受组织安排，前往青海省海西州参与对口支援工作，在天峻县挂职。

众所周知，青海省面积相当于 7 个浙江省，而户籍人口跟宁波差不多。围绕青海湖，东边叫海东，西边叫海西，南边叫海南，北边叫海北，再加上黄南、果洛、玉树，我们简称为"东西南北黄果树"。而浙江对口的海西州，南通西藏，北达甘肃，西出新疆，东西跨越 1200 多公里，有时省指挥部开会，最远的县市还得坐飞机过来。

再说一下海拔。海西州平均海拔 3000 多米，地处柴达木盆地。而宁波对口的天峻县，恰好处在这个大盆地的边沿上，平均海拔有 4000 多米。县政府所在地海拔 3480 米，是典型的高原藏城。因此我时常说，我们所做的对口支援，真正把祖国的关怀、内地的关心送到了高原上，送到了"盆边边"。对口支援和一般理解的扶贫其实有很大区别，它工作的出发点和意义更多地是维护祖国统一和民族团结。

天峻县坐拥青海 2/3 的煤炭资源，且属于浅表层煤矿类型，草皮开挖下去 50 厘米就是黑乎乎的焦煤，最厚处可达几百米。依托这样得天独厚的能源储备，天峻县曾经的人均 GDP 在全国排名非常靠前。但是，作为国家战略储备，也为了保护生态环境，现在国家严格限制祁连山地区的煤炭开采。因此，天峻县急需找到新的发展出路，而浙江与海西、宁波与天峻的结对，提供了不少选择的可能。

第一，拓宽思路搞产业，特色产业遍开花

因为青藏高原自然条件恶劣，人才资源缺乏，物流成本高企，所以产业方面的帮扶，想要搞出点名堂，确实要做很多尝试，费很多脑筋。

当时，经过深度调研，我决定先从第一产业入手，尝试改变天峻纯牧业县这样单一的产业结构。而在海西州，戈壁、草原、沙漠广泛分布，再加上常年高寒的气候条件，连西藏能种植的青稞，在这里都很难生长。

经过多方考察，我们尝试引进了一种名叫"火焰蔘"的经济作物。这本来是欧洲地中海沿岸的一种植物，可以食用，也可以加工后当作染色剂，是一种经济效益相对较高的农作物。2020年我们初次试种了4100亩，结果产量非常高，品质也很好，最高亩产甚至超过了5吨，这在高原地区可以说是历史性的突破，因为青藏高原从来没有过亩产如此高的作物。

产量、质量都有了，销路是个大问题。于是我们联合浙江外贸公司，采取订单式农业的模式，完美解决了销售问题。同时，我们联系了宁波高原之尚物联科技有限公司到海西，在当地合资建起火焰蔘加工厂，利用海西电价低廉、气候干燥等优势，将收获的火焰蔘烘干后，制成颗粒磨成粉，然后出口到欧美等地。这样，既解决了销路问题，也为当地百姓提供了不少就业岗位，真正做到了藏富于民。这次试验可以说非常成功，2021年我们又做了大面积的推广，现在火焰蔘种植已经遍及海西天峻、德令哈、乌兰、都兰等地。

另外，我们还有一个非常成功的尝试，就是食用菌种植。天峻有它独到的优势，那就是温度。那里昼夜温差大，通常能达20多摄氏度，种出来的蘑菇口感紧实，有嚼劲，市场反馈非常好。夏季温度也不高，所以一年四季都能种蘑菇。这样一来，原来世代以放牧为生的天峻藏族同胞，拥有了更多属于自己的高原农业项目。我们的到来，不管怎样，给"盆边边"带来了更多可能性。

这种可能性还体现在第二产业上。当时首先想到的是新能源项目，青海地广人稀、日照充足，非常适合搞太阳能发电。但是，光电很不稳定，储能是其中的难点和焦点。为此，我们接洽了宁波众多大型电力、储能公司后，引进了具有良好储能技术的宁波中哲集团来海西投资创业。2021年8月17日，在浙江和青海两省主要领导见证下，宁波中哲集团与海西州人民政府签订了"源网荷储一体化"投资合作协议，现在项目正在紧锣密鼓地推进中。

第三产业方面的探索就更丰富了。比如我们引进了宁波珞桐文化和海西州国投文化旅游开发有限公司合资成立青海海西州投海外旅行社，专门推出了"宁波万人游海西"等活动。每年七八月，你会惊讶地看到，在离宁波约 2500 公里的高原小城，居然有那么多的宁波人。其实，他们来这里，不光能欣赏到与浙江完全不一样的风景，还能看到宁波多年来对口支援天峻的种种印记，诸如宁波路、宁波广场……我们称之为高原上的"宁波风情"，这样的体验是别有一番韵味的。

除此之外，天峻还有非常丰富的野生动物资源。雪豹、岩羊自在来去，旱獭、狐狸随处可见。这样的特色资源，吸引了海内外众多摄影爱好者。自 2019 年来，天峻人每年都能获得国际性野生动物摄影大奖。顺应这种潮流，我们引进浙商旅游投资来天峻兴建织合玛国际摄影小镇，既不打扰野生动物的生活，又可将这里的优势变现，带动当地经济多样性发展。

这一系列产业特别是旅游业的引进，让当地经济从单一的畜牧业变得更加丰富，也为环境保护、经济可持续发展做了很好的尝试和探索。

第二，爱心帮扶惠民生，一水一路总关情

天峻县地处高寒、地广人稀。虽然人均收入不算低，但是牧民的生活却不便利。多年前我们刚上来时，偏远地区喝水都很困难，特别是在冬天，不少牧区都要凿冰取水。

我们去了之后，第一时间投资 800 多万元实施了牧区光伏提水工程。在宁波打个水井，要不了多深就能出水；而在高原，由于气候干燥并且存在冻土层，普遍要打 50 米以上才有水。经过 2 年多的努力，现在的宁波援青井已经遍布天峻各个乡镇，这也算是我们宁波人留给天峻的一份深深的情意。

2019 年初到天峻时，由于青藏线关角山隧道改线，县里的火车客运站搬到了货运站，老百姓坐火车出行，都要跑到货运站，没有站前广场，没有候车大厅，就是从荒郊野地里上车，异常简陋。我们去了之后，一是考虑到当地确实有需求，二是我们也想在多年支援之后，给这座小城、这片土地留下更多宁波印记，于是我马上向宁波市交通局做了汇报，提出帮天峻改建火车站的建议。这里面当然也有我作为一名交通人的情怀所在。

宁波这边很快同意了这个建议，并在短短一周内筹集了 400 多万元建设经

费。大家带着资金和技术，为天峻县建起了一座漂亮的站前广场，并改建了候车室。当地为了表达感激之情，将车站广场命名为"甬峻铁路广场"，象征着宁波人民和天峻人民之间的深厚情谊。

新冠肺炎疫情，更是牵动着我们帮扶干部的心。天峻这个地方，地广人稀，传染病传播的风险相对较低。但是疫情当前，我们却发现当地的医疗物资储备几乎为零，连最基本的口罩都完全不够。

于是我们赶紧发动宁波企业想办法捐助。不得不说，宁波的企业真的是非常有爱心和担当，短短几天的时间，就为天峻捐赠了2万多枚口罩和一笔抗疫经费，在当时有钱难买口罩的特殊时期，真正为天峻的疫情防控解了燃眉之急。

2021年5月，青海玛多发生7.4级地震，造成很多房屋倒塌，或者变成了危房，很多学生匆忙跑出来，连衣服都没来得及拿。当时气温比较低，当地政府就向我们求助，可不可以组织宁波这边捐一些棉衣御寒。我第一时间联系了宁波服装协会，短短两天的时间，大家就捐了数以万计的全新棉衣，飞速发到青海，及时帮灾区群众渡过难关。

所以说，宁波对青海的对口支援，不仅仅是我们挂职干部的事，可以说，全体宁波人民都投入到了这项跨越几千公里的伟大工程中。人民、企业、社会各界爱心人士，就是我们最坚强的后盾。

第三，智力帮扶要全面，医药科教转观念

初到天峻，我们的体验非常深刻，就是这里人口少，居住分散，不论是就医还是上学，都比较困难。

当时，天峻县人民医院仅有的一台CT机，还是20多年"高龄"、技术落后、经常"罢工"的双排平扫；牧区的医疗条件更差，医生的装备基本等同于20世纪七八十年代的"赤脚医生"。看到这一情况，我们协调浙江省援青指挥部、宁波市慈善总会、北仑区慈善总会等，2年内总共投入1000多万元，相继为县医院更新了16排的CT机，在各地牧区乡镇建设了"健康小屋"，才逐渐解决了牧民群众就近就医的问题。同我们一起去支援的，还有象山县人民医院的医务人员，除了看病问诊，他们还见缝插针组织当地医生开展培训，

县里很多内外科手术的第一例，都是由宁波的援青医生操刀的。

由于历史原因，天峻原先的教育体系一直比较传统，采用的是一类模式教育，就是课本以藏语为主。这种环境下出来的学生，往往不太会讲普通话，毕业了工作也不太好找，长远来看也会影响民族交流。2020 年 7 月，县委县政府克服种种阻碍，将教育模式改为以普通话为主的二类模式。由于缺乏辅导教材，再加上模式改变本非自愿，老师、学生都颇有微词。宁波市教育局得知这一消息后，第一时间送来价值百万元的空中课堂软硬件，获得师生一致欢迎。

天峻的教育基础设施也非常不均衡，县城的学校还过得去，乡镇的条件普遍简陋。离县城 250 公里有个苏里乡，2014 年 12 月 5 日才通上电，但没有接入大电网，经常会断电，学生晚上常常点蜡烛看书写作业。我们当时都很惊讶，马上协调宁波市慈善总会向他们捐赠了 2 台光伏柴油两用发电机。

青藏高原由于地广人稀，基本公共服务人均获取成本普遍偏高。但青海、西藏等地作为国家的战略纵深，具有重要的军事战略地位，确实更需要我们的关注和呵护，对口支援工作也切切实实为东西部之间架起了友谊的桥梁，织起了交流的纽带。

初到青海，我感叹这里的天大地大，广袤无边；喜欢这里的水草丰美，空气新鲜；也迷恋这里的与世无争，宁静致远。支援青海，还让我个人能力得到了很大提升，心境也有了很大改变。

我很喜欢一句话："上善若水，水善利万物而不争。"短短几年的支援，使我爱上了这片广袤的土地，爱上了那些目光澄澈的人民。维护民族团结、祖国统一，是所有援边干部的心愿。而我，则希望我们的所有付出和努力，有朝一日能化作涓涓细流，流淌进当地百姓的心里，滋润他们，带给他们关怀和温暖！

而我，必将不辱使命，继续坚守岗位，为边疆稳定、民族团结，为实现中华民族伟大复兴的中国梦，做出自己应有的贡献！

我很幸运，先后两次参与对口援助

口述者：赵鹏程

采访人：陈 泼 梅庆生 崔宗军 严 佳

地 点：宁波市对口支援和区域合作局

时 间：2021 年 9 月 17 日

口述者简介：

赵鹏程，2010 年 7 月—2013 年 12 月，挂职援疆指挥部办公室副主任。2018 年 4 月—2021 年 5 月，挂职吉林省延边朝鲜族自治州人民政府办公室党组成员、副主任。

"宁波，亚克西"

2010 年，我记得很清楚，就是 7 月 5 日，我开始参与援疆工作，当时全国称为新一轮全面援疆工作。因为前面的援疆跟新一轮的全面援疆不一样，前面的援疆我们宁波仅仅是派几个干部、人才在那里挂职，挂职干部每年会引一些帮扶项目过去，专业技术人才在那边传授一些知识，帮助他们提升工作。2010 年开始是全面援疆，它包括干部援疆、人才援疆、教育援疆、科技援疆、产业援疆等，最重要的是在那边建立了援疆指挥部。根据当时新疆的环境、特色和上级要求，所有援疆干部、人才要做到集中居住、集中管理、集中工作。援疆指挥部有办公楼、宿舍楼。老师、医生安排工作也相对集中，他们全部在某学校、某医院，都是定点的，那是由特殊环境决定的。

我是 2010 年 7 月 5 日经乌鲁木齐到库车的。我们宁波原来援疆的地区是和田，新一轮援疆时，全国 19 个省市的结对关系有了调整，浙江省与南疆的阿克苏地区结对，我们宁波就与新疆阿克苏的库车县结对了。

库车这个地方虽然是个县，但是地域面积有 1.5 万平方公里，我们宁波还不到 1 万平方公里，库车人口有 40 多万人，记得当时是新疆第二大县。它虽然环境特殊，但整个财政状况还不错。这是因为它是西气东输的气源地，塔里木油田运输公司就设在那儿，每年会有不少资源税返回。虽然财政状况比较好，但区域面积也大，像撒胡椒面一样，一撒其实没多少。我们当时去，按规定就是以我们宁波自己可用财政的 0.5% 支援那边，一年 2 亿多，每年按 8% 递增。我们是第 1 批去的，可以说完全是从一片空白开始，我属于先期进驻，所以我比别人援疆的时间长，人家是 3 年，我们多半年，主要任务是筹建援疆指挥部、启动前期项目。我负责办公室，所有的制度要建立，规则要制定，还包括我们的基建，有指挥部宿舍楼、办公楼等生活、工作设施，指挥部还要在当地招聘门卫、厨师、清洁工等。

我们指挥部的特殊性就是在那边管理干部、人才是 24 小时的，这不同于其他地方、其他单位。在那里参与援疆，除了要完成好帮扶工作，还有个重要任务就是要保证安全。我们所说的安全，一是要把握政治安全，包括执行中央方针政策、维护民族团结等方面；二是要把握廉洁安全，包括作风建设、队伍形象、援建项目的质量品质进度方面；三是要把握人身安全，要保障援疆干部人才的安全。我们每年有一次探亲假，放暑假的时候，家属们就会带着小孩从宁波转北京转乌鲁木齐再转库车，千里迢迢来看望我们。有一次我感触特别深，我们有一批援疆老师、医生的家属到新疆探亲。突然，指挥部接到上级紧急通知，鉴于安全考虑，要求所有不在指挥部的援疆干部家属全部返回宁波。那通知下来是夜里 2 点，指挥长马上召集我们起来开会，命令全体同志排除一切困难，立即安排在乌鲁木齐的家属全部返回宁波。

每次新接到援疆老师、医生，我们就先带他们去县公安局里的防暴反恐展览馆，让他们感受那里的特殊环境，强调我们要有特别的纪律。我们浙江省援疆指挥部提出浙江援疆精神，就是"特别能学习、特别能吃苦、特别能团结、特别能干事、特别能奉献、特别能自律"，"六个特别"都是有针对性的。因为在那儿，整个地理人文环境跟我们原来完全不一样，所有人员就要耐得住苦，就要学会吃苦；那边工作的内容完全是新的，所以我们要学习；在那边接触的基本都是少数民族同胞，要跟他们打好交道，与他们搞好团结；当然，还要有干事的本领，要有奉献的决心，还要管得住自己。

我们当时提出的口号就是"支援库车就是建设宁波"，这是我们宁波援疆指挥部的奋斗目标，就是把库车当作宁波的第 12 个县[①] 来建设。援疆重头是产业援疆，我们很重视产业园引进与建设，把宁波有些产业跟那边的资源结合，跟他们的市场需求结合，引进了乡村银行、物流公司、农产品加工企业、交易市场、水泥厂等，投资都比较大，要提升当地的内生发展动力，只有自我发展

---

① 宁波当时还有江东区，共有 11 个县（区、市）。——编者注

能力提升了，才能实现真正的发展。

　我们也建设了一批民生工程，包括学校、医院还有残疾人康复中心和一些基础设施。现在到库车新机场龟兹机场，建有一条宁波大道。我们当时还发动了宁波一批爱心人士参与社会帮扶，筹资捐物给当地的民间慈善机构。我们刚到库车不到一个月的时候，库车就发生了一次特大洪灾。这个地方就是很怪，我们以为沙漠地带和戈壁滩都是很干燥的，一年下不了几场雨，一场雨下不了一刻钟，也看不到几点雨，但还是会发生洪灾，因为我们山下是见不到雨的，但天山上有雨，天山上一下雨，山上植被水土保持性差，雨水就都下来了，它的河床都很不固定，一冲就改道，所以很容易发生洪灾。我们马上向宁波市委市政府报告，把实际情况全部报告市里，市里很快发了一封慰问信，财政拿出了 300 万元资金，第二天就全部捐赠给了库车县。

　因为我们经常到村里去慰问，老百姓以前根本不知道宁波在哪里，我们援疆后，老百姓一听宁波干部来了，连说"宁波，亚克西"。

　经过这几年援疆，一个成果就是它的经济总量确实有了飞跃。我们这一批援疆干部走的时候，整个城市面貌已经完全不一样了。我们援疆指挥部设立在城东，当时还是郊区，我们走的时候，这里已经成市中心了。机场也迁了，它原来是很小的一个机场，后来迁到了另外一个地方，整个面貌焕然一新。另一个成果就是我觉得他们与外面的接触变多了，思想理念和精气神不一样了，人是需要交流的，通过交流才会看到外面的世界，才会看到原来生活还可以这样，包括对我们自己也是一个触动，当我们经济发展到一定程度的时候，我们就要拿出更多的力量帮助中西部地区加快发展，我们要服从这个大局。

从西北到东北

　扶贫这么多年，我个人最大的感触是一个国家就是一个整体，如果一头发展不好，另一头发展得再好它也是残缺的。

　党的十八大后，党中央、习近平总书记提出要全面建成小康社会，要打一场脱贫攻坚战，通过东西部结对帮扶，重点贫困地区与全国同步进入全面小康社会。我们宁波市东西部扶贫协作的地区就是贵州黔西南和吉林延边。宁波与延边是 2016 年结对的，2017 年正式开始帮扶，我是 2018 年去的。延边的东西部扶贫协作跟新疆对口支援思路方法不同，因为新疆是全面援疆，所做的工作是"交钥匙工程"，我们从头到尾自己做好，做好后交给当地。而东西部扶贫协作是"交支票工程"，帮扶资金给当地，我们挂职干部是督促协助完成帮扶任务，同时要做好两地的交流、协作工作。因此到了延边以后，我们成立了工作队，工作队的工作就是做好多方协调，既有当地的，又有我们后方的，牵涉各条线，省里也有浙江驻吉林挂职干部工作组。当时我们去了 19 名干部，延边 8 个县（市），每个县（市）2 名干部，州里是 3 名，挂职的专业人才共去了 700 多人，大家分散在 9 个地方开展工作，有统有分。各级对脱贫攻坚很重视，当时督查、检查、考核工作也比较多，要求很高，时间又很紧，项目都是倒排时间，贫困县的出列，贫困户的脱贫，都得按计划完成。

东西部扶贫协作考核是国务院扶贫办组织的，省与省之间交叉考核，其他省（市）考核我们宁波，各地有一种竞争关系，又互相督促，所以当时大家的压力挺大的。第 1 年要打翻身仗，第 2 年要创新特色，第 3 年要圆满成功。在这 3 年，通过我们的努力，宁波市的考核连续 3 年获得"好"的评价，走在全国前列。

整个脱贫攻坚的过程大家都觉得很辛苦，但是回味过程又觉得很幸运也很幸福。辛苦是因为在外工作你要独立完成任务，难度比较大，要求也比较高，主要还是联络、服务、协调，做好工作队的管理服务工作，直接参与的项目不多，相当于挂职干部的总联络人，所以他们有事总是先与我联系。还有就是很幸运，宁波连续两次参加对外帮扶工作的干部不多，能够被组织选中，也是很幸运的事。

组织上，包括当地的党委、政府对我们也很关心，给我的各种荣誉也很多。在新疆挂职期间，我获得了"自治区优秀援疆干部"的称号，立二等功一次，阿克苏地区争先创优也考虑我们援疆干部，我被评为优秀共产党员；在延边挂职期间，我获得了吉林省脱贫攻坚特别贡献奖，立二等功一次；宁波市也给我颁发了对口扶贫协作扶贫攻坚突出贡献奖。

挂职 6 年，非常感激家人的支持。女儿中考、高考时，我都没能陪在她身边，自己也很遗憾，她人生中的重要时刻我都没能见证，好多事情只能靠她自己努力。好在她很理解我的工作，自己也比较争气，"三位一体"考到了上海交通大学。

收获与体会

因为有这两次对外援助经历，去年我被宁波市委宣传部评选为2020年度"最美宁波人"。这些荣誉都是组织和社会对我的肯定，没有这些特殊经历，不可能有这些荣誉，很辛苦但也很幸运、很幸福。

从参加工作开始，我从事的主要是扶贫工作，2002年机构改革时，我从市农经委调到了市扶贫办，就与扶贫结了缘，将近20年，参与了市内外的各项扶贫工作，包括宁波市内老区、贫区扶贫开发，当时是14个乡镇3个片，涉及380个村，主要通过扶持集体经济发展，帮助解决住房安全、饮水安全问题，后来开始"下山移民"。对外帮扶中，我参与了宁波市的4次大型"万人助学"活动，开始是针对贵州黔东南州、黔西南州贫困学生，后来扩大到宁波对口的青海、西藏、新疆等地，2008年汶川大地震以后，那年"万人助学"就帮到四川青川。2009年时，因为国家全部解决了义务教育阶段的学费问题，我们看到贵州那边学生实现营养午餐有点困难，就举办了一次"温暖午餐"万人助学活动。

两次对外援助，一次是新疆库车，一次是吉林延边。除了这6年半以外，我还有一段扶贫经历，就是到革命老区梁弄镇考察。当时，梁弄提出要实现革命老区率先奔小康目标。为此，宁波市里成立了革命老区率先奔小康领导小组，我也参与了领导小组办公室工作，驻扎在横坎头村，前期是给梁弄镇、横坎头村做规划。后来，浙江省建立农村指导员制度，我就成为横坎头村的第一届农村指导员。在那里一干就是一年半，帮助村里搞河道整治、村道建设、村庄整治、下山移民等，开启了横坎头村新农村建设。现在大家经常去参观的浙东行政公署旧址、浙东银行旧址等红色景点，就是我们一起做规划，动员百姓搬迁后建成的，原来里面都住有居民，整个横坎头村红色景点打造就是那时候奠定了基础，拉出了建设的框架。后来横坎头村建成了全国文明村，习近平总书记还专门回信勉励横坎头村。村民广场有一块大石头，刻着"浙东红村——横坎头"，这几个字是我当时跑到杭州去，请浙江省委原书记薛驹题写的。我们向他汇报了村里的建设情况和整个红色旅游的开发规划，薛老很激动，他题写了"浙东红村——横坎头"，这里是他生活过、战斗过、有深刻记忆的地方。

当时，整个横坎头村共有 2800 多户，我们的主要任务是做好下山移民，最偏远的几个村下山移民到中心村，给他们建新农村，整个工作也是扶贫的一个尝试吧，怎么规划整个村庄的建设，包括产业引进，都是摸着石头过河。所以从参与的扶贫全过程来看，我觉得扶贫也是一步一步来的，最初就是解困，解决老百姓的住房困难、饮水困难、出行困难，解决集体经济薄弱问题，再到精准扶贫，实现全面小康。现在我们有条件建设共同富裕了。

我在扶贫过程中见证了中国社会的发展变迁，也真正感到做中国的老百姓很幸福。

从浙东到渝东

口述者：庄科裕

采访人：陈　泼　梅庆生

地　点：宁波市奉化区

时　间：2021 年 8 月 15 日

口述者简介：

庄科裕，2020 年 12 月—2021 年 12 月，挂职重庆市万州区，挂任重庆市渝东经济技术开发区，任党工委委员、管委会副主任。

促进当地干部转变观念

我是庄科裕，现任宁波溪口雪窦山名山建设管委会投资促进局局长。2020年12月25日，因组织安排，对口支援重庆市万州区，挂任渝东经济技术开发区党工委委员、管委会副主任，主要负责发展改革、产业招引、旅游开发等方面工作。

我挂职的时间是1年，时间比较短，要出成绩也很难，所以深感压力巨大。去之前我就确定了挂职工作的基本思路：帮助当地干部转变工作理念，搭建一些工作交流平台，导入多方资源，然后补齐当地产业发展的短板。

到了万州之后，发现当地的干部和群众还是比较包容的，对我们挂职干部也比较关心，我们也坚定了信心：一定要把帮扶工作做好，决不辜负组织的信任。

在这个过程当中，有一件事情让我印象比较深刻，就是组建人力资源产业园。2021年1月，万州区委区政府决定效仿宁波人力资源产业园的做法，组建三峡人力资源产业园，具体由万州人社局和渝东经济技术开发区负责落实。

经过多方努力，我们策划引进宁波保税区第四方管理咨询有限公司，跟万州当地的人力资源公司进行合作，来投资建设、运营这个产业园。在前期对接当中，我们作为开发区的主要服务单位，跟他们的运营公司在产业园的规模、产值、税收以及帮扶政策等方面做了前期的沟通，达成了初步的合作意向。

1月28日，我们牵头召开项目评审会，在介绍这个项目的基本情况之后，当地税务局、财政局提出了不同的意见，他们觉得人力资源行业风险不可控，而且对产业园的扶持突破了万州原有的招商引资政策，所以他们当时就提出反对意见，最后评审会不了了之。

第二天一早，我跟人社局同志一起走访了两个部门的领导和分管同志，详细介绍了项目的背景，说明了这个项目是万州区委确定要做的事情，还把这个行业的特点都做了介绍，最后还是没能达成一致意见。在这个交流过程中，我不停地思考，他们为什么不同意这个项目，一方面可能对这个项目、这个行业了解不深，没有把握；另一方面他们可能考虑到一些招商引资政策的平衡性，手脚和思想放不开。

因此，之后的 1 个月，我协调人社局，组织相关部门的负责同志去考察重庆市大足区等地的多个人力资源产业园，对这个行业再做一个具体的、详细的考察。他们的思想慢慢有了一些转变，觉得这个行业前景还是可以的，经济效益和社会效益都比较好，同时也符合渝东经济技术开发区产业发展定位和方向。

到了 3 月，再次组织项目评审会，最后终于达成一致意见。待人力资源产业园项目方案、协议文本得到万州区政府批复后，产业园就马上开工。进度也很快，7 月 8 日，产业园正式运营。到目前为止，产业园运营得比较好，一个多月的时间，已经有 18 家企业入驻产业园。

这是我们挂职干部运用宁波模式引领万州经济发展，促进当地人力资源产业良好发展的一个案例，给产业园运营公司注册的名称也很有特色，叫"重庆甫万企业服务有限公司"，重在体现"宁波和万州一家亲"这么一个理念。

通过这件事情，我深深感受到：在对口支援工作中，最重要的还是想尽一切办法帮助当地干部转变工作理念，只有思想解放了，达成共识了，才能起到引领性的作用。作为挂职干部，就是要通过自身的行动，把宁波的一些好的做法、好的经验融入当地，与当地实际情况相结合，找到一条符合自身发展的路径。

工作感想

万州的面积是 3457 平方公里，人口大概 176 万人，山区比较多，城区面积 100 平方公里，人口约 100 万人。万州是个移民城市，当时移民 26 万多人，正因为移民做得好，对三峡库区建设做出了巨大贡献，当时全国有 6 个省市支援万州，宁波就是其中一个。万州区概括提炼的移民精神有四条，一是顾全大局的爱国精神，二是万众一心的协作精神，三是舍己为公的奉献精神，四是艰苦创业的拼搏精神。这些精神也一直鼓舞着我们。

刚到万州，万州区委组织部就带我们参观了移民纪念馆，看了之后确实非常感动。因为百万移民的任务非常艰辛，其间，众多移民干部的事迹也非常感人。参观之后，我暗下决心一定要发扬移民精神，为当地多做事情，多出成绩。

做什么？怎么做？我们心里有一杆秤，打个比方，挂职干部就像是足球、篮球比赛中的外援，要多做思想理念上的引领，多做一些资源上的整合，多导入一些产业。

万州区主要有六大产业，包括绿色照明、智慧物流、食品医药、汽车制造、新兴材料、智能装备。根据这六大产业，我想方设法牵线搭桥，引入了一些资源。

一是 6 月初与万州党校合作，筹办宁波滕头乡村振兴学院万州分院，主要聚力于乡村振兴、人才培训、产业帮扶等方面的合作。二是 7 月组织宁波企业家万州行活动，先后组织气动协会、美容美发协会的企业家考察万州，考察后，现场就有几个项目达成合作意向。三是溪口雪窦山名山建设管委会跟渝东经济技术开发区管委会结成对子，而且明确了结对的重点方向，主要是在旅游经济发展、乡村振兴、人才交流这三个方面重点帮扶。

由于挂职的时间很短，我们每天马不停蹄，尽量多地争取资源。我们几乎每个月都会有项目要谈，要牵线。虽然时间短，但我们还是使出了浑身解数，在万州区的发展改革、产业招引和旅游开发方面贡献了自己的微薄力量。

亏欠家人有点多

原先组织考虑安排我到宁波"六争攻坚"项目指挥部挂职，后来宁波市委组织部说，希望选派一个从事过基层工作又做过招商引资工作的干部到重庆市万州区去挂职，为此征求我的意见，我说服从组织安排。就这样，我 2020 年12 月 23 日接到挂职通知，12 月 25 日就出发去万州报到了。

去万州时，我儿子正在读高三，我外出挂职，不在他身边，对他备考多少有些影响。挂职之前我跟他聊了一下，我说："爸爸要到万州去挂职，在学业、思想、生活上，我照顾不了你了，学业还是要靠你自己抓紧，争取我挂职成功了，你高考也要成功。"他说："好的，我会努力学习的。"父子之间的交流就这么简单。还好，他高考顺利，考上浙江工商大学，我也圆满完成了挂职工作。

　　在我刚参加工作时，我就选了《论语》中的"君子务本，本立而道生"作为自己的座右铭。这句话是说君子要致力于根本，根本确立了，那么治国做人的原则也就确立了。孔子讲"本"更多地强调"孝悌"方面的，我理解的"本"更多地强调道德修养、人生观、价值观方面的。正确的人生观、价值观一旦确立，你为人处世的原则就有了，目标方向就不会变，方法也就能找到了。

　　这句话对我影响很深。现在我们都说"以人为本"，中国共产党的宗旨就是全心全意为人民服务。中国共产党人的初心和使命，就是为中国人民谋幸福，为中华民族谋复兴。我们在对口帮扶工作中，也一定要遵循这个"根本"，为对口支援地区的经济社会发展不断贡献宁波力量、宁波智慧！

后 方 篇

跨越山海的情意

口述者：陈顶峰

采访人：陈　泼　何路旦　詹　强

地　点：象山县农业农村局

时　间：2021 年 8 月 18 日

口述者简介：

陈顶峰,时任宁波市象山县农业农村局党组成员、副局长。

16年前，我就加入了扶贫工作大军，成为这支队伍里的普通一员。多年来，我参与了本地扶贫工作，同时在对口扶贫工作中多次发挥协同、联动作用，为这一史无前例的伟大战役取得最终胜利，贡献了一己之力。

现在，脱贫攻坚战已经打赢，脱贫的父老乡亲正走在乡村振兴的崭新道路上。看到他们由内而外的变化，我内心是无比喜悦且自豪的。下面我想讲一下从事扶贫工作多年来，自己的一些亲身经历和切身感受。

三千烦恼丝，付诸扶贫业

我出生在农家，生长在农村，读的是农业院校，所以一直对农业、农村怀有非同一般的感情。国家提出打赢脱贫攻坚战的号召，下了硬任务，给出硬指标，我作为农业农村部门的干部，深入一线，做好工作，自然也义不容辞。

熟悉我的领导和同事经常跟我开玩笑，说老陈，你发际线的后退趋势可真是拦不住啊！每次听到这样的话，我表面乐呵呵地应着，其实内心是有点酸楚的，因为只有我自己知道，这头发是怎么熬没的，也只有我自己知道，扶贫这项工作，到底要付出多少汗水。

16年前，我开始参与扶贫工作。对本地区，我们的战略是推动低收入农户实现全面小康；对对口扶贫地区，我们则要勠力同心，坚决打赢脱贫攻坚战。

2018年，我在贵州挂职开展工作。在组织的安排下，我们一行人购买了当天的机票，从祖国的大西南，跨越3000公里的距离，到了吉林省延边朝鲜族自治州龙井市。

到了那儿，看到的是跟贵州完全不同的景象。龙井地广人稀，全年气温偏低，且缺少青壮年劳动力，村里老弱病残居多，因病致贫的农户也不在少数。

初来乍到，什么都不了解，但当时已经到了脱贫攻坚的关键期。开展工作，既要埋头苦干注重实绩，也要对照考核标准、对标对表严格要求。因此，我们就硬着头皮上。一边一村一村走访，一户一户查看，一边研究考核细则，做到心中有数。

就拿招商引资和社会募捐这方面来说，我们就面临着巨大的困难和挑战。业界有种说法，叫"投资不过山海关"。这是多年来创业者达成的共识，肯定有一定的道理。但我们不能认这个理儿！我们还得发动象山这边有能力的企业，去延边搞对口援助，包括资金和产业上的，也包括管理等各个方面。

社会募捐方面就更难办了。如果是针对本地的突发事件，比如新冠肺炎疫情，企业是能够自觉承担社会责任的，几万元、几十万元，都不成问题。但是要让人家把钱捐给一个闻所未闻的地方，他们就会有顾虑，钱去了哪里，社会效应在哪里，这都可以理解。

所以我们就两头跑，几千元、几万元都不嫌少，为了达到这方面的硬指标，真的可以说是"求爷爷告奶奶"，最后终于把这项工作完成了，并保证让这来之不易的资金发挥最大效用，获得更高的社会效益。

这一桩桩、一件件，在这十几年的扶贫生涯中，都不值一提。但就是这些不起眼的小事，正好反映出我们扶贫工作者的事必躬亲、无怨无悔。扶贫工作重点在于产业落地，产业落地的关键在于因地制宜，接下来我想重点说一下宁波对口扶贫延边的一个"明星产业"——象山大白鹅。它的安家落户，可以说给当地百姓带去了新希望。

白鹅闯关东，产业落地兴

众所周知，象山大白鹅拥有国家地理标志，是象山本地的一大特色，也很受百姓喜爱。但是，近年来，随着环保要求的提高，本地白鹅养殖业受到了不少的限制。正当本地养殖遭遇瓶颈时，我们对口扶贫延边的干部，正绞尽脑汁寻找适合龙井的产业。而憨态可掬的大白鹅，就在此时走入了我们的视线。

必须承认，象山相对于宁波其他县市，大企业数量偏少，能推广到龙井的产业就更稀缺了。但是象山农业和畜牧业很有特色，那我们就扬长避短，从养殖业上寻找突破口。

经过论证，我们选定了大白鹅。因为龙井地广人稀，饲料丰富廉价，加上大白鹅养殖并不需要太大的劳动强度，跟当地的人口结构十分匹配。首批2000只小鹅，跨越山海，落户延边。一开始，我们让农户先试养50只、100只。成功之后，才开始大规模推广。

之所以选择在龙井搞大白鹅养殖，还有一个很重要的原因，就是盛夏季节，象山温度高，大白鹅会停止产蛋。而同季节的龙井，气候凉爽，大白鹅依然能规律产蛋。这样就可以打一个完美的时间差，在象山这边市场供应紧缺的时候，填补市场，拿到高价。

但是，随着规模的扩大，新的问题出现了。市场规律所在，就是供求达到一定平衡时，价格就没有之前那么诱人了，而且会随市场波动。怎么样才能稳定养殖户的心？我们就创新引入了保险模式，设定保护价，当收购价低于保护价时，由保险公司理赔差额。

如此一来，鹅苗由象山这边垫资提供，农户只需要准备好场地和饲料，尽心尽力养大白鹅就好。等到鹅养大了，产蛋了，又有保护价做保障，形成了一条完整的链条。通过这种模式，老百姓实打实尝到了甜头，干劲更足了，也更乐意用心琢磨养殖技术和门道。目前这一产业已扎根发芽，实现了象山和龙井的优势互补。

"大白鹅闯关东"，带去的不仅是产业、资金和脱贫攻坚的强大武器，更为当地百姓打开了思路，增强了信心。现在的象山大白鹅，已经成为宁波与延边对口扶贫的友谊象征，每每想起来，我的嘴角都会漾起笑容，这样的成果，对我们扶贫干部来说，也是实实在在的成绩，没有什么比看到扶贫产业可持续发展更让人欣慰的了。

劳务协作难，"三零"来解困

说完了象山大白鹅，再给大家分享一个体会特别深的扶贫项目，就是劳务协作。

有扶贫工作经历的人都知道，劳务扶贫确实难搞。第一，对口企业不好找，出来务工的人员，普遍没什么基础，效率也低，我们不能强制企业接收。第二，贫困地区的人大多守家守惯了，很难迈出走出去的第一步。第三，他们有切实的困难和顾虑，年轻人走了，家里的老人、孩子谁来照顾？去那么远的地方，气候、饮食、语言如何适应？这些限制，让很多人来了以后又跑回去，多次劳务扶贫都前功尽弃。

而龙井地区的劳务扶贫，比别处又难上百倍。当地劳动力原本就不充足，再加上安土重迁的老观念，从大东北跑去千里之外的宁波务工，可以说顾虑重重。因此，在动员之初，几天下来居然没有一个人报名，无论怎么向他们保证，他们就是不动心。

但工作还是要开展。我们就加大力度，制定出"三零"工作法，寻找突破口。"三零"工作法，即零成本就业，零缝隙关爱，零起点育人。通过这套工作法，劳务协作终于实现了零的突破。

零成本就业，零缝隙关爱，就是承诺给有意向的外出务工人员一定的生活保障，涵盖衣食住行各个方面。

吃，联系对口企业食堂，特意给他们做东北特色菜品，海鲜类的也按照他们的饮食习惯烹饪；住，协调条件最好的宿舍房屋，让务工人员居住，让他们体会到家一般的温暖；穿，他们离家时可以一件衣服都不带，宁波这边全包了。

除此以外，我们还为他们安排了丰富多彩的业余生活，带他们到象山本地的景点游玩，甚至连大龄单身青年的感情问题，我们都考虑到了。介绍对象，我们是认真的；关爱务工人员，我们也算是想到了极致，做到了极致。

就这样，从最开始的几个人，到后来越来越多的人敢于走出去，加入对口劳务的队伍，当地百姓在提高收入、改善生活的同时，我们也离目标的完成越来越近。

对前来务工的延边工人，我们优先对他们进行重点培养，包括生产技术和管理能力等方面。优秀工人畅通晋升渠道，优先提拔，进入管理岗位。有个龙井小伙子，聪明能干，善于钻研。在宁波务工几年后，回到东北老家，开了一家莼菜加工厂，不仅自己实现了脱贫致富，还带动周边父老乡亲实现了"家门口就业"。

通过"三零"工作法，一批批务工者走出来，带回去，他们赚到的不仅是钱，更多的是开阔的眼界、创新的思维。向外打破，就是新生。

经过十几年的努力，我们宁波的本地扶贫和对口扶贫都取得了不错的成绩。我个人也因此获得多项殊荣，甚至有机会去人民大会堂，受到了中央领导的亲切接见。这对于我个人来说，是历史性机遇，也是至高无上的荣誉。回望扶贫路，道阻且长；展望新农村的未来，无限风光！

今年，我已经 53 岁了，再过不久就要退休了。但是参与扶贫工作这些年来的经历，那些穿越风雨的坚持，那些跨越山海的情意，必将铭记在我的脑海里，成为我平凡人生中辉煌灿烂的亮点，并对我的儿女后代产生深刻的教育意义。

我感恩，身处这样一个伟大的时代，能有机会投身脱贫攻坚这一伟大事业！我骄傲，因为在开展扶贫工作的过程中，我做到了问心无愧，不辱使命！

那些跨越山海的情意，已融进了我的个人阅历，更融进了民族血肉，成为闪耀史册的记忆！

12 年，2000 公里的守望

口述者：仇贤林

采访人：陈　泼　梅庆生　詹　强

地　　点：宁波市宁海县

时　　间：2021 年 8 月 17 日

口述者简介：

仇贤林,时任宁波市宁海县农业农村局党委委员、副局长，"全国脱贫攻坚先进个人"。

结对晴隆

2009 年 10 月，我从部队转业，到当时的老区开发建设办公室，负责对口支援工作，也就是今天所说的东西部协作，直到 2021 年，这一干，就是整整12 年。

宁海主要对口帮扶贵州省黔西南州晴隆县，一开始主要是资金帮助，根据宁波市相关要求，从每年 60 万元、100 万元，到后来的每年 120 万元、150 万元，扶持主要集中在资金输送方面，其他工作开展得相对较少。

从 2016 年开始，我们浙江省已经全面消除人均年收入 6000 元以下的绝对贫困户，后面的扶贫工作标准要提高，要走在全国前列。那时候，晴隆县有三家单位结对，宁海、奉化还有宁波市交通委。另外两家单位的很多项目和资金，统一委托给我们宁海来落实、调整。

我们当时确实是有一些压力的，这样的合作模式，要求我们把资金集中起来实现效益最大化，这需要做一个长远的规划。光改变思路可能解决不了问题，长此以往，帮扶效果可能不够理想。因此就想，这次要立足当地实际，找出一条长效的、可持续的帮扶之路。

那时，我已经做了几年扶贫工作，有了一点经验。因为我们宁海当地的扶贫工作也一直由我负责，而且当时已经做出了一些成绩，应该算是走在全市、全省的前列，也是我们省、我们市的一面旗帜。那么，我们宁海一些好的、成功的经验，一定要想办法把它推广出去。

第一，我觉得晴隆最大的短板的是人的思想观念，这方面，他们跟我们的差距比较大。不仅是老百姓的思想观念，干部、公务人员的思想观念，也是相对落后的。

比如说，我们准备搞一个养鸡项目，就需要把合作社先办起来。我们投入一部分社会帮扶资金，用来孵化鸡苗，鸡苗孵好了，再免费分发给贫困户，每家每户能领到 100~200 只。可是，老百姓领回家以后，由于缺乏养殖经验，鸡苗很快就死了。

于是我们调整思路，想把鸡苗集中供给专业的养殖户。可当地的干部们却说这个办法行不通。让一部分人先富起来，先富带动后富。同样的思路，全国都行得通，怎么到晴隆就不行了呢？

他们还是难以理解。我就把宁波市扶贫办扶贫开发处的处长请去，专门给他们讲课，先从当地机关、乡镇、合作社的干部开始进行培训。通过这种方式，当地干部的观念最先发生了转变，培训效果非常好。他们理解了，就能把老百姓带动起来，一个人可以带动二三十户，老百姓脱贫就有希望了。因此，很重要的一点，就是思想观念的转变。

第二，当地干部的工作能力和思想意识急需提高。不能否认，当地干部都有干事创业的决心，但具体到能力和作风上，跟我们这边的差距还是非常大的。有的干部，从早到晚干工作，但就是不见成效，是瞎忙乎。有的干部则是思想意识不高，甚至工作时间打牌喝酒混日子。当然，绝大多数同志都是务实肯干的。记得有一位副县长，非常吃苦耐劳，每次我们去调研，她都陪着我们翻山越岭，深入基层。

第三，当地的产业结构缺乏长远规划，没有主导产业，没有能让农民致富的结构性调整。当地政府在这方面作为有限，缺乏指导，急需改变状况。

第四，他们那边的消费观念、经商意识比较欠缺。没有经商的头脑和经验，商业欠发达，老百姓是很难富裕起来的。

有的放矢

2016 年以后，宁波几家帮扶单位集中力量，给晴隆做了一个非常好的规划，他们的县委书记、县长也非常支持，都说这个规划确实是为当地脱贫致富动了脑筋、想了办法，于是亲自陪着我们去调研。

第一点是让他们意识到宁海和晴隆的差距没那么大。如果能把宁海一些好的做法和成功经验引到晴隆，晴隆就可以少走弯路，脱贫致富就可以尽快见成效，这一点是非常重要的。

第二点是培训干部，改变观念。

第三点是干部的作风建设要跟上，要有脱贫致富的紧迫感，从根本上消除消极散漫的工作作风，这一点刻不容缓。

第四点非常关键，那就是要培养老百姓的商业意识，这样才有致富可言。做扶贫工作，不是单纯地把政府给的钱发到下面就算了，而是要把钱用在刀刃上，把钱用在有示范效应的项目上。我们是这么想的，也是这么做的。

只要按照既定思路一直干下去，一以贯之、持续不断，形成叠加效应，效果很快就能显现。三年脱贫攻坚，我们投入了近亿元资金。首先要做的，是做好晴隆各级干部的培训工作。

我们把晴隆县所有党政机关干部，包括局长、乡长、镇长、科长，请到宁海培训一周，我们请组织部排好科目，培训班设在党校，由我们全程管理。我们请了一些专家学者，还有"土专家"、致富带头人，给他们做培训，效果非常好。

干部的思想觉悟有所转变之后，两边的工作步调才能一致，他们才会积极配合响应。否则就会处处碰壁，再好的项目也很难执行下去。

培训一结束，他们就各自回去，开始培养当地的第一批致富带头人，指导大家应该怎么生产，东西生产出来了又该怎么卖，怎么去经商，怎么去做生意。

当然，最关键的是要真正立足于当地实际情况发展产业。晴隆是一个山地为主、位置偏远的县，工业发展难度很大，那我们就从农业抓起。以什么农业为主导产业呢？从哪几个方面着手，才能使老百姓赚到钱实现脱贫致富呢？

根据晴隆当地的实际情况，我们把当地现有的产业拿出来一一评比，好的、优质的进行提升，中等的逐一发展，差的逐一扶持，落后的进行淘汰，总结起来就是淘汰一批、扶持一批、发展一批、创新一批。

首先，晴隆的茶树种植面积达 10 万多亩，比我们宁海多一倍，成为我们首先考虑重点扶持的项目。世界上第一枚茶籽化石是在晴隆县沙子镇发现的，说明这里几千年前就已经有茶树了。单就茶籽化石，我们就可以"大做文章"，打造、擦亮高山无污染的茶品牌。我们还引进了一家茶企，专门负责把茶叶销到我国香港、台湾地区和东南亚地区，一年有几千万元甚至上亿元的销售额。

当地原来以种植玉米为主，我们就大胆决定，把宁海的优良柑橘品种引进过去，把其中 10 万亩玉米地改种柑橘。而当地原有的一些优良品种，比如松茸，我们就继续发展，要种就种这些高端的作物，摆脱只种植单一农产品的固有思维，才能占据高端市场，真正提高农民收入。

我们做扶贫工作，不能搞花架子，只做表面文章，而是要扎扎实实把党中央、国务院精准扶贫的精神贯彻下去，真正解决好"扶持谁、谁来扶、怎么扶"的问题，把方法找准，脚踏实地地去干，这样才能见成效。搞临时、短期的项目，就存在随时返贫的风险，对当地群众百姓没有长远意义，是坚决要不得的。

经过大家的共同努力，晴隆县成为一级脱贫攻坚模范县，受到国务院表彰，在整个黔西南州，这是唯一的。全国 832 个贫困县及其结对县，双方都受到国务院表彰的并不多，浙江的宁海跟贵州的晴隆，都在表彰之列，这的确是难能可贵的。

开展扶贫工作期间，我们还注重结合实际，先行先试，取得了很好的成效。国家层面是 2019 年才提出消费扶贫，但我们从 2015 年开始就已经在做相关尝试了。我们在宁波开了一家店，专门展销黔西南州的特色产品。在宁海则通过微信群销售晴隆土鸡等特色农产品，效果很好，为消费扶贫趟出了一条新路子。

除此之外，还有劳务输出。劳务输出、劳务协作是一个非常好的模式，可以在短期内解决当地的贫困难题。但从长远角度考虑，我们也意识到，不能一味地把当地老百姓引到宁波务工，因为劳动力大量外流只会给当地的脱贫和发展带来更大的困难，所以重点还是让老百姓在家门口实现就业增收。当地产业发展起来了，也能吸引外出的人回乡创业就业。因此，要想从根本上缩小东西部贫富差距，解决好老百姓在家门口就业的问题是重中之重。

幸运的是，我们赶上了好时代、好政策，宁波市对做好扶贫工作也是高度重视，我们县委县政府也非常重视。扶贫工作有全方位的保障，扶贫干部们冲在一线，才有更强大的支持和动力。

情满晴隆

记得我们刚到晴隆时，当地连路都没有通。从宁波到贵阳，再辗转到晴隆，前后需要 3 天的时间。下乡更是辛苦，有的山上都是石子路，道阻且长，行路艰难。

当时我就暗下决心，越是没有路，越是艰难，越要把晴隆的山山水水都走一遍，摸清楚到底什么地方最穷、最偏远，农民靠什么生活，怎样才能帮他们把穷根拔掉。

有几次我们下乡，路上遇到塌方，一堵就是十几个小时，车卡在路上，进退两难，更没有饭吃，现在想来，当时的条件真是艰苦。

我下乡时，就到当地老百姓家里吃饭。那会儿老百姓是真穷，有的人家就做一道菜，给我的印象非常深。有一次，我们到一个学校去，午饭需要学生自带，但有的孩子压根就没有午饭吃，因为家里穷，离学校又远，这部分孩子都是挨到下午放学回家吃晚饭。看到那种情景，我心里特别酸楚。那天我总共带了几千块钱，就全部拿出来交给校方负责人，拜托他帮忙给孩子们买点吃的。回到宁海以后，我们就联系县团委，发起了一个"温暖午餐"活动，组织老百姓捐款，与晴隆县所有学校结对，让晴隆的孩子吃上免费午餐。经过多方努力，现在孩子们的就餐问题已得到妥善解决，我的心里也稍微宽慰了一些。

因为我本身有一些心脑血管方面的疾病，加上去晴隆扶贫后，工作繁忙，连续好几年都没有按时体检，晴隆海拔较高，对我的身体来说，是个不小的考验。现在，我心脏出了点问题，做了 6 个支架。但组织和各级领导都非常关心我，我本人也觉得，能以一己之力为脱贫攻坚添砖加瓦，非常荣幸。

时光荏苒，这份扶贫工作，不知不觉我已经干了 12 年。晴隆县，我几乎每年都去，特别是脱贫攻坚那几年，去得更勤，有 60 多次。每次去我都要下乡，去贫困户家里走访，去查看扶贫项目发展情况。带专家团队过去，请他们考察研究，出谋划策。一开始，当地干部还以为我们带专家去，就是走走过场。后来看到我们扎实的工作作风，甚至中午都不休息，他们打心底里感动、佩服，也开始认可我们的工作。

为帮助晴隆县的贫困学生，我们还发起了宁波晴隆结对子的活动。一个乡镇给 30 个贫困生家庭结对名额，晴隆一共十几个乡镇，一下就解决了四五百名贫困生的问题。扶贫工作要广泛发动群众，集合社会力量，那样才能收集更大的能量，帮助更多有需要的人。

而作为一名扶贫工作者，要解决普遍贫困的问题，就需要全盘考虑。要挖掘当地的特色产业，把我们的优势跟他们的对接。比如茶产业，我们把宁波最好的技术人员请到晴隆去，现场手把手指导茶农，真正做到设身处地，毫无保留。现在晴隆做出来的茶不比我们的差，有的甚至比我们宁波的还要好，因为当地的生长环境、水土条件更纯净天然，这是它的一大优势。贵州山里的气候，忽晴忽雨，云雾缭绕，种出来的是名副其实的云雾茶。茶叶质量上乘，还要提高制茶工艺，完善包装设计和销售策略，全方位打造一个茶品牌。我们对贫困户承诺，以高于市场价 10% 的价格进行收购，包装、销售等后续工作我们也一并统筹好，希望把茶叶变成带动当地致富的"金叶"。

扶贫 12 年，跨越 2000 公里，我对晴隆的感情，一定程度上比对宁海的还要深。我人生中最好的 12 年，奋斗在那里，挥洒在那里，描画在那里，镌刻在那里。晴隆的山水，留下了我考察的脚印；晴隆的孩子，寄托着我对晴隆未来的希冀；晴隆的老百姓，是我难以割舍的牵挂；晴隆的各级干部，就是我这么多年开展扶贫工作的好战友、好兄弟！扶贫工作结束后，党和国家给了我非常高的荣誉。这一段难忘的扶贫经历，也成了我人生履历中辉煌灿烂的一页，被我个人铭记，成为我生命之河的一股清流，激励着我竭尽所能，为群众办实事，为祖国建设贡献更多力量！

既然选择了帮扶路，便只顾风雨兼程

口述者：傅仲尧

采访人：陈 泼 陈荣芳 詹 强

地 点：余姚市发展和改革局

时 间：2021 年 8 月 26 日

口述者简介：

傅仲尧，时任余姚市发展和改革局正局级干部，

三级调研员。

基本情况

2019 年以前，余姚市老区开发建设办公室是余姚市委市政府承担对口帮扶工作的职能部门，我任办公室主任。之前，我一直在四明山镇工作，从 1984 年参加工作到 2006 年调动，2006 年调至余姚市人民政府办公室，兼任市公积金中心主任；2011 年 4 月调至老区开发建设办公室，对内负责 6 个乡镇 72 个相对欠发达村跨越式发展，对外负责对口地区望谟县以及丽水松阳县的结对帮扶。2017 年又增加吉林省延边朝鲜族自治州延吉市，2018 年延吉市划归鄞州区帮扶，把与鄞州区结对的黔西南州兴义市划给余姚帮扶。

7 年的坚持

从 2011 年起，我每年要去黔西南州望谟县两三次，年初实地调研和检查上年度项目完成情况，与对口帮扶地区领导商议帮扶重点，拟定具体帮扶项目和措施；年中对项目进展情况做检查指导，督促项目进度；年底对当年帮扶项目进行评估验收，做到帮扶工作有计划，帮扶项目有组织，项目安排有重点，资金到位有保障，项目完成后有实效。在资金帮扶上，每年安排 530 万元。其中，余姚市政府 200 万元，宁波财政局 200 万元，宁波港集团 100 万元，签约时，余姚财政再安排 30 万元，作为教育扶持资金，慰问当年入学的大中专困难学生。在安排的帮扶项目上，结合对口地区的自然资源和独特的生态环境，注重集中资金，突出重点，抓好示范，带动发展，着力帮助对口地区受帮扶点群众生产生活条件明显改善，基础设施明显提升，促进对口帮扶地区经济社会事业快速协调发展。按照当时的要求，我积极向宁波财政局、宁波港集团协调，请他们给予支持，帮扶资金，我们三家单位组团的支援力度最大，同时我们还动员爱心企业捐赠衣服等。

7 年的时间,我与帮扶地区建立了丰富的感情,对我来说感受比较深。也许是我一直在四明山工作的原因,对四明山的发展我也有同样的感触。四明山当时也很落后,在历届党委政府的努力以及上级党委政府的关心下,1996 年才脱贫。在这期间,本人正好身在其中,也为四明山的发展付出了自己的努力,做了大量的工作,见证了四明山区经济社会的发展。因此,我调任市老区开发建设办公室,负责对内 72 个村的全面奔小康和对口支援工作,市委市政府给予殷切期望,本人也非常乐意分管这项工作,充分发挥自己的特长和工作经验,在原来工作的基础上做得更加出色,尽力去完成市委市政府交给我的各项工作任务。

收 获

对口帮扶工作很艰辛,但也很有收获。当我第一次踏上望谟这片土地时,当地村干部和老百姓朴实的身影和企盼的眼光,给我的印象最为深刻。我以前在四明山老区工作,这样的眼神我见得太多了,那是老百姓渴望过上幸福生活的眼神。他们那里发展太滞后了,需要我们伸出援手,帮助他们尽快走上致富路。我想,我们必须义无反顾地做好这项工作。这种眼神我印象特别深,也特别理解,除了我工作中接触到的,还有我自身也有过同样的经历:一是我小时候家里特别穷,需要别人的帮助;二是在四明山工作期间得到过上级各部门对四明山的关爱和支持。

让我时刻记在心上挥之不去的有两个场景。一是我刚到望谟县时,当地老百姓家中没有一把像样的椅子,更谈不上衣柜,干净的、脏的衣服全部凌乱地挂在一根绳子上。二是在扶贫的过程中,望谟县大观乡的新农村建设,我们安排了 150 万元加上他们自己的配套资金,把一个破旧的村居建设成美丽乡村,这些资金的投入,对改善乡村面貌、提高村民生活品质,很有意义。

多年从事对口支援和帮扶工作的经历,给我最大的感受就是结对地区城乡面貌发生了翻天覆地的变化,对口支援工作扎实有效,做到了真扶贫,扶真贫。

一是交通道路方面。我第一次去望谟的时候还要借道紫云县。当我在紫云与望谟交界处碰到望谟常务副县长李选志同志时，已经是晚上9点了。现在3条高速公路直通望谟县和各行政村（组），道路硬化，交通便捷，公路网络四通八达，深刻印证了"若要富，先修路"的理念。

二是城市建设方面。望谟县城的地标性高楼广电楼、人民医院大楼等都是我们的援建项目，刚去的时候城市面貌很一般，只有零星的几盏红绿灯，现在已是高楼林立、霓虹闪耀了。

三是农村面貌方面。过去，结对地区农村泥泞的路上随处可见猪、牛粪，现在道路变得宽阔干净了。村民家里有了衣柜、冰箱和彩电。种植的杨梅、油菜、铁皮石斛、柠檬、火龙果都产销两旺，农民收入逐步提高。

最让我忘不了的是2012年6月6日的那一场暴雨，洪水伴随泥石流造成望谟县城短时间内积水达到2米，主干道路被冲毁。我们余姚市迅速组织救援资金和物资，第一时间送去关怀和温暖，那是唯一一条与外界联系的县城道路，那个场景现在回想起来还记忆犹新，公路变成乱石坑，车辆无法通行，我们的工作人员背着物资一路走着前来慰问，背上的皮都擦破了。

祝　愿

2017年7月，我退居二线，主要配合分管领导做好对口支援工作。由于我在这块工作时间比较长，对对口支援地区相对也比较熟悉，因此近几年主要是配合做些力所能及的工作。2018—2020年，脱贫攻坚奔小康力度更大。政府投入大量资金，动员社会各方面力量，举全市之力支援对口地区，如期实现全面奔小康目标。

我们的脱贫攻坚取得了全面胜利，我也马上要退休了，今天让我用口述的形式来回顾这段历程，我真的很开心，我为自己能够参与这么伟大的战斗而自豪。既然选择了帮扶路，便只顾风雨兼程。希望我帮扶过的地方能够越来越好，希望我们的人民能够早日实现共同富裕。

就业扶贫我为媒，真情催开致富花

口述者：钱义林

采访人：陈 泼 严 佳 沈信丞

地 点：宁波市人力资源大厦

时 间：2021 年 10 月 18 日

口述者简介：

钱义林，时任宁波市就业管理中心主任。

我叫钱义林。近年来，有幸参与到脱贫攻坚决战之中，经历了很多，也收获了很多。

在宁波对口扶贫工作中，我主要负责就业扶贫工作。所谓就业扶贫，说通俗点，其实就跟做媒一样，把对口支援地区的合适劳动力发动起来，送到浙江、宁波这边，安排合适的岗位，使他们获得较高的收入，从而实现脱贫。

这项工作需要做深做细，既要掌握对口扶贫地区的劳动力现状，又得在宁波这边寻找合适的工作岗位。既要负责任地了解每家每户的困难所在，更要设身处地为当地百姓着想，从心里打消他们的顾虑，从而让他们有勇气迈出异地就业的第一步。

经过几年的不懈努力，我们的就业扶贫任务圆满完成，并得到全国政协主席汪洋的专门批示："在东部稳岗、防止和减少回流，宁波的做法应推广。"这使我们扶贫工作人员受到极大鼓舞，个人价值得以真正体现。

回忆起开展这项工作以来的全过程，感慨万千，下面就让我向大家分享那段经历中的心酸与收获。

小目标遇大困难，无人响应傻了眼

宁波对口扶贫两个州，一个是贵州的黔西南州，国家给的就业扶贫任务是每年350人。另一个是吉林省延边朝鲜族自治州，就业扶贫任务是每年100人。乍一看，这个任务并不艰巨，与当地的人口总量以及宁波的用工缺口比起来，简直是九牛一毛，完全是一个小目标。

可是真正到了当地，着手开展这一工作，我们才发现，最初的想法有多么简单幼稚，完全没意识到就业扶贫的难度到底有多大。

初到延边，我们就深入乡镇、村庄，挨家挨户了解情况，寻找突破。经过调研我们发现，有能力有头脑的年轻人，既身强力壮，又懂韩语，多数都跑到韩国务工去了。在那边，每个月少说能拿到1万多块钱的工资，根本不会考虑转移到浙江这边来就业。

延边地处东北，人们安土重迁的观念很重。很多人对我们浙江这样的南方省份根本不了解，有的老百姓甚至压根儿就没听说过宁波这个地方。在他们看来，山东青岛一带，已经非常南方了，再往南根本无法想象。这样一来，很多人对宁波的扶贫干部缺乏信任，更担心气候、饮食习惯、语言等差异会难以适应，因而顾虑重重。

更有甚者，当地的待业劳动力年龄偏大，没怎么读过书，从来没有接受过任何技能培训，再加上有的人确实上有老下有小，脱不开身。因此经过一番调研我们发现，真正能发动起来到宁波工作的人，屈指可数。

果不其然，虽然苦口婆心地劝说过，挨家挨户地动员过，最终，有意向到浙江务工的，仅有1人！这个人还只是有意向而已，还是针对浙江，还不一定愿意去宁波。即使去了，孤零零的，能不能待够考核指标中的"三个月"，还是个未知数。

这样巨大的落差，深深打击到了我们就业扶贫干部。原先我们信心满满，以为很快就会完成任务。现在，只能重新整理思路，寻找新的突破口。

多措并举寻突破，就业扶贫结硕果

严峻的形势迫使我们深刻意识到，要完成这项任务，必须打破传统思维，寻找新的解题思路。

于是，新一轮的"淘宝"开始了。这一次，我们把选人标准适当降低，最终形成了一套"四不限"的筛选机制，即不限年龄、不限性别、不限学历、不限技能。有了这套标准，我们搜索的范围就扩大了，选出来能进行异地就业的人也多了起来。

这套"四不限"标准，作为我们开展工作的一项制胜法宝，我想重点介绍一下。

第一，不限年龄。大家都知道，大多数企业在招聘工人时，都是有年龄限制的。这并不是用人企业苛刻，而是因为人年龄大了，视力下降，灵敏度减弱，效率降低，很多工作都不太能胜任。但是为了实现目标，我们取消了年龄限制，并给宁波这边的企业做了大量工作，希望他们对对口扶贫地区的工人多一些理解和包容，尽量多提供一些就业岗位给他们。

第二，不限性别。因为岗位特点，在我们宁波本地的招聘中，一般会按照需要，限定本岗位只招男性或女性。而我们取消了这一限制，让有意向异地就业的人自主选择合适的岗位工种。这一变化，使得很多家庭妇女可以走出家门，走进工厂，开始全新的生活。

第三，不限学历。众所周知，在我们对口帮扶的两个州，因为经济困难，学校偏远，教师短缺，家长不重视，很多孩子都是小学没毕业就辍学参加劳动了。但是，现在的招工标准，低则要求高中或中专学历，有一些技术性岗位，都得大专以上学历才能胜任。这就给我们的异地就业帮扶工作带来了很大困扰。于是我们联系宁波这边参与安置的企业，让他们尽可能降低学历方面的要求，增加一些学历要求低的岗位。

第四，不限技能。我们帮扶的这两个州，原先都是以农业生产为主，老百姓几乎没接受过什么技能培训。但是，只要当地百姓有意向来宁波工作，我们就承诺把培训送上门，或者在厂里开展入职培训。通过手把手教，通过传帮带，让他们掌握一技之长，尽快适应沿海打工生活，尝到按月领工资的甜头，短期内实现脱贫。

当然，我们也向宁波本地的用人单位提供了不少扶持。因为这些务工人员，无论是从东北还是从黔西南出来，既然跨越了几千公里，撇家舍业，都是奔着相对较高的收入来的。因此我们设想，怎么也得让他们月收入达到5000元以上。可是在入职之初，由于手艺生疏，效率偏低，凭他们自己是很难达到这一收入水平的。对此，我们政府进行了补贴。除了现金补贴，我们还从社保减免、交通补贴等众多方面入手，减轻相关企业的负担，同时真真正正让异地就业人员"鼓起钱袋子"，树立信心，尽快脱贫。

实践证明，我们这一思路是正确的，一系列措施也是得力的。经过连续2年的不懈奋斗，我们顺利完成了就业扶贫任务，并为就业扶贫创造了宁波样板。

在我参与这项工作期间，累计到宁波就业的建档立卡贫困人员达 6739 人，大幅超过预期目标，我个人也因此对脱贫攻坚、对后续的乡村振兴工作更加充满信心。

衣食住行全覆盖，用心用智更用情

在扶贫工作的各个模块中，就业扶贫这块，格外需要细心、踏实、坚持，也格外需要情怀。因为这不是单纯给钱就能解决的事，我们不仅要动员老百姓让他们走出第一步，还得全流程跟进，保障他们的衣食住行周到安全。更重要的是，在异地就业的过程中，我们希望他们可以丰富阅历，开阔眼界，有朝一日回到家乡，也可以资金在手，技能傍身，信心满满，思维更新，勇敢开启追求和创造全新生活的征程。

在我们宁波的就业扶贫工厂里，我们设置了很多父子岗、夫妻岗、兄弟岗，相应地，还提供夫妻宿舍、家乡味食堂。疫情防控期间，我们还通过包机、包列、包车等方式，保障他们按时安全返岗。衣食住行，我们总替他们想在前头，工作之余，还带他们到海边和市区游玩，化解他们的思乡之情。中秋节、春节等传统节日，我们更是无一例外地对他们进行看望慰问，把最真挚的温暖送给异地就业工人。

就这样，从一开始稀稀拉拉几个"吃螃蟹的人"，到这部分人第一次走出家乡走进工厂，用短短几个月的时间，带着全家实现脱贫。实打实的成果，让剩余那部分有顾虑、在观望的群众，也加入异地就业的队伍。

在众多的就业者中，有两位的经历最具有代表性，也最感人。

其中一位是个年富力强的小伙子，叫刘圣。他来宁波这边打工，他的父亲在老家，给砖厂搬砖。小伙子很有头脑，没多久，就把在宁波赚到的钱寄回老家，让父亲添置了一辆拖拉机，继续搬砖，但是效率提高了很多，赚钱也多了。现在，他们父子齐心，将这两年的收入拿出来，竟然把整个砖厂买了下来，自己当起了老板。

他的父亲说，如果没有就业扶贫这条路子，他们全家可能还在埋头搬砖。正是就业扶贫，才让这位小伙子走出去，赚了更多的钱，也让其头脑更灵活，有胆量也有能力抓住时机，抓住改变命运的机会。

另一位是位女同志，名叫李桂花。一开始，她的小家庭十分艰难，丈夫身体不好，孩子也还小，需要人照顾。但是，李桂花认识到，异地就业极有可能是改变她家庭现状的唯一机会，再难也要试一试。于是她来到宁波，在一家工厂的生产线上做文具。因为心灵手巧，反应敏捷，所以上手很快。当她回老家探亲时，就现身说法，动员同村十几位姐妹到宁波打工。

现在，她已经成为小组长，正干劲十足，带领着她的姐妹们昂首前进在脱贫致富的大道上。通过这两年的就业经历，她个人觉悟也明显提高，前不久还主动递交了入党申请书，想成为一名党员，以己之力，为家乡脱贫致富，也为祖国脱贫攻坚、乡村振兴大业，贡献自己的一份力量。

作为亲身经历过就业扶贫苦与难的干部，看到这些老乡们的巨大变化，我很感动，也很受鼓舞。对口扶贫，我们宁波人有担当有情怀，能够响应党中央号召，齐心协力想办法，做到一点也不松懈，一个也不放弃；就业支援，我们更是春风化雨，润物无声，通过设身处地为乡亲们解决困难，打消顾虑，为众多当地贫困户打开了一扇希望之窗，走出来，干起来，富起来，强起来！致富的种子播下去，满盈盈的幸福果实还会远吗？

现在，脱贫攻坚决战已然胜利，而胜利果实的保持，脱贫成效的巩固，乡村振兴的实施，依然任重道远。不过，有各级党委政府的坚强领导，有我们扶贫干部的不懈努力，有爱心企业的深度参与，有当地百姓的理解支持，我相信，我们对口支援地区的明天会更好，美丽乡村、美好生活，会惠及每位老乡，让每个人都能切身体会到党和国家的关怀和温暖。

2021年2月，宁波市就业管理中心获得了"全国脱贫攻坚先进集体"荣誉称号。而我自己，则感恩组织安排，成了对口地区劳动力和沿海用人单位之间的"大媒人"，能够深度参与就业扶贫全过程，此番经历，荣幸之至，毕生难忘！

宁海的担当

口述者：沈纾丹

采访人：陈　泼　何路旦　詹　强

地　点：宁海县人民政府

时　间：2021 年 8 月 19 日

口述者简介：

沈纾丹，2016 年 12 月—2021 年 12 月，任宁波市宁海县人民政府副县长。

背景

　　1996 年，党中央、国务院作出开展东西部扶贫协作的重大战略部署，这一年宁海结对帮扶晴隆，投入 20 万元援建了晴隆县宁交第一希望学校，投入 10 万元援建了光照镇卫生院。24 年来，宁海始终以扶持晴隆经济社会发展为己任，共计投入资金 2.28 亿元，项目 200 多个，帮助晴隆县开拓工作思路，解决工作难点，做到一张蓝图绘到底。2020 年 11 月 23 日下午 3 点，贵州省新闻发布会宣布晴隆脱贫摘帽的那一刻，让我感觉我们那么多年的努力是值得的。2021 年 2 月 25 日，在全国脱贫攻坚总结表彰大会上，中共晴隆县委员会、晴隆县三宝彝族乡人民政府分别被授予全国脱贫攻坚先进集体，晴隆原县委书记姜仕坤被授予全国脱贫攻坚楷模，宁海县农业农村局副局长仇贤林被授予全国脱贫攻坚先进个人。我在电视上看到这一幕时，心里久久不能平静。除了这些，我们还有好多集体和个人获得了各类荣誉，还有好多默默无闻的扶贫干部、爱心人士赢得了百姓的口碑。

脱贫攻坚

　　我是 2016 年 11 月到宁海的，全程参与了脱贫攻坚战三年行动。这几年，我们宁海始终把脱贫攻坚作为首要政治任务，坚持高位推动、基层落实，深入推动各类资源整合，大力开展"输血＋造血"式帮扶，开创了"资源共享、优势互补、发展互惠、合作共利"的扶贫协作新局面。特别是 2018 年开启脱贫攻坚战以来，我们以"更高的政治意识、更强的责任意识、更深的协作意识"，紧扣"上级要求、对方所需、我方所能"，创新设置工作专班，建立"县级共商，局级共推，股级共抓"协调机制，健全双方书记任组长的联席会议制度和主要领导互访制度，完善常态化、多层次的交流机制，不断推进两地深入全面合作。我们历届县委县政府主要领导都亲自部署、亲自过问、亲自推动，为减少对晴隆日常工作影响，时任县委书记林坚要求不安排陪同人员，轻车简从赴东西部扶贫协作项目点进行考察调研。为更好地开展对口帮扶和山海协作工作，时任县委副书记、县长滕安达在到任的 1 个月内连续赴晴隆、景宁等地考察对接，2019 年更是 2 次带队赶赴晴隆，2020 年的元旦，我们在贵州晴隆接受了国家东西部扶贫协作成效考核。其间，我也赴晴隆 10 余次，工作的同时，也交到了致富带头人李志彩等许多晴隆朋友。

宁海专班化运作模式在全市东西部扶贫协作工作中推广，得到了国务院扶贫办领导的肯定，这是顶层设计、统筹谋划、制度保障、执行落实的结果。我们利用 2019 年机构改革的契机，通盘考虑、深入调研、大胆创新，合并成立县东西部扶贫和山海协作工作领导小组，抽调骨干组建工作专班，建立例会、督查、通报、考核等工作机制，实行专业化、集约化、扁平化工作模式，统筹整合政府资源，打通部门协同合作渠道，完善工作推进机制，做到边运行、边优化、边完善。突出"计划 + 机制"，深化细化工作计划，做到时间明确、计划倒排，过程管理、节点控制，分工落实、确保绩效，做到专人专责。工作专班在宁海县东西部扶贫和山海协作工作领导小组办公室的直接领导下，充分发挥作用，建立健全常态化协调机制，增强"精准高效、齐抓共管"的工作合力，不断提高对口帮扶工作水平。工作专班相继起草《宁海县助力晴隆县脱贫攻坚挂牌督战行动方案》《关于促进宁海与贵州省晴隆县产业合作、劳务协作和消费扶贫实施办法》等文件 20 余个，会商 60 余次，解决难题 50 多个，策划扶贫日宣传等活动 40 多次，督查 10 余次，通报 5 起，考核 3 次，成功入选国家级案例 3 篇、全球案例 1 篇。

"𬂠水晴山一线牵，携手奋进两地情。"晴隆境内有一条著名的抗战公路"二十四道拐"，宁海、晴隆结对也已有 24 年，如今晴隆县的脱贫攻坚已经走完"最后一拐"。这 24 年，我们见证了晴隆县贫困村和贫困人口全部脱贫摘帽的奇迹，看到了宁海县晴隆帮扶工作组的忘我付出，9 名挂职干部和 136 名专技人才的倾情投入。比如前方工作组的储杨洋，在去晴隆之前，他自以为已经做好了充分准备，想象到了所有的困难，但是到了当地以后，碰到一个问题，是他万万没想到的，那就是停水。当地经常停水，有时一两个月都没法洗澡。在那里，洗澡居然成了一件非常奢侈的事情，而这只是他扶贫工作中遇到的众多困难中的一个而已，后来他全身心地投入工作，对家乡的牵挂和生活上的困难也就自然放下了。他很快明确了面上的工作与工作的重点，从帮扶项目的选择安排、双方人员的交流互派，到产业合作的实现，每个环节，他都倾情投入。他用开阔的思路为晴隆县找到了较为适合的发展路子，孜孜不倦的付出也搭建起了宁海和晴隆长久合作的桥梁。当地县委县政府对他的工作表现给予了高度肯定，而对储杨洋同志的肯定，其实也是对我们工作组整体战斗力的充分肯定。

我们工作组还有一位老同志，在专职扶贫这条路上，他一干就是 12 年。去年 10 月因为心脑血管问题，在上海的医院装了 6 个支架，大家都为他的身体状况捏了一把汗。可他出院不到 2 天就回到了工作岗位，他说现在正处于脱贫攻坚的关键时期，他放心不下。我觉着这就是一种情怀，是初心与使命。另外，我们的专技人才在晴隆创造了很多个"第一"：贵州省第一家县级心脑血管病防治临床指导中心的建成；黔西南州第一个实现预防接种信息化管理系统的全覆盖；晴隆县第一个心血管专家门诊；晴隆县第一例心脏永久起搏器植入术，第一次引入冠脉造影，第一次急性心肌梗死患者急诊冠脉介入治疗等；第一次开展柑橘病虫害直升机飞防作业；第一次同步网络视频"空中课堂"教育活动……他们用行动诠释了过硬的政治品质和业务素质，用真情展现了宁海扶贫干部的大爱情怀与优良作风，也给当地带来了最深刻的变化——人的理念和观念也正在悄然转变。

24年扶贫路

24 年风雨同舟，24 年携手前行。我们广泛动员社会力量参与帮扶，充分利用"中国社会扶贫网""党群同心圆"等平台，通过"甬黔携手、万人助学""温暖午餐""课桌圆梦""万企帮万村""百团连百心""消费扶贫月""国家扶贫日"等活动，深入开展镇镇、村村、校校、院院结对帮扶活动，引导各界力量与晴隆县建立了全方位的帮扶机制。24 年来，共募集社会帮扶资金（含物质）6000 多万元，帮助晴隆县贫困人员实现就业上万人次，其中在宁海稳岗就业近千人，助力消费扶贫超 4 亿元，带动"黔货出山"近 10 亿元。宁海的葛家村村民也远赴晴隆定汪村，开启了他们"艺术振兴乡村"的"赋能"之旅。社会各界广泛参与，实现了帮扶的多层次、广覆盖、可持续。

产业扶贫是最基础、最根本、最可持续的脱贫攻坚途径。1999 年，宁海县用 10 万元引进 2 对波尔山羊种羊，帮助晴隆县发展人工草地畜牧业，创造了生态建设与扶贫开发有机结合的"晴隆模式"，开启了宁海与晴隆的产业合作先河。24 年来，我们通过项目援建、企业引进、技术培训、产品订购等方式，"一镇一策"精准帮扶，重点"孵化"。宁晴双方还共同打造了扶贫车间"前方抓生产 + 后方跑订单"，农特产品"基地 + 合作社"，种植产业"前方种植管理 + 后方技术支持"等产业合作新模式。"糯薏仁大数据产业园"落户碧痕镇，占地 20 亩，宁海帮扶资金 1000 万元，年带动群众增收 1 亿元以上，覆盖贫困人口近 4100 人；"兴鑫茶叶加工基地"落户沙子镇，占地 40 亩，宁海帮扶资金 1600 万元，年带动群众增收 3000 万元以上，覆盖贫困人口 4000 余人；"柑橘良种示范园"落户鸡场镇，占地 3000 亩，宁海帮扶资金 1530 万元，年带动群众增收 1500 万元以上，覆盖贫困人口 3900 余人；"甬黔共建小微企业孵化基地"（龙发服饰有限公司）落户三宝乡，建筑面积 3000 平方米，宁海帮扶资金 1000 万元，销售年收入 4500 万元以上，覆盖贫困人口 160 余人；"南美白对虾养殖基地"落户光照镇，占地面积 68 亩，宁海帮扶资金 600 万元，带动群众增收 120 万元以上，覆盖贫困人口 770 余人；水蛭养殖基地落户沙子镇，占地 400 亩，宁海帮扶资金 790 万元，每年可带动群众增收 466 万元，覆盖贫困人口 1040 人……一个个"扶贫车间""产业基地""农业示范园"在晴隆落地生根。24 年来，我们共引进 40 多家企业赴晴隆共计投资近 10 亿元；实施产业项目超 200 个，援建资金超 2 亿元，在帮扶资金中占比达到 85% 以上。

在路上

脱贫摘帽不是终点，而是新生活新奋斗的起点。如何进一步巩固脱贫攻坚成果，促进脱贫攻坚与乡村振兴的有效衔接，我们还在路上。

山海协作 篇

记挂畲乡的山和水

口述者：陈北安

采访人：陈 泼 梅庆生 詹强

地　点：宁波市宁海县

时　间：2021 年 8 月 17 日

口述者简介：

陈北安，时任宁波市宁海县越溪乡卫生院副院长、主治医师。2018—2019 年，挂职丽水市景宁畲族自治县鹤溪街道社区卫生服务中心副主任。

车过了87个隧道

2018 年 8 月的一天，我接到县委组织部通知，让我去丽水市景宁县挂职。那时候，我在宁海县越溪乡卫生院当副院长。

我们去的是景宁县城关的鹤溪街道。那时一起去的，我们宁海有 4 个同事，有教师，有旅游局的，还有一个商务局的。

我们在丽水下了火车以后，还要坐 1 个多小时的汽车。一路上隧道特别多，我数了一下，一共有 87 个。到了那边，我们 4 个人，被 4 家单位领导各自接走。卫生健康局的蓝局长将我带到挂职所在单位，鹤溪街道领导班子已把我吃住这一块安排妥当了。

去之前我也想，毕竟宁海、景宁都在浙江，不会存在很多不适应的地方，不像有些同志去西藏、新疆那边，会有高原反应，所以我们心里没有太大的压力。

但是，毕竟涉及少数民族，民俗民风还是有很多不一样的地方，包括饮食和方言。但一年以后，就差不多能听懂了。

我挂职鹤溪街道社区卫生服务中心副主任，他们给我分配了办公室，协助主任工作。景宁县城原来有两个街道，老的红星街道跟鹤溪街道合并了，现在城区就一个鹤溪街道了。当地的卫生医疗机构也不多，只有两个，一个是景宁县人民医院，还有一个就是鹤溪街道卫生服务中心。

景宁的人口不多，大概 15 万人，但城区的常住人口就有 7 万多，丽水很多县一半左右或者超过一半人口都聚集在县城。景宁这里的乡镇基本上人都很少，有个乡镇就两三百人。到了景宁，我先搞了 1 个月的调研，向街道吴主任等了解当地情况，后来也与卫健局的领导一起下村考核，到村里、乡里去调研，结合我们的工作安排，思考我们宁海有什么好的模式可以嫁接过去。

当时给我安排的工作，一个是党建工作，一个是综合办公和信息化工作，还有协助吴主任抓医疗和我们对接的山海协作。1个月的调研后，我向宁海县组织部汇报了当地医疗机构存在的困难，并提了相应的建议。

建示范点，抓信息化

我是2018年8月17日去的，到9月24日，就马上成立了一支"医家人"志愿者服务队，主要是服务景宁的一些偏僻山区。当地山区多，我挂职的鹤溪街道最远的一个村叫敕木山，海拔有1800多米，在浙江还是比较高的。这个村的村民到县城看病交通很不方便，我们就组织了县第一医院的专家组，包括鹤溪街道的，一共有15个人，去了一整天，效果非常好，那边百姓也很欢迎。

2018年12月，我们在敕木山建了一个家庭医生签约服务示范点，选在敕木山行政村里稍微大一点的周吴村，为什么选这里呢？我们考虑了很多因素，第一，地方比较偏僻；第二，这里95%以上都是畲族人。原先有一个"赤脚医生"，后来脑中风了，当地村民看病更加不便了。

家庭医生签约服务示范点的功能就是"三定三送"。"三定"就是"定时、定点、定人"，"三送"就是"送医、送药、送服务"。前期工作是我去做的，很多人要配药，全年下来，我们大概送了15000元的药，基本上是免费送，"三定三送"干了1年多，总共服务了2000多人次。

这个项目成熟后，我又搞了个调研。那时的鹤溪街道卫生服务中心人员结构老龄化，平均年龄47.8岁，3年内退休的有3人，5年内退休的有23人。总共才47人，一半以上要退休。因此，我就跟蓝局长、王乐部长提了这个问题，我说5年以后，鹤溪街道卫生院的医护人员就紧缺了，老龄化和信息化是目前急需解决的问题。

我跟王乐部长反映，现在老百姓看病都离不开信息化的数据，就是大数据，联网的数据。如果数据不互联起来，很多数据要靠人工导入，很烦琐并且容易出错。比如把化验得到的数据手工录入体检报告，就很麻烦，所以这个信息化建设一定要加快。刚好丽水市的一位副市长过来调研，我就实话实说，她当即表示会加大力度支持卫生服务中心信息化建设。

　　还有一个，就是卫生服务中心要服务7万多常住人口，所有的工作都由47人负责。在宁海县第二医院，有200多人负责这个工作。7万多人，所有的疫苗接种、工会体检、学生体检等，都压在47人身上。我就想到一个问题，压力太大，会导致医疗服务水平下降。同时，因为景宁第一医院就在旁边，相差仅两三百米，所以当地人看病基本选择去医院，会导致卫生服务中心门诊医生的业务能力下降。为此，我们就成立了一个慢性病全科门诊，主要服务那些家庭医生签约的病人，专门从事高血压、糖尿病等慢性病管理，以老年病为主。还成立了一个体检门诊，很多人做了体检却不来拿报告单。体检门诊成立以后，所有到我们这里体检的，包括农民、企业职工、退休公务员等，我们就专门给他们做一份外观精美、内容比较完善的诊断报告，这借鉴的是宁波鄞州第二医院的做法，我们指定了3人专门做这个事，即信息录入、报告打印。

　　景宁的很多乡镇比较偏远。老百姓到鹤溪做体检很不方便。我们原先有一个老的服务站，在城南社区，旁边有县第一人民医院，城南服务站那时基本上没有病人，就相当于一个药店。为了发挥城南服务站功能，我就跟蓝局长商量能不能把这个点用起来，在这里搞一个流动人口体检服务中心，方便乡镇的百姓直接到这里做体检，体检费用全免，城南服务站的工作人员由下面乡镇卫生院派过来，定期为自己辖区群众服务，同时可以做好慢性病随访工作。化验、心电图、B超等辅助检查由鹤溪卫生服务中心完成，其他工作由当地卫生院的医务人员负责。如此一来，住在县城的人不需要跑回户口所在地做体检，同时也方便我们为他们做慢性病随访等工作，城南服务站就能真正地发挥应有的作用。

　　当时，60岁及以上老年人接种新冠病毒疫苗是由卫生服务中心负责的。全景宁县60岁及以上老人有7000多人，要求1个月完成疫苗接种任务，这个压力就很大，我们防保科工作人员就6人，要完成7000人的疫苗接种任务，难度很大，每天就要给300~500人接种疫苗。当时想到一个办法就是借力打力，把景宁县乡镇卫生院防保科的人调过来，这样我们这支队伍就壮大了起来，原来6个人扩编到12人，每天能完成接种500人次。我们中午不休息，早上7点就开始，一直工作到下班，终于圆满完成了上级交给的任务。

所以说，首先要谋事，然后要肯干事，最后要善协调，这是我在那边工作时总结出来的工作要点。

把我当家人一样看

当地人喜欢喝自己做的米酒，亲朋好友一聚就喝几杯，喝几口后气氛就会变融洽，一下子就成了朋友。他们那个菜都是火锅，不管谁来了，就是给你加个火锅，螺蛳也烧，豆腐也烧，猪尾巴也烧，有点像北方的乱炖。

我住的是他们安排的一个小公寓。一般一个月回宁海一趟，有时两个月回去一趟。有人说，你为什么不到周边玩玩呢？其实是没时间，我周末经常去景宁红十字会帮忙，我是红十字会的导师。红十字会有一个协会，正好组织全县所有公交车司机进行急救技能培训，他们缺人，我就直接报名了。我周末晚上就到那里，在景宁县新建车站的三楼，每天晚上组织50多个人，一批一批培训。

景宁这个地方虽然经济不发达，但是风景非常好，特别是敕木山。休息时我就开车去那里，一是了解民情，二是顺便看看风景。有时候也会骑车去，或者走路去，就一天时间。山区百姓真的很热情，我去了很多次，每次去他们都会像对待亲人一样地对待我。我还去过其他很多地方。

我在2007年去过一次景宁，坐车到那里游玩，没有留下来住，也没吃饭，就是看一下畲乡婚庆表演，看完就绕到其他地方去了，所以那时印象不深。但在挂职即将结束时的告别大会上，想到将要离开这里，真的有点儿舍不得，回来那天车开到景宁第一个隧道口，看到"景宁欢迎您"这几个字，突然流下了泪水，心里有一种无法言语的感觉，来到景宁的这一年，我早就把这里当成了第二个家乡。

原来鹤溪街道卫生服务中心在全县18家乡镇医院年度考核中经常排倒数第一、第二，为什么呢？它有些硬指标上不去，像老年人体检、学校体检、慢性病体检签约服务，有些工作没做好，一票否决，排名就上不去。值得开心的是挂职那年，鹤溪街道卫生服务中心在全县年终综合考核中取得了第二名的成绩。从年年倒数第一、第二，到全县第二名，我们的辛苦努力终于有了回报。

当地的一些老百姓，虽然文化程度不高，但很纯朴，尤其是那些老人、小孩。鹤溪有家养老院，重阳节我们就到那里给老人包水饺。这些老人都很开心，我们在一起就跟家人一样相处融洽。

我是党员，作为一名医生，也有自己的初心。虽然敬老院的工作是义务性的，但我做得很开心，很有成就感。我原来在宁海越溪乡卫生院工作，有时间就会去越溪的敬老院看望老人，虽然现在已经调离，但是这边的老人还会打电话给我，说陈医生你怎么不来越溪了？于是我就会在周末一个人背着血压计去给他们量量血压，做些义诊工作，顺便看看他们。

县域医共体的建设者

口述者：谷丛树

采访人：陈 泼　陈荣芳　詹 强

地　点：余姚市发展和改革局

时　间：2021 年 8 月 26 日

口述者简介：

谷丛树，2019 年 7 月—2020 年 12 月，挂职丽水市松阳县人民医院院长助理。

2019 年 7 月，受组织委派，我作为新一轮"山海协作"挂职人才赴丽水市松阳县人民医院开始为期一年半的挂职工作。

刚到挂职单位，我就被任命为"二甲"迎评办副主任，主要负责县域医共体建设。

发挥优势、深入调研，助力松阳医共体建设

借鉴余姚医共体经验，我迅速融入新单位，适应新岗位，边学边干，边研究边提高，多次调研松阳医共体建设现状，实地考察医共体内多个卫生院，在此基础上，针对性地提出了一些对策建议，得到了县卫生健康局领导的认可和支持，有效推进了松阳医共体的建设。其间，在整个县域范围内拟定并主导开展《县域医共体内融合式模块化培训工作方案》，率先开展第一模块"2019年度县域医共体临床业务素质提升培训班"循环系统疾病知识培训，县人民医院 11 家医共体分院和县中医院 6 家医共体分院共 30 余名学员参与培训，取得良好成效，之后根据学员反馈做内容改进，到目前为止已实施 4 期，共 200 余人次参加了培训。拟定《医共体内科室垂直化管理方案》，在医共体各分院部分科室率先开展实施与牵头医院相应科室的同质化管理，促进分院科室技术水平和管理经验双提升。此外，我为松阳结对帮扶的四川省巴中市巴州区卫生健康局领导学习考察团一行做了《县域医共体内模块化培训方案》报告，之后到巴中市第二人民医院交流、访问，受到好评。

发挥特长、注重分享，助力完善松阳县人民医院行政体制

与此同时，我充分用在余姚的行政管理工作经验，协助推进"最多跑一次"改革，协助推进松阳县人民医院中层管理干部换届工作，实现平稳有序过渡。

在兼任"二甲"迎评办副主任，协助做好松阳县人民医院二级甲等综合性医院复评的迎评工作时，在院内开展"新时期的医患沟通""医疗纠纷处置流程和恶性医闹应急处置流程"等课程的分享、交流，其间，协助处理了几起医疗纠纷。促进余姚市妇幼保健院—松阳县人民医院"山海协作"升级、结对协议签订，为今后健全两地联络互访机制，进一步加强两地医疗卫生资源共享、学科建设、人才交流合作打下了基础。

医者仁心、尽己所能，服务每一个普通百姓

我还做了一些比较有意义的事情，就是促进乡村"流动医院"建设，借助巡回医疗救护车服务平台，和医院同事一起多次送医下乡，切实解决偏远乡村看病就医难问题，纵深推进健康扶贫；多次参加志愿者服务和义诊活动；启动并实施了《妇产科 VIP 温馨产房建设方案》《童心绘母爱绘画比赛方案》孕产相关医疗服务项目，使孕产妇在医院内的环境体验得到改善。2019 年 10 月 18 日，在返回余姚的高速公路服务区中，我紧急救助了一名受伤晕厥司机；2020 年 4 月 8 日晚上，散步途中突遇山火险情，和一位医院同事以及一位保安同志一起扑灭火情，得到民众点赞；新冠肺炎疫情暴发初期，了解到松阳一线医护人员防疫物资紧缺，紧急联系余姚生产防护面罩的企业家朋友，连续加班赶工制作完成 200 套防护面罩，定向捐赠给松阳县卫健系统，为一线医护人员解了燃眉之急，增加了防疫保障；防疫期间，成为松阳县人民医院"疫情防控督查小组"成员、"战疫后勤管家"成员，代表卫生健康局护送 9 名医护人员去丽水集中隔离点；疫情防控期间，松阳血库告急，无偿献血 300 毫升。这几个事例，新华社、余姚日报等官方媒体和"松阳田园先锋""甬工会""甬派""宁波发布""杭州新闻"等公众号均有报道。

体会和感受

在松阳的挂职工作尽管只有短短一年半的时间，但给我的感受和体会却是深刻的，收获也是满满的，主要可以概括成以下三句话。

第一句话：组织和领导是做好挂职工作最坚实的依靠。

挂职期间，卫生健康局和医院领导给了我和我的家庭极大的关心和全方位的支持，让我能够全身心投入挂职工作中。

第二句话：医者初心是做好挂职工作最强的动力。

实事求是地说，挂职单位给我的工作量不大，但我想去松阳挂职，我代表的不仅是个人，更是余姚二院、余姚乃至宁波的形象，一定要得到松阳方面的认可，所以更多时候我是主动找工作做。遇到突发状况，毫不犹豫就冲上去救人、灭火。

第三句话：友谊和信任是挂职工作最大的收获。

挂职期间，我和松阳医院的同事、领导结下了深厚的友谊，相互支持配合，工作非常融洽，保障了各项任务圆满推进。同时，由于挂职期间代表着余姚二院、余姚乃至宁波的形象，必须更加自律，我的做法是与余姚其他挂职干部深度融合，生活上相互照顾，安全上相互提醒，纪律上相互监督。我想，如果大家以后有机会出去挂职，这一点也是可以借鉴的，一定要融入团队。

扶贫是我人生的一场修行

口述者：王　炎

采访人：陈　泼　陈荣芳　崔宗军

地　　点：浙江省镇海中学

时　　间：2021 年 9 月 1 日

口述者简介：

王炎，时任宁波市镇海区发展和改革局对口协作科科长。2021 年荣获宁波市对口扶贫协作攻坚奖突出贡献奖。

我叫王炎，是一名转业军人。2011 年转业到镇海区发展和改革局，主要负责招商引资方面的工作。从 2015 年开始，转做扶贫协作方面的工作。

我们部门，既是扶贫协作的主管职能部门，实际上也是这项工作的实施部门。许多工作，为了保障准确性和高效性，我们在领到任务之后就干脆不往外派发了，直接让自己部门的人上手干。几年下来，也算积累了一些经验，取得了一些成绩，我个人也得到了不少历练。每每回忆起来，辛酸有之，喜乐有之，想来都是真实的参与感与充实的获得感。

圆满的考核

2018 年 4 月底到 7 月底，我们迎来了一个巨大的挑战，那就是"备考"。所谓"备考"，首先要拟订一系列工作计划，包括 3 年的规划、当年的工作要点和任务分解，30 多项细分任务，每项任务如何开展都需要把关系理顺。开展的每项工作都要收集印证材料，针对考核标准，迎接最终的考核。

说实话，刚接触这项工作时，我内心是极其忐忑的。但是，我是一名转业军人，不折不扣完成任务是我一贯的作风。因此，即使有再多困难，都抱定一颗决心，创造一切条件，团结一切力量，保证顺利完成考核工作。

那段时间，所有的节假日，所有的周末，甚至每天晚上 10 点前，都可以在单位找到我。为保障高效运转，我们还特意搞了一套反馈机制，那就是，当晚 11 点半找出需要第二天完善的点，第二天一上班就传达下去，有针对性地收集材料、统计数据，直到对标对表完成每一项考核指标为止。

除了工作量巨大，还有一个让人挠头的点，那就是，不到最后一刻，谁都不知道考核组会去哪儿。那我们怎么应对呢？我们就努力做到，在最后一刻到来前，随时挖掘继续完善的点。

记得实地考核的前一天，我们等到晚上 10 点多，还不知道确切的考核点。我当时还挺乐观，大概率抽不到我们吧！可是第二天一大早，我刚到办公室，同事就告诉我考核组抽到我们了，当时顿觉"压力山大"。后来一想，我们已经做了那么充分的准备，也没什么好担心的。

把认真准备的一摞摞材料整齐摆放在桌上时，我内心非常感慨，还拉着周围同事拍了个照，以作留念。这可不仅仅是一本本汇报材料，也是多年来扶贫协作的真实写照，是我们扶贫干部的心血汗水，更是我们带领贫困地区老百姓一步一个脚印向共同富裕迈进的扎实足迹！

后来，考核顺利通过，为我们这段时间不眠不休的奋战画上了一个圆满的句号。

山路十八弯，扶贫工作做上山

我们对口的是黔西南州普安县，位于黔西南州西北部。闭塞的交通条件和特殊的地理位置，使这里的经济发展水平比其他对口扶贫点落后很多。我们作为对口扶贫的先锋队，必须敢于硬碰硬，能啃硬骨头。

初到这里时，领导说，小王啊，你刚接触扶贫工作，应该多深入一线，多做调查。送走了领导后，就我一个人在贵州大山里。看着领导远去的车影，我既迷惘又绝望，许多工作都毫无头绪。但是干等或者只抱怨是不能解决任何问题的，于是我抓紧时间开始了走访。

对贫困地区的老百姓来说，最需要的是转变观念，对于思想保守的农户来说，还要给予足够的包容和引导。比如推广经济作物种植，有的人没多久就丧失热情了。我们不能因此埋怨他们，而是应该继续为他们推荐项目。"我们有长毛兔养殖的项目，收益很好，您要不要试一下？"过段时间，他又坚持不下去了，我们就再向他推荐养牛的项目。

总之，不抛弃，不放弃！只要当地老百姓有疑虑，我们就负责解释到底。只要老百姓有需求，我们就想方设法，直到帮他们找到合适的项目。而要因地制宜做好扶贫工作，从根儿上纠正当地贫困户"等靠要"的惯常做法，需要我们付出百倍的耐心，更需要有一颗不打胜仗决不收兵的决心。

如今，大战告捷，但我们并没有任何放松的心态。因为脱贫攻坚成果的巩固，任重而道远。我时常在想，这有可能是需要我一辈子都为之努力奋斗的事业吧！而我也很乐于献身这份事业，因为踏踏实实做人、老老实实做事，是部队教给我的，是党教给我的，也是我个人希望长期努力践行的。

舍小家为大家，把扶贫当作人生的一场修行

我和我爱人都不是宁波本地人，都是因为工作而选择在这里安家。

在宁波，我们夫妻真算得上是举目无亲。有了孩子之后，家里大小事务，几乎都压在我爱人的肩上。

因为长期处于扶贫岗位，加班加点是家常便饭，这就导致很多时候，比如孩子生病、学校开家长会、接孩子放学，我都很少参与。对此，我爱人是有一些情绪的。

但是，科室里一位老同志的话让我对自己的这份工作有了更深的认识和理解。他非常动情地说："小王啊，你现在所做的这份工作，往大了说，是功在当下，利在千秋；往小了说，对你个人而言，也是一份积德行善的工作。"

听完之后我感慨良久。很多时候，我们埋头于琐事，忙于处理具体事务，缺乏对工作意义的思考。老同志的一番话，让我瞬间明白了自身的价值所在。能够参与到脱贫攻坚这场伟大战役中，发挥自己的一份光和热，是何其有幸。我把这番话转述给爱人，她也非常认可，心态好了，就更加支持我的工作了。我想，家国一心，还有什么困难是我们不能克服的呢？

时光荏苒，今年已经是我投身扶贫工作的第 7 个年头了。7 年来，我不敢说劳苦功高，但至少是问心无愧。不敢说硕果累累，但起码是已尽力而为。扶贫这项工作，也磨炼了我的意志，提升了我的能力，在思想认识方面，我个人也进步了不少。

今后，只要百姓需要、祖国需要，我仍然是一名召之即来、来之能战、战则必胜、永不言败的战士，战斗在扶贫协作的一场，披肝沥胆，勇往无前！

倾情倾力为民　奏出平阳帮扶最强音

口述者：徐志华

采访人：陈　泼　严　佳　沈信丞

地　点：宁波市江北区人民政府

时　间：2021 年 11 月 15 日

口述者简介：

徐志华，2019 年 1 月—2021 年 8 月，挂职温州市平阳县顺溪镇党委副书记。2021 年荣获中共宁波市委、宁波市人民政府表彰的扶贫攻坚突出贡献奖。

去温州挂职之前，我很喜欢看一部电视剧，叫《马向阳下乡记》。谁承想，在自己的职业生涯里，居然也能有同样的经历，下乡扶贫挂职，参与到伟大的脱贫攻坚战中，书写一段属于自己的"徐志华下乡记"。这一切，我现在回想起来，依然心潮澎湃。

在贵州册亨及温州平阳两地共计 3 年的扶贫挂职，我发挥了自己的专业特长，为结对的村镇留下了一些产业，为当地的领导班子提供了新的思路，也跟当地老百姓打成一片，建立了深厚的情谊。现在，让我把自己下乡的一些印象深刻的经历，与大家分享。

打造氧吧民宿，开创"造血"帮扶新思路

我刚到平阳县顺溪镇结对帮扶村，内心真是不平静。我结对的知音村，是一个只有 600 多人的小山村。村子里几乎没有什么像样的耕地，所以连最基本的农耕劳作、自给自足都实现不了。

之前，村民还可以砍伐山上的木头、竹子拿去卖，赚取廉价的原材料收入。随着封山育林及建筑业的升级发展，竹子的需求量逐渐减少，后来连竹子也卖不掉了。因此村集体收入几乎为零，即使村领导想为村民办点实事，也是有心无力。因此我想从实现村集体零收入的突破开始，启动我的下乡帮扶。

知音村虽然贫困，但生态环境非常好，可以说是一个天然氧吧。我们实地检测过，那里的负氧离子含量非常高，很适合搞康养旅游。但这个村子太小了，要想把民宿办起来，必须整合相关资源，增加吸引力，提升人气，于是我抓住县里搞并村的重要契机，谋篇布局极力促成其与毗邻村进行合并实现优势互补，只有增强产业能级，才有发展出路。

可是，村庄合并谈何容易！大并小愿意，而小被大并意味着"话语权"变

小很难同意，村社合并困难重重。为了推动并村，我的工作时间变成"5+2""白+黑"，多次深入走访分布于周边富裕乡镇的重点村民，给他们耐心细致地做思想动员和解释工作；多次召集各种小组会议，与村民共同探讨大家普遍关注的重难点问题，从而取得了广大村民的理解和信任，通过各种有效的工作举措，最后在村民票决并村时全票通过。为此，我得到了所在镇党政主要领导的感激和赞赏。

并村结束，新的问题来了，那就是整个村子没有一块像样的可用建设用地，这可怎么办呢？我们就下大力气，不畏艰辛，斥资先开挖平整出一块山坡地，说来也算是开天辟地啦！有了这些硬件基础，我们就利用各种机会，去县里、市里和派出单位争取各级资金支持。

经过多方对接，我们共筹集资金400多万元，在修整出的地皮上盖起了3栋精品木屋。这依山而建、古朴典雅的民宿，终于有了雏形。后期，我们又筹集了130万余元资金对民宿进行了精心装修。等一切条件具备，我继续帮助运营招商，联系了一些搞民宿的专家，进行实地考察。最终，村里决定，把民宿交给温州当地的专业运营公司打理，从营销到运营，方方面面都是由专业人士去打理，村里收取一定金额的租金，因而仅此一项村里每年可轻轻松松地获得23万元左右的经营性收入。

就这样，利用村里几乎无用的荒山坡地，充分发挥各路资金支持及各方技术帮扶的作用，把休闲民宿做起来了，而且做得红红火火；仅"十一"黄金周7天时间，该民宿营收就达12万元。这第一桶金给了当地干部很大的信心。我们相信，只要努力肯干，山村一定可以脱贫，村集体也必定会越做越强大。

依托绿水青山，堆起村集体的金山银山

民宿等项目开起来后，我们又考察了附近的知音涧景点。那个地方景色非常美，山清水秀，满目青翠，沉浸其中让人心旷神怡。但因为该景区是由当地一家旅游公司在代管，缺乏整体规划，宣传工作也很欠缺，因而并没有什么名气。为了给民宿找到更多、更稳定的客源，也为了完善配套设施，提升服务档次，我们就主动找到该旅游公司，商讨能不能把售票入口处外移，另外建设一

个高标准停车场。

他们自然是非常乐意的，但是一着手，我们才发现工作难度还是挺大的。

首先是土地征用。别看这项目只涉及为数不多的农户和边边角角的菜地，真要拿来建停车场，便有很多所谓的"主人"冒出来了，说这地是他们祖祖辈辈留下来的，索要高额赔偿；有的甚至从中作梗，不停生事。为了推进工作，也为了保护村民利益，我们多方动员说服，也做了大量工作，最后我们结对帮扶单位出资，以一定的资金补偿方式，解决了土地问题，并建起了停车场。现在，村里每年可从该景点运营公司收取大约6万元的停车场租金。这可是一笔长长久久的收入，村集体开始慢慢有钱了，各项改善性建设也都逐渐提上了议事日程。

做好了停车场，我们又引入了一项非常时髦的产业项目，那就是房车营地。也是与民宿配套的一处网红打卡点。说是"房车"，其实跟传统意义上的房车还是有区别的。我们打造的其实是一栋车形木屋，面积约45平方米，相当于一小套住房，分上下两层，上层有带落地窗的卧室，还有大露台，下层有客厅、卧室和厨卫设施，可以休憩、品茶、阅读，晚上还可以看星星。该房车有6个轮子，可以前后移动，这对游客来说，跟住民宿相比，无疑是一种别样的体验。

这个项目总共投资20万元左右，但一年的营业收入就有17万元。这一系列项目的上马，在当地村干部看来，是想都不敢想的，可是在我们对口帮扶的人力、财力、智力等支持下，这一切都变成了现实，变成了留得住、能创收的好项目。这就相当于给知音村造出了属于它自己的"骨髓"，"造血"功能有了，村集体富起来了，我们的扶贫目标也就实现了。

3年的帮扶，我总共落实了大小各类援助项目10多个，所有项目已全部建设落实到位。总共直接争取派出地各类帮扶资金430万元，协调其余各级各类帮扶资金达1350万元。在我的努力帮扶指导下，结对村成功创建3A级景区村；挂职地顺溪古镇也顺利创建成为2021年全温州市唯一新增的5A级旅游景区镇，也是目前平阳县唯一的5A级景区镇。我们仅用了3年不到的时间，帮助结对村实现了村集体经济从零到每年持续经营性收入达50万元的大突破……

这一系列项目的开发，也让当地领导干部打开了新思路，开阔了新视野。

敢想敢干、吃苦耐劳、用心用脑的工作作风，正在当地形成并稳固，这也是令我欣慰的一点。

身心充分融入，换来老百姓的交口称赞

作为一名基层挂职干部，我一直在想，什么才是我应该做好的，什么才是我真正追求、真正想获得的？我的答案是，老百姓的信任和认可。这是对我最大的肯定，也是我 3 年挂职工作最想收获的成果。

我挂职的地方，是名副其实的山区，山路弯弯绕，不止十八弯。这样的交通条件，需要经常维护。记得刚去挂职不到一个月，有一次，第三方施工队在整修山路，路面变得狭窄和不受力，路基挡墙尚未完全稳固，深夜一辆满载石块的大货车经过时，侧翻掉进了七八十米深的峡谷。

那时，我作为挂职干部，住在小镇上。那天夜里，听到外面的消防警笛声，下意识地跑出去查看。经过询问了解情况后，跟车去了事故现场。赶到现场一看，货车司机已经失去了生命体征。接下来可能就是责任追究和善后处置，得赶紧把司机从谷底运上来。镇上的救援力量有限，也没什么经验，我作为镇党委副书记，义不容辞。于是拨开藤蔓荆棘，领着两名队员，一步一滑地深入漆黑的谷底，小心翼翼地包裹捆扎好尸体，并协助后面赶来的几名山地救援人员把尸体慢慢吊上山崖。在我真诚劝慰下，亡者家属得到了些许慰藉，悲痛的心情也稍微平复下来。等镇里其他领导赶来时，我们一起连夜商讨后续处置等事宜，因为处置及时得当，司机家属还算理解配合，没有因此造成不必要的负面舆情。

事后，全镇干部、群众都默默地在背后为我点赞。回想这一经过，自己也很诧异当时的果断。但是这一切又都出于本能，是在情理之中的，因为我很清楚自己是谁，应该怎么做。

在帮扶期间，我访遍了辖区内所有的贫困户、五保户，在工作的空余时间，我经常会去离我住所不远的一位独居五保户老人家里，帮着收拾打扫一下院子，聊聊家常，嘘寒问暖。时间长了，她总把我挂在嘴边，逢人便夸赞我这位挂职书记。我听到后心里别提多开心了，我是党的干部，更是老百姓的服务员，只

要真诚为老百姓服务，老百姓也会回报以真诚！

帮扶期间，应组织需要，我兼任了省级结对帮扶派驻平阳团组召集人及常驻领队。在挂职快结束时，我在跟新一批接替同志"传帮带"交流座谈时，有位小伙子坦诚地说："徐书记呀，我一开始真没看出来您是我们的领队，看到您的第一眼，我还以为是在民宿工作的农民工呢！"因为我全程参与了民宿的选址、整地、建设和施工，并且一直都在现场督促指导，甚至不时打个下手，跟工人们一样暴晒，一样淋雨，所以，把我误认为农民工也很正常。可是我却因此很开心，事实证明，我的辛苦和汗水没有白费，产业落地了，村里富裕了，我感觉自己的责任尽到了。而全心全意为当地百姓服务，也使我对自己的责任和初心有了更加清晰的认识。

现在我虽然已经回到宁波，但依然时常牵挂和关注那边的运营及发展。如果他们有需要，我一定还会竭尽所能地提供帮助。而我自己也把心留在了那个叫"望眉·知音"的地方，那片世外桃源一样的土地，那些勤劳纯朴的老百姓中间。

这就是我的"徐志华下乡记"。我非常感谢国家有这么好的扶贫政策，在帮助一方百姓脱贫致富的同时，我个人也得到了很好的成长和锻炼。现在回忆起来，这段经历辛苦且珍贵，这段历程，也必将成为我继续爱岗敬业、发光发热的动力，鼓舞我不断前行！

扶贫两年半，他乡变故乡

口述者：姚金环

采访人：陈　泼　严　佳　沈信丞

地　　点：宁波市总工会

时　　间：2021 年 10 月 18 日

口述者简介：

姚金环，2018 年 5 月—2020 年 11 月，挂职衢州市常山县，任县委常委、副县长，兼任山海协作产业园管委会主任。

2018 年 4 月至 2020 年 11 月，我作为宁波市选派的挂职干部，到衢州市负责山海协作方面的工作，担任衢州市常山县委常委、副县长，兼任山海协作产业园管委会主任。

那天是 2018 年 4 月 1 日，下午 5 点多，我接到组织部的电话，说下班让我留一下，有很重要的工作安排要跟我说。当时并不知道，正是这一次谈话动员，决定了后面我为期两年半的挂职帮扶生涯。

本来，我还想先跟家人商量一下，但领导向我细数了本次委派干部的级别要求等标准，职级符合的干部，要么年龄太大，要么不是慈溪本地干部，都不太合适。我心想，既然我是组织决定的最合适的人选，那就别犹豫了，当场答应下来，我愿意去！

4 月 27 日，我带队前往上海考察养老项目。行程还未结束，就接到电话通知，说第二天召开行前动员大会，看来这次是真的要出发了。

出发那天我印象深刻。5 月 4 日，青年节，我，一个 70 后老大姐，带着 3 个 80 后小伙子，组成了一支挂职小分队，意气风发地出发了。

可是到了衢州，还是发现有很多跟慈溪差异挺大的地方。那里的语言接近江西方言，沟通上有些障碍；饮食习惯上，那边人比较能吃辣，这跟我们清淡的口味很不一样；更不要说当地干部与我们在思维理念上的差异了，那真不是一天两天就能达成一致的。但是，这些也都是我们的意料之中，我们要做的就是尽快适应，尽快融入。

后来的事实也证明，挂职的这两年半时间里，还算适应得不错，工作方面也尽心尽力，给当地政府和百姓留下了一些发展势头良好的产业。

三顾茅庐，不分昼夜，为引产业甘作"蚂蟥"

大家都知道，衢州市常山县是典型的山区，原来的工业体量非常小。为改变这一状况，我们在 2018 年 7 月，由慈溪市政府领导带队，携万洋众创城项目一行人去常山开发区考察参观。到开发区后，一位领导非常震惊地说："这哪儿是开发区啊？这不是农村嘛！"当时开发区的状况确实比较糟糕，为数不多的厂房高矮不一，像民房一样散乱分布，丝毫看不到现代化的痕迹。

这样糟糕的营商环境，导致常山的招商引资工作很难开展。又因为他们本地的大企业少得可怜，所以，2018 年那会儿，整个常山的工业产值只有 100 多亿元。这是短板，必须想办法补齐。

于是我们计划引入万洋众创城。万洋众创城总部在温州，他们的经营模式是，拿到一块工业用地，就着手开发，从基建到招商，再到后续管理，甚至是环保、安保、金融服务，真正的全链条服务，因此非常适合引入常山。

可是，常山有自己的硬伤，那就是可利用的地块有限，交通还不便利。当时的常山还没有通高铁，进出最快是动车。因此第一次带团考察后，万洋那边并没有太大意向。但是我们不能放弃呀！于是通过慈溪市领导的牵线，找到他们的相关负责人，动之以情晓之以理，告诉他们，这个项目上马，除了经济效益，更重要的是社会效益。企业做大做强了，理应怀揣一颗回馈社会的心，这样才能相互扶持走得更远。

好说歹说，对方总算答应再来考察一次。因为当时这家企业已经做得非常大了，根本不在乎在常山搞这点儿项目。因此，要想留住他们，必须拿出足够的诚意，哪怕三顾茅庐，不分昼夜，我也在所不惜。

后来，不管是地块的选择，还是其他商务沟通，我都尽量亲自参与。大家都知道，企业家一般都很忙，那我就耐心等，等他们白天忙完了，晚上再约他们，见缝插针沟通项目相关事宜。有时，真的要等到晚上十一二点，才能接上头，说上几句话，但即使是这样，也从来没想过放弃。

终于，他们的负责人被我的诚心打动，决定在常山择址开工！这个项目占地 960 亩，总投资 50 亿元，这在整个常山的招商引资史上，还是第一次。

我们双方于 2018 年 12 月签约，2019 年 5 月动工。后来虽然挂职结束离开了，但是始终还关注着项目的进展。2020 年 8 月，万洋众创城第一期 18 家企业入驻投产，这个被我软磨硬泡、三顾茅庐、不分昼夜"求"来的项目，终于投产启用。这样一来，即使企业老总再笑称我为紧盯着他们不放的"蚂蟥"，我也是开心的。扶贫工作，不就是需要一点儿这样的"蚂蟥精神"吗？

挖空心思，广拓思路，为"消薄"费思量

完成了常山的这个大项目，我们开始直面另一大难题，那就是想方设法完成"消灭集体经济薄弱村"的任务，我们称之为"消薄"。

刚去挂职时，有件事让我觉得特别奇怪，那就是在辖区内的 160 多个村子里，村集体经济年收入少于 5 万元的，居然有 130 多个。有的村子只能靠承包少量的山地、鱼塘获得一些集体收入，一年下来收入几千元都不到。

这是一个非常严重的问题，村集体经济不行，村里就没有钱解决诸如交通、卫生、就学等民生问题，甚至村干部的待遇都很难保证，更谈不上让老百姓享受到发展红利了。因此我们必须尽快想办法改变这一状况。

我们首先想到了搞"飞地"经济。我们跟衢州的农商银行对接，成功为常山申请到了额度可观的无息贷款。再加上各村镇自己筹集的，共有 9300 万元，我们联系了慈溪市高新区的上林英才产业园，为常山量身打造了一家龙头企业，叫农发集团。通过这个企业的运营，初始阶段保证为常山创造不低于 10% 的年收益。

因为贷款是无息的，村集体不会有太大压力。到年底，我们就按照各村投资的情况，如期把收益发放下去。很多村子从原先的年收入几千元，直接提升到十几万元。村里有钱了，很多其他项目就可以开发了。比如有一个叫聚宝村的，就以"飞地"经营收益为成本，开发打造了一处景点，取名"荷塘月色"。这个景点很受欢迎，游人络绎不绝，顺便带动了村里的农家乐、民宿等项目，村集体和村民的收入都提高了，"消薄"目标就轻而易举完成了。

以此为基础，我们还进一步推动乡镇街道之间的结对，慈溪的 18 个街道，对口帮扶常山的 14 个街道，是首个街道层面结对帮扶全覆盖的。在这样的模

式下，除了经济上的广泛支持外，在思维和观念上，双方也可以进行更广泛、更具体地交流。如此一来，挂职也好，结对也好，长期效果一定会超过预期的。作为亲历过这一历史进程的人，我内心也是成就感满满。

不遗余力，因地制宜，东西部协作见真章

挂职期间，除了负责常山对外的招商引资和山海协作方面的工作，还需要兼顾东西部协作。当时，我们浙江省跟四川、贵州等都有东西部协作的项目和任务，衢州也有。因为衢州前期自身基础比较薄弱，并没有开展相关工作的实力和经验，所以这项工作开展起来，比省内的山海协作要难很多。

当时常山对口的是四川泸州的古蔺县，常山自己还需要别人帮扶，但也想尽己所能，为对口贫困地区做一些实事。于是我们就把着力点放在了消费扶贫上，而且做得很好。

我们利用四川地区水果品类丰富、质量上乘的优势，联系当地天子果业和艾佳果蔬两家企业，积极参与到东西部扶贫协作中。那边的罐头、果干，销售到我们这边，口碑不错。

我们还举办了一场名为"慈常有情，爱满古蔺"的义卖活动。把慈溪这边的创业青年、企业家请到常山去，带着特色产品、家居日用品，销售给常山老百姓，所得钱款再捐到西部去。这是常山第一次搞这样的活动，活动地点定在新东方酒店的广场上，当天人山人海，老百姓热情高涨，没想到活动会一炮打响，我们为此都很开心。

除此之外，我们还做了很多民心工程。比如，我们了解到，有汉族与少数民族合并形成的村子，少数民族聚居部分，因为多年来政府关照，基础设施都很好，而汉族聚居的部分，却连一条像样的硬化路都没有。我们就主动想办法筹集资金，帮他们改善基础设施，为村民建一些文化长廊、休闲广场等场所，让他们在闲余时间也有地方跳跳舞、拉拉家常。事情虽小，却深得人心，村民们对这事反响很好。

类似的小事还有很多。虽然已经挂职结束回到慈溪，但每每想起来，很多细节仍历历在目，很多项目的发展，还在我心头牵挂着，我还会时不时联系一

下那边的同事，询问进展情况。

因为这两年半的挂职，我各项工作做得还算不错，也为当地经济发展、百姓富裕带去了实实在在的成果，所以当地的领导班子也很重视，两年多的时间里，考核优秀一次，记个人三等功两次，另外还获得浙江省东西部扶贫协作突出贡献奖。我也很受鼓舞，觉得之前所做的工作，再难再累都值得。

回想当初，刚接到挂职通知时，内心还是有一些犹豫的。因为当时，孩子刚上大学，父亲查出癌症，而母亲也才做了甲状腺摘除手术。这一去两年半，势必会缺少对家人的陪伴和照顾，作为母亲和女儿，内心也是有一些愧疚的。

但是，我首先是一名党员干部，党员干部的第一职责就是服从组织安排，到最需要的地方去。而且挂职期间，我对衢州，对常山，建立起了非常深厚的感情。现在，我人虽然已经回来了，可心却没有离开那个地方。昔日的他乡，如今已变成我心中的第二故乡。同为中华儿女，愿祖国越来越强大，脱贫攻坚成果巩固，乡村振兴欣欣向荣，一起奔走在共同富裕的大道上，如此，便是我最大的希冀和愿望！

山和海的生意经

口述者：张航飞

采访人：陈　泼　陈荣芳　崔宗军

地　点：宁波市北仑区农业农村局

时　间：2021 年 9 月 1 日

口述者简介：

张航飞，2018 年 8 月—2021 年 2 月，作为山海协作挂职干部任丽水市青田县经济合作交流中心（招商服务中心），任副主任。

组织委派赴新任，有缘结识各方友

2018 年 8 月，我有幸受梅山管委会委派，赴青田从事两地山海协作工作，包括产业合作、文化旅游、科技教育、卫生健康等方面的协作。初入青田，我对两地的山海协作工作是迷惘的，不知道具体要做些什么，以为仅仅让我去帮助青田招商，好在市里给我们下达了指标，明确了任务。

梅山是个经济功能区，经济功能比较强，但社会事务功能比较弱，所以我们苦思冥想如何能发挥梅山经济功能优势，同时借力北仑乃至宁波的社会事务功能，结合青田区域特点、产业特色，和青田开展更好的协作。

与青田进行山海协作的有三个结对地区，一是嘉兴的平湖，二是绍兴的嵊州，三是宁波的梅山。平湖派的是处级干部，任青田县委常委、副县长，管全县的山海协作工作。我们三个地方的关系，可以形容为"亦敌亦友"，虽然都是去帮扶青田的，但相互间也有竞争，大家在合作中找共赢，在竞争中找不足，努力将工作做得更好。

一腔热血入青田，一身热忱撞"南墙"

梅山的经济功能优势体现在梅山拥有强大的招商队伍和丰富的招商资源，懂得要招什么样的商，怎样去招商。根据青田县制定的产业发展导向以及对青田产业的了解，结合我自己的招商经验、客户资源，去帮助青田招商。说起来容易，做起来却困难重重，撞了不少"南墙"。

宁波的浙东大白鹅品种好、养殖周期短，养殖浙东大白鹅能取得良好的经济收益。因此刚去青田时，我想把浙东大白鹅项目引入青田。由我们出钱购买鹅苗，分给农民去养殖，可以增加农民的收入，改善他们的生活。无奈畜牧站的人发现养殖户比较分散，难以管理，同时农村环保要求变高，不能随便放养，无法形成经济规模，导致后来推动不下去，只能作罢。

后来想到北仑的花木种植业很好，在北仑通过种植花木过上富裕生活的花木户很多，而青田那边是山区，有丘陵有土地，适合种植花木，因此我们设想可以把花木大户引到青田，由农民种植，种好后由北仑的花木大户收购过来，发往全国销售。有了想法后，我立刻去拜访北仑花木协会，通过花木协会动员了两个花木大户。但联系青田几个乡镇后，却发现山区土地贫瘠，而且山区小路不适合大卡车运输，不适合大规模种植，虽然花了许多时间、精力，但只能无奈终止。

再后来，我利用自己的资源，联系上了一家日本企业，生产配电箱锁的，第一工厂在上海。因为他的产业链跟温州锁业有产业配套，我们邀请他来青田开设第二工厂。当合作谈妥，租赁厂房要签约时，几个骨干员工觉得青田离上海路途遥远，照顾不了家庭，导致这个项目选择去了湖州。

因此，刚开始的我，可以说是四处碰壁，落了一鼻子灰。

之后，我也跑过上海、杭州、南京、宁波等地，去找青田的青商和回国华侨，动员他们回乡发展，政府也会提供适当的优惠政策。记得一个在宁波干得很好的华侨说，没有配套产业的话，再怎么想回报故乡、家乡也没用。这句话我记忆犹新，并让我陷入了沉思。

优势互补寻共赢，几番周折见曙光

跌跌撞撞的过程中，我慢慢感悟到，有四种企业到青田来的可能性比较大。第一种是能和青田形成优势互补的企业，第二种是能与本地产业形成产业配套的企业，第三种是青田旁边的温州企业，第四种是在国内外打拼的、有回乡创业意愿的青商华侨企业。

因此，我打算从这几个方面去推动招商，排摸信息，寻找合适的企业来青田发展。

第一个是优势互补产业招商。青田现有面积2500平方公里，九山半水半分田。矿地结合开发是省市都支持的项目，矿产资源可以卖钱，平整出来的土地可以造工业园等。随着矿地结合的开发，砂石料供给量增大，需要更好的销售渠道。而梅山的基础设施建设和滨海新城建设快速推进，对建材尤其是基础材料，比如机制砂和瓜子片等市场需求量大，而且多从外地采购。双方的合作正好可以形成优势互补的供需关系。

一个回国华侨中标了青田一个 200 亩的矿山开发项目，而中标人自身缺乏开发经验，需要找富有矿产开发经验的企业一同参加开发。

在机缘巧合下，我联系到了宁波仁宏矿业有限公司的总经理张科红。他刚刚结束了之前的项目。我把双方约到一起洽谈，一拍即合。于是双方合资成立了青田中青伟宏贸易有限公司，仁宏矿业占 83% 股份，青田方占 17% 股份。2019 年双方投入资金 2 亿元，2020 年投入资金 7000 万元。如今矿山已开始实质性运营，与之相配套的码头运输项目和隧道工程也在建设中，项目达产后将产生年销售额 2 亿元以上，产生年税收 2000 万元以上，将有力地促进青田地方经济的发展。

第二个是利用区位优势招商。青田与温州地域相近、习俗相同、语言相通，而且青田在积极融入温州都市圈发展，承接温州产业转移。温州山多地少，企业要扩张发展，温州提供不了地，企业就在周边区域找地。于是我们瞄准温州的优质企业，通过各种方式开展招商活动，排摸收集投资信息。

温州食品制药机械产业是我国食品制药机械产业主要生产基地，年产值 200 多亿元。经过 20 多年的发展，温州食品制药机械产业从小到大，从弱到强，产业规模不断扩大，获得了"中国食品制药机械产业基地"国家级金名片。但温州食口制药机械企业普遍存在用地"瓶颈"，行业"低、小、散"特征十分明显，很多企业的厂房是租的，大一点的企业用地也只有 10 亩、20 亩，严重影响产业进一步升级发展。而经过多年发展，温州食品制药机械产业已经到了勃发的时候。

获取这个投资信息后，通过调研，我起草了《积极推动温州（中国）食药机械产业基地落户青田调研报告》，积极向县领导建议利用现在有利的招商时机招引这个项目。我曾先后陪着 4 任管工业的副县长专门去考察温州食品制药机械产业园，县里领导也很认可和重视这个产业，划出了腊口镇大坑工业园区，总共有 1000 多亩，可以先拿出 300 亩来开发。县里为了这个项目专门成立了专班，两次拨款，各 800 万元，征用农民的土地。中间事情很多，程序也很繁杂，但县里的重视，给了我们足够的信心。好事多磨，2020 年底，丽水市要扩区，谈好的开发区块被丽水市统管了，青田不再有决定权，资金停了，地也动不了，项目暂时搁浅。目前，县里准备划拨别的用地来招引这个项目。

同时我们也在洽谈几家阀门企业来青田投资创业，因为青田中部的船寮镇、高湖镇正在打造百亿级阀门产业基地，形成阀门产业链配套，做大做强阀门产业。

第三个是利用产业链配套招商。宁波腾龙精线是北仑的一家国家级高新企业，主要做不锈钢精线。精线用于高铁设施和医疗设备等行业。青田县最大的工业企业——浙江青山钢铁有限公司，是不锈钢生产制造商。腾龙精线是青山钢铁的下游厂家，每年向青山钢铁采购 50 万~100 万吨不锈钢，运输到北仑工厂加工成不锈钢精线后再对外销售，每年的物流费用高达七八千万元。我得知此信息后，立刻回北仑拜访腾龙精线总部了解详情，同时与青田当地干部一起谋划腾龙精线在青山钢铁周边设立工厂的投资方案。这个方案既可以让腾龙精线节约运输成本，又可以灵活把控库存，增强企业竞争力。我及时向梅山管委会招商领导进行了汇报，通过管委会的力量共同推动此项目。同时利用青田县县长、县委书记来访梅山时机，邀请他们考察腾龙精线工厂。大家都觉得很满意，终于达成了腾龙精线计划投资 20 亿元，用地 300 亩，建设不锈钢精线产业园的投资方案。目前，项目所在地温溪镇政府已开始地块的征地拆迁前期准备。

农特产品促消费，利农惠农共富裕

青田的杨梅是很有名的，又大又甜。青田拥有 11.2 万亩的杨梅生产基地，年产杨梅约 5 万吨。但如何销售是梅农的难题。杨梅上市季节，梅农一般是挑着杨梅到路边去卖，有时候等一整天都没有生意，杨梅还会因为卖不掉而白白浪费。为解决青田杨梅销售难题，我们开动了脑筋。

鲜丰水果是浙江省最大的水果销售连锁店之一，有 2000 多家门店，销售能力强大。鲜丰水果宁波公司设在梅山，我们与鲜丰水果有着良好的合作关系。青田有一个春华农庄，是青田杨梅种植大户，也是青田杨梅产业协会会员单位。

我们把两家约到一起进行洽谈，双方顺利达成合作意向。鲜丰水果专门派人来采购，在青田杨梅上市期的1个多月里，鲜丰水果在县内设置了7处采购点，每天采购1万多斤新鲜、优质杨梅，通过冷链运往宁波、杭州、合肥等地销售。

每年鲜丰水果在青田的杨梅采购量都在200万元以上，大大解决杨梅销售难题，梅农再也不用担心卖不掉。而且因为杨梅销路、价格有保障，有的梅农正在考虑引进大棚种植，既可减少杨梅掉地损失，又可调节供需时间，卖上更好的价格。

同时我们也在积极发挥梅山支援青田的援建资金和帮扶资金的作用，并撬动其他渠道资金扶持，重点培育三大培育果园基地：章村乡小砩村的"红美人"橘子基地、瓯南街道崇福村的茶叶基地、贵岙乡小双坑村的蓝莓基地。通过因地制宜地开展"造血"功能项目建设，帮助农民增加收入。

青田的矿泉水水质很好。在青田飞云峰山脉，优质天然矿泉水从岩石缝里流下来，清凉可口，喝起来有甜味，取名为"起源"。经检测，其中的偏硅酸含量为每升25~60毫克，可软化血管，有防止血管老化功效。但是要把这优质的天然矿泉水推向市场，广告费、运输费等成本很高，所以"起源"矿泉水的销售只局限在温州、丽水一带。

我在下乡调研过程中发现了"起源"优质矿泉水后，马上联系北仑、梅山的相关部门，希望他们购买。然后在瓶子上贴上梅山、北仑的标志，起到宣传作用。得到相关部门的大力支持后，青田优质矿泉水顺利出运。每瓶定价1.5元，向水厂支付1.2元，扣除运输费后的利润捐献给青田县慈善总会，用于贫困助学。到目前已销售了50多万瓶，所得销售利润10万元全部捐献给了青田县慈善总会。

"科研""保税"已启动，"青"云直上可期待

科技创新是引领经济增长的发动机，科技协作也是我们山海协作的重要内容之一。

宁波市拥有多家国家级科学研究机构，如中科院宁波材料研究所、中国兵科院宁波分院等。于是我上门拜访了这两家科研所的领导，他们也非常支持与

企业的科研合作。回青田后我又与青田科技局对接，请青田科技局组织县里企业访问宁波科研院所、先进制造业企业、文创产业创新综合体等科创前沿，提升青田企业的创新意识，推动科技合作。成功促成中科院宁波材料研究所与浙江青山钢铁有限公司联合组建了海洋工程用钢可靠性研究技术中心，开展海洋工程用钢的产品研发、测试服务、技术咨询、产业动态跟踪等科技合作。一期合作三年，合作经费达百万元以上。促成中国兵科院宁波分院与浙江卓业能源装备有限公司开展核用阀门材料研究。促成中国兵科院宁波分院与浙江超达铸造有限公司开展无缝钢管焊接、压力测试等科技攻关合作。

梅山的优势在国际港口和自贸区功能。从国外进入梅山保税仓的货物实行保税、缓交关税和进口环节增值税。从国内进入梅山保税仓的货物视同出口，国内出口商马上可以申请退税，降低财务成本。在保税仓库里的各种货物，可以开展国际集拼、国际中转、转口贸易等业务，极大地提高了通关效率和降低了成本。

青田的优势在海外华侨和国际资源。青田有33万名华侨在世界各地打拼，每年投资国内的资金据说有50亿～100亿美元。在县政府的引导下，先期回国的华侨利用资金实力和市场资源，大量从海外进口红酒、日化品，所以青田正在打造"世界买中国卖"的"世界红酒中心""世界超市"。同时，青田也是农特产品出口大县。青田海外华侨主要从事中餐馆和中小超市经营，需要从国内采购大量的农副产品和食品，如香菇、粉干、稻鱼米、水煮笋、调味料等特色农产品，年采购量在百亿元以上。侨贸采购的需求强大，促使回国的青田华侨开展国内采购、加工农副产品，供应青田海外华侨。而青田位于浙西南山区，进出口商品要在宁波港口至青田之间运输，增加了运输成本和时间成本。如果遇到抽检、查验，那么就更麻烦了。

梅山的国际港口优势、自贸区优势和青田海外华侨的国际贸易优势，正好形成了优势互补的格局，这也是梅山区别于平湖和嵊州的特色。于是我们开始谋划建设"保税飞仓"，探索"报关在青田，货物通梅山"模式，既有利于青田进出口贸易持续发展，也有利于梅山国际供应链创新。

我们利用梅山—青田山海协作工作机制，两地多次召集经贸部门、口岸监管机构、相关贸易物流企业互访交流，了解合作需求，探讨合作模式。

在梅山山海协作领导小组办公室的多方协调下，青田出口企业从国内采购的出口货物直接发往梅山保税仓，在保税仓内物流加工、集拼装箱后出口海外，这样就大大减少了青田至宁波口岸的流通环节，降低了物流成本。同时，两地政府研究制定了"保税飞仓"专项扶持政策，以吸引更多的青田华侨来梅山开展进出口业务，形成规模效应。

2021年6月，"保税飞仓"进入试运营阶段，青田农品城的1200箱水煮笋、蘑菇等农产品在梅山保税仓库内物流加工后发往欧洲。目前，该业务已形成常态化运作模式，而且被宁波市山海协作领导小组列为创新案例。

在优势互补中创造更多合作共赢，在开放合作中推进共同富裕。我感谢组织对我的信任和委派，让我在山海协作的舞台上施展身手，提升人生价值。感谢我的领导和同事，给予我支持和帮助。我们有信心、有决心通过持续深化协作，抢抓发展机遇，营造"造血"机制，努力将梅山、青田两地的山海协作打造成为具有鲜明特色的山海协作亮点工程。

山呼海应总关情

口述者：周红霞

采访人：陈　泼　陈荣芳　詹　强

地　　点：余姚市发展和改革局

时　　间：2021 年 8 月 26 日

口述者简介：

周红霞，2018 年 5 月—2020 年 11 月，挂职丽水市松阳县，任县委常委、副县长，县山海协作产业园管委会主任。

2018 年 5 月，在接到组织安排后，我们一行 4 人，踏上了穿越山海、投身扶贫的道路。在挂职的 31 个月里，我走遍了松阳县 19 个乡镇街道、100 多个行政村。通过脚步的仔细丈量，我对这方土地有了详尽深入的了解。

通过实地考察调研，我们对松阳的特点有了一定的掌握。结合宁波的优势，我们群策群力，趟出了一条山海协作、共建共富的新路子。

茶叶叶变金叶叶，扶贫助农靠产业

初到松阳，一眼爱上。这座小城，有着淳朴的民风、古朴的建筑、深厚的农耕文明积淀，随处都可以感受到千年文明的质朴和美好。

松阳产茶，而且历史悠久。上百年的古茶树，昭示着此地茶文化的源远流长，而且这里有全国最大的绿茶产地市场——浙南茶叶交易市场，被称为"中国绿茶第一市"。同样，我们余姚对口帮扶的贵州兴义、望谟，四川巴州等地也盛产优质茶叶，但他们的销路却不太顺畅。因为当地茶农缺乏先进的种茶、采茶、制茶等技术，上好的茶树，埋没在比树还高的野草里。采茶时，好好一朵茶，因为粗心大意，采摘技术不过关，硬生生被采得支离破碎，价值骤减。更不要说科学管理茶园、打通销售渠道、开创自主品牌，茶的经济价值，亟待深入挖掘。

众所周知，对口扶贫能不能顺利推进，脱贫成果能不能长期巩固，关键在于有没有优质的、合适的产业落地。而什么是优质的、合适的产业，最重要的一个指标就是因地制宜、水土相服。

经过初步考察，我们一致认为，茶产业是松阳十分具有优势的一项产业，有基础，有底子，只要抓住重点，找准方向，就容易出亮点，能为贵州、四川等地的茶农带来实实在在的收益。

记得那是 2020 年春天，等到疫情形势好一点，我们就决定立刻出发赶赴贵州兴义、望谟，四川巴州等地，时不我待。其间，不论是在飞机上，还是在考察过程中，我们都是全程口罩遮面。等考察结束，我们憋得不轻，但收获巨大，松阳能够成为帮助贵州兴义、望谟和四川巴州老百姓脱贫致富的"茶媒人"，我们内心是敞亮痛快的，总算没白来！

回到余姚，我们马不停蹄，立马着手联系茶企，结合松阳茶产业的优势，针对贵州兴义、望谟，四川巴州的情况，进一步讨论难点，制定方案。最终，我们决定采取建立茶叶联盟的方式，五地签订了全面合作框架协议，并以茶产业和劳务用工合作为突破口，开展"双协作"工作，将贵州、四川茶农急需的茶园管理技术、茶叶采摘技术等送到田间地头，并进一步提升松阳茶叶市场的影响力，做到一户一茶园、一村一基地。同时，协助望谟、巴州建档立卡贫困户在余姚、松阳就业，助力西部地区脱贫致富。

这样，通过种植模式产业化，茶农技术专业化，茶叶初加工、销售实现"一条龙"，茶叶叶变金叶叶，茶农腰包鼓起来了，灿烂的笑容不仅映红了茶农的脸，也让我在挂职之初便打了一个漂亮的大胜仗，动力和干劲儿也更足了！

飞地飞出金凤凰，集体产业变模样

经过长期观察调研，我们发现一个现象：松阳老百姓的收入水平并不低，与之相比，村集体收入就显得格外萧条可怜。于是，我们决定突破性采取"飞地"模式，通过山海协作、优势互补，将扶贫工作彻底盘活，落地扎根，真正实现可持续。

这个思路很快得到了领导的认可和支持，但是最初，松阳能够拿出的资金少得可怜，而且"飞地"产业项目都有一个收益积累期，所以双方都得有思想准备，那就是最初几年，收益很可能并不可观。

但即使是这样，我们还是积极促成项目尽快落地，项目规模也是越做越大。现在，利益返还金额已经相当可观了。我们都说，"飞地"模式是山海协作的升级版，这一模式，打破了固有的在自家土地里"刨食吃"的模式，给相对贫困地区注入了新活力，带来了新的可能性，也为其他地方的扶贫协作提供了新的可能。

那些人，那些事，都是扶贫工作的纪念

除了日常繁忙的事务，还有很多人和事，出现在我开展扶贫工作的过程中，非常有代表性，令我感动，引我思考，值得铭记。

首先我想为大家介绍一个人，他就是当时的松阳县委书记王峻。他是一个特别有情怀的人，在开展扶贫工作的同时，特别注重对松阳历史古迹的保护和修复。那些古庙、古村落，都被他视若珍宝。一个个古迹开发保护方案、老屋拯救计划，使得松阳成为该领域的全国示范县。依托这样的特色资源，他还大力推动古城镇文化旅游业发展，吸引着周边游客前来感受古镇魅力。当地的特色民宿，不仅提升了游客体验，更充盈了老百姓腰包。这样的解题思路，既保护了珍贵的历史文化资源，又可以通过创新，将文化底蕴发掘出来、宣扬出去，使更多的人有机会感受一方水土，感受中华民族历史文化的博大精深。我觉得，王峻书记的这番作为，真可谓功德无量。

另外，我想分享一些在实地调研中的所见所闻。有一户村民，本身夫妻勤劳，努力肯干，是村里收入上乘的人家。但因为一场意外，他们的儿子成了植物人。放弃，心有不忍；继续治疗，就要掏空家底甚至负债累累。

另外一户人家，孩子得了肾病，已经在做透析，长年累月算下来，真的是一笔不菲的费用。

我也问过他们，现在不是有大病医疗吗？但是得到的回答是，想要用好药，做救命的治疗，目前很多项目都是医疗保险尚未覆盖的。这也是因意外致贫、因病致贫返贫成为消除绝对贫困过程中一大难点的原因所在。

这样的情况引发了我的思考，我们国家在开展扶贫工作时，顶层设计特别关键。而医疗保险体系的进一步完善，直接关系着老百姓真真切切的获得感。同时，随着医疗保险报销范围的扩大，我相信，被事故或疾病拖垮致贫的家庭，一定可以重拾战胜贫困的信心，并且在重点帮扶下重新走上致富的道路。

我很荣幸有机会投入脱贫攻坚的大战，也在亲身参与的过程中，成长很多，收获很多。2020年，我们的脱贫攻坚决战大获全胜，振奋人心。而从脱贫攻

坚到乡村振兴，从乡村振兴再到乡村复兴，我们仍然有很长的路要走，可谓任重而道远。

但是，乡村复兴是实现中华民族伟大复的重要组成部分，作为基层干部，体察民情，分担民忧，发光发热，为民谋福，是我的职责所在，也是我个人的价值所在。

脱贫攻坚战已经胜利了，但是我这颗紧贴老百姓的心，依然热血满满。通过亲身参与脱贫攻坚工作，我明白了百姓和祖国需要怎样的干部；通过这几年的付出和努力，我也更加坚定了为民服务、扎根基层的决心。

未来，愿百姓更富裕，祖国更强大，我自己也能更加努力。让我们共同期待，国泰民安，山河无恙，伟大的复兴梦想早日实现！

当好山海协作之间的桥梁和纽带

口述者：朱仰钢

采访人：陈 泼 严 佳

地 点：宁波市江北区浙江前洋经济开发区

时 间：2021 年 10 月 12 日

口述者简介：

朱仰钢，2018 年 8 月—2021 年 3 月，挂职丽水市人民政府，任副秘书长、发展和改革委员会副主任、党组成员。

山海协作工程是习近平总书记在浙江工作时亲自谋划、亲自部署、亲自推动的一项重要工作，是"八八战略"的重要内容，也是浙江省委省政府为了加快推动以浙西南山区、舟山海岛为主的欠发达地区的发展，实现区域协调发展而采取的一项重大战略举措。该工程最初在 2001 年全省扶贫暨欠发达地区工作会议上提出，后来在衢州召开浙江省首次山海协作工程推进汇报会，全面系统阐述了山海协作工程的重大意义，开启了全省"山海并利、山海共赢"的新征途。

山海协作，是一项推进浙江省沿海发达地区，与浙江西南山区欠发达地区间经济协作的工程。"山"主要指浙江西南山区欠发达地区，"海"主要指浙江沿海发达地区。

山有所呼，海有所应。山海协作，在浙江的山与海之间已深化实施超过 19 年，造就了一条"造血"帮扶、双向互动、合作共赢的发展之路，也谱写着浙江"山海共富"的幸福乐章。

浙江山区 26 县跟发达地区对接，大市跟大市也有结对。原来我们省有宁波和丽水、嘉兴和湖州 2 级大市对接，大市结对以后，宁波市委市政府为了加强和丽水结对的全覆盖，又加派了一批干部，剩下的几个县跟丽水的几个县，然后再进行县（市、区结）对。我们每个县又派了 2 位科级干部、2 位医生和 1 位老师，加起来共派了 37 位同志。

2018 年 8 月 18 日，我正式前往丽水，比计划的要早。

去了以后，因为山海协作这项工作就是在两地之间开展，一些项目的谋划开始还是有点难度的，它不像脱贫攻坚任务，有明确的目标。山海协作基本上就靠双方充分发挥主观能动性，自己找项目来合作。

宁波和丽水两地，我们在市本级的县与县之间谋划了几个项目，我主要负责市本级的。

第一个是九龙湿地生态旅游文化产业园。我们发挥宁波人才理念方面的一些优势并结合丽水的生态优势谋划了此项目。这个项目是由宁波和丽水各出1亿元，并在宁波和丽水分别派一个总经理，一个副总经理，组建了生态旅游发展有限公司。这个项目把丽水的生态优势跟宁波的人才发展理念结合了起来。

第二个是产业发展基金。因为宁波本身经济比较发达，资本也比较多，为了加快丽水的发展，两地就想打造一个产业发展基金。产业发展基金叫三项协作产业发展基金，由宁波和丽水共同出资，并配套一定的社会资本。

第三个是丽水无水港。因为开放是宁波最大的优势，港口是宁波最大的资源，所以想把宁波这种临海港口的优势资源嫁接到丽水。丽水虽然是山区，但是能够依靠宁波的这一优势，把这些资源嫁接过去，就延长了我们港口的线路，因此我们就做了个海铁联运，即从丽水无水港直接登记。船上口岸是在丽水报关以后，通过海路直接运到宁波港，优势是可以保证上船的时间和效率。这也缩短了集装箱出海的时间，上公路的集装箱运到港口以后，有时候不一定马上就可以上船，还要报关、要等待。

第四个是"飞地"建设。开发区的企业，"飞地"建设可能要到今年年底或明年年初才能完全建成。

九龙湿地生态旅游文化产业园的建设，我来的时候才完成了一期工程，规划要搞三期，一期的面积有五六平方公里。整治的几个项目中也有公园，公园风景很好，最漂亮的就是萤火虫。我们2017年策划了一个以萤火虫为主题的公园项目，投资也不大，因为湿地还是以保护为主，在保护中开发推进，所以我们比较谨慎。

这几个项目的实际推进，包括我在挂职两地的联系，与宁波、丽水两地领导的高度重视、大力促进是分不开的。

后来，丽水市党政代表团于2018年11月来甬调研，胡海峰书记询问宁波能不能在几个项目中给予支持，时任宁波市委书记郑栅洁同志在会上表态会进行考虑，进行研究。

2018 年的 12 月底，宁波市市长亲自召开了专题会议，把这几个项目亲自定下来并进行推进，所以相对的这些牵头单位，如宁波杭州湾新区、宁波市财政局、宁波文旅集团、海港集团等也都非常重视。后来省里也是大力推进。这几个项目是实实在在的宁波跟丽水的市本级商业协作，也支撑了两地之间真正的山海协作。

高层互访和两地的人员交流也很必要。因为资金支持和项目支撑，对丽水经济社会的发展具有实实在在的促进作用。比如说，8 亿元的基金，宁波出了2 个亿，又撬动了 4 个亿的社会资本。

后来，宁波文旅集团开发了一个生态旅游文化产业园，也是帮助丽水的，促进了丽水的旅游资源开发。

最后要说说我们的团队。我们在那边有一个团队，我们会不定期地开会、组织活动。一开始也没完全分管山海协作这一块，从 2019 年 7 月起才实现统管，不单单是对宁波这一块的，也包括丽水对口地区。在我们整个推进过程当中，主要领导们都积极谋划，亲自推动，我们相关部门布局为主，积极发挥牵头作用，推进项目发展。

2020 年，我们聚焦顶层对接，深入调查研究，做好项目谋划，加强统筹协调，推动甬丽合作创佳绩，一年来共完成产业合作项目 28 个，实际到位资金 28 亿元，落实援建资金 2890 万元，实施援建项目 45 个，组织培训就业 3000 余人次。新签教育、医疗、卫生等领域合作协议 47 个，开展各类交流 200 余次，产业合作项目取得新突破，民生事业合作得到新拓展。

山水迢迢、情深义重，展望未来，我们将继续当好山海协作之间的桥梁和纽带，展现新时代干部开拓进取、奋发有为的精神风貌，共同谱写甬丽协作"山海和谐共鸣曲"。共同富裕路上，一个也不能掉队。浙江创新实施山海协作升级版，续写着推动共同富裕的崭新篇章！

爱心 篇

扶贫首先要扶心

口述者：储吉旺

采访人：陈 泼 梅庆生 詹 强

地 点：宁海县如意股份有限公司

时 间：2021 年 8 月 17 日

口述者简介：

储吉旺，1942 年 12 月出生，浙江宁海人，经济师，现任宁波如意股份有限公司董事长，全国优秀退伍军人，浙江省人大代表，全国慈善最高奖中华慈善奖获得者，是一位集企业家、作家、慈善家于一身的传奇人物。2019 年 7 月 26 日，被评为全国模范退役军人。

扶贫的三点感触

我认为，扶贫首先要扶心，心不扶好会适得其反。而扶心是什么意思呢？就是要了解贫困地区老百姓心里是怎么想的，所以"扶贫先扶心"这点很重要。

然后，扶贫一定要因地制宜，首先要搞清楚当地有什么特色资源。大自然是公平的，每个地方都有极具特色的宝贝。比如说新疆，新疆很多地方都是沙漠，但是沙漠底下有石油等宝贵资源，沙漠开发利用好了，也可以变成金山银山。所以能不能充分利用当地特色资源来扶贫，这一点非常重要。

最后，我认为要想做好扶贫工作，很重要的一点就是能把人留住，人，永远是第一要素。如果连当地老百姓都留不住，扶贫这件事就从根源上失去了意义。

所以说，我认为，要想做好扶贫工作，扶心、挖掘资源、留住人，这三个要素缺一不可。

第一次跟郑栅洁书记去贵州扶贫，我就发现那个地方其实非常好，同时我也发现了那里长期贫困的原因所在。抱着试试看的想法，我写了十条建议给郑书记。郑书记非常重视，觉得宁波市对口支援和区域合作局的同志们也应该到那里去实地调研一下。

首先讲一下我的直观感受。第一，为了招待我们，当地人烧的菜竟然都是宁波菜！我心想，多年的对口帮扶，他们已经养成了迎合宁波人口味的习惯，虽然他们这一做法体现了对我们宁波人的真心实意，但却无法展现当地的特色。

一进村子，我就发现了另一个问题——没人！我们下乡调研，看到的哪怕都是老人、孩子，那都还是有扶贫的动力和意义的，但我们去的村子，几乎看不到什么人，缺少了"人"这一关键要素，扶贫工作还怎么开展呢？

　　其实能看出来，这个村子的房屋都建得很漂亮，甚至比我们宁波这边的山区建得还好。只要上面还有一户人家，他不愿意下来，你就要给他通电、通路、通水。这一点，这个村子做得相当不错。

　　这时候迎面走来一位大姐，我就跟她开玩笑说："您是公务员吧？"她便笑着回答说自己没工作。我说："您很勇敢嘛，其他人都走了，您还能坚持留在村里。"试想，一个地区，如果不能很好地解决女性的就业问题，这个地区能全面脱贫吗？

　　一面之缘，我还真从那位大姐开始了我的帮扶历程。首先我对她说，你要有信心，这样才有动力把事情做好。然后我给她投入一定资金，并教她整合贵州当地特产等资源，并把附近的闲置劳动力尤其是妇女召集起来，用油毛毡搭起简易厂房，开始了妇女创业的征程。我的公司正好需要 1200 套工作服，我就把这"第一桶金"交给她带头去"开采"。事实证明，她们干得非常不错。现在，她的小工厂办得红红火火，原来被我戏称为"公务员"的农村妇女，现在可是远近闻名的脱贫带头人了。

　　这位大姐名叫李志彩，人聪明，又很勤奋，多次跑到我厂里来学习。李志彩开工作服加工厂，需要很多女工，女工来了，年轻的小伙子就留下来了。所以但凡有可能，如果能解决当地老百姓在家门口就业的问题，当地农村的很多其他问题就会迎刃而解。比如我看到一位老婆婆脚穿草鞋，手拿锄头，去田里劳作，我是真心想帮她买一台小型拖拉机。可是老婆婆的一番话提醒了我，她说："您别买，买了也没用，我一个老太婆，怎么能学会开拖拉机呢？"这是真心话，也是大实话，所以要想精准扶贫，全面脱贫，还得下大力气在当地办产业，留住劳动力，让老百姓能在自己的家乡勤劳致富，安居乐业。

　　还有的人家，房子建得很好，一走进去，看到的却是意想不到的情景。家里只剩老人和孩子，孩子们也没什么可玩的，甚至拽着猪尾巴乐得哈哈笑。这场面乍一看很好笑，但仔细那么一想，总觉得心里酸酸的，不是滋味。我问老人家，您家房子修得这么好，钱从哪里来啊？他说，家里儿子、儿媳、闺女都去江苏、广东、浙江等沿海地区打工赚钱了。而这样的情况在当地并不是个例。打工赚到钱了，漂亮房子建起来了，人却一年到头难得回来一趟，不要说陪伴老人、孩子，他们自己也很难享受到这宽房大院。长此以往，就造成了当地空心化，没有人，没有年轻人，缺乏劳动力，这脱贫从何谈起？

所以说，我们做脱贫工作，绝不能只停留在带点钱过去，搞一些浮于表面的"化妆品"工程。要真正深入下去，抓住人这一关键要素，扶贫才能找到真正的出路。

扶贫不是简单给点钱

说到开发利用好当地既有的资源，我深有感触。有一次，我们考察回来的路上，看到江边有一块很大的石碑，倒在地上。他们介绍说，这是当年贺龙元帅长征渡江的地方。我一听，这么好的地方，我一定要下车去看一下。这时就有人说："我们是来扶贫的，不是来旅游的，你去看这个，是不是有点不务正业了。"

我当时就对那些人讲，这倒在江边的是什么？是红色革命史啊！是我们伟大的革命精神啊！这么珍贵的革命丰碑，竟然倒在江边无人扶，那就让我去扶！放着这么优秀的文化基因不去传承，放着这么优良的革命传统不去发扬，一味盯着扶贫的表象，这是大大的资源浪费啊！

贵州风景秀美，尤其是双乳峰，景色可谓独一无二。我当时就在想，能不能搜集一下当地关于双乳峰的神话传说，借这些传统文化，打造一些亭台庙宇，吸引更多的游客前来一睹双乳峰的独特魅力。还有贺龙元帅长征渡江的地方，也值得好好推广宣传一番。游客看完山川景色，听完革命故事，还会品味当地特色美食。为满足游客流连于山水或是想好好放松身心的需求，我们还可以多建一些民宿旅店，让游客可以徜徉于山水之间，或小住或疗养。这条产业链如果打造出来了，无疑会给当地经济带来巨大突破。

当地的干部听完我一番话，面露难色，一问才知，他们担心当地的传说不够吸引人，故事不够精彩，搞不出什么名堂再浪费了资金和资源。我就说了，我们来扶贫，帮你们出资金，请人帮你们挖掘好故事，你们就去上海、杭州、宁波招商。靠什么招商？我们这里有美丽的山、美丽的水，还有美丽的神话传说。绿水青山就是金山银山，咱们守着这么多金山银山，还愁招不到商吗？

当地干部还是不放心，担心宣传做了，游客还是不愿意来。我就说，百闻不如一见，就让他们免费坐飞机，免费住酒店，只要第一批客人满意而归，他们就会成为我们的免费宣传员，这种良好的广告效应就体现出来了。

扶贫这件事，并不是我们去到当地，把一切事情都替他们做了，让他们坐享其成就万事大吉了。

当地有一位区委书记，他跟我说，当地想建一座文化礼堂，可是没有钱。说你们都是企业家，来都来了，不如捐点钱给我们，帮我们把礼堂建起来。我当时就有点生气，直言不讳，我们赚钱也是很辛苦的，您怎么能直接张口向我们要钱呢？你要有产业，有活干，才能真正赚到钱，才能真正解决问题。当地要做的，不是伸手要钱，而是伸手要活干。

前面提到的李志彩，在我们的引导下，已经做起了服装加工的产业。从给我的企业做1200套工作服起家，到现在已经发展得非常好了。像李志彩这样的思路，才能从根本上解决脱贫致富的问题。所以，我认为，要想办法向东部要活干，不要总想着向东部要钱，我们东部地区可以把项目拿到西部去让当地人做，然后西部的老百姓就可以通过勤劳工作，家家户户富起来。谁不爱自己的家乡啊，对不对？再也不用背井离乡去赚辛苦钱，我想这是大多数贵州老百姓的心愿。

所以说，观念的转变非常重要。西部地区从领导到百姓，一定要摆脱过去那种"等靠要"的思想，先想办法把工厂办起来，把企业办起来，就可以开展一些后续工作了。这是我两次到西部地区考察最深刻的体会。要想富，关键要稳住当地的人，只有老百姓的人心稳住了，在家门口有活干了，日子才有盼头。

做好山区文章

最后，我想说一说怎样做好山区文章。

在我们东部地区，到处都是高楼大厦，人挤人、人挨人，即使是一处小小的公园，大家都喜欢到那儿去锻炼身体，搞各种活动。而贵州本身就是一个天然的大公园，风光好、空气好、山水好，那么肯定会有很多人想去那里旅游。游客来了，当地经济就发展起来了。不论是文创旅游还是酒店民宿，我们东部地区都要想办法帮当地人突破传统，打开思路，文旅产业链一旦打造出来，必定势不可当。

我再举一个例子，我们宁海强蛟，当地养殖的对虾很有名，我们就把强蛟的对虾引到贵州去，养在高山上。对虾上山，这就是一个很大的突破呀！没有什么东西是不可以搞的，都可以尝试，关键得打开机会的大门。当地人克服了对虾养殖所需盐水、温度等种种困难，今年的对虾获得了大丰收。所以，只要肯登攀，对虾也能养上山。对虾都能上山，还有什么产业是不能尝试的呢？

个人认为，扶贫不能只给钱，重要的是向当地提供致富的机会，要扶他们的智慧、他们的理念，指给他们自我致富的门路。我是非常想帮助他们的，但是怎样启迪他们才是最重要的，扶贫先扶智。

同时还要想办法把人留住，人永远都是第一位的，没有人，一切都是空谈。要想办法多给当地创造就业机会，让他们有活干，有钱赚。如果单纯依靠劳动力输出，使当地村落空心化，人力资源过度外流，很难从根本上解决脱贫致富的难题。扶贫工作要设身处地、因地制宜，要抓住重点。

现在想来，我以一己之力投身扶贫工作，确实付出了一些心血，提供了一些资金支持，帮助一部分有志青年开启了崭新的人生道路。这一路走来，看了很多，听了很多，也思考颇多。如今祖国的脱贫攻坚战大获全胜，我个人的付出倒无足挂齿，只希望山村有未来，青壮年能够主动回乡创业，把美丽的乡村建设得更加美好，把大好河山展现给更多世人，让乡村振兴、共同富裕不再是梦！

"红领之家"的志愿扶贫故事

口述者：陈军浩

采访人：陈　泼　陈荣芳　崔宗军

地　点：宁波市北仑区农业农村局

时　间：2021年9月1日

口述者简介：

陈军浩，宁波市北仑区红领之家社会服务中心党支部书记、主任。曾荣获全国社区志愿者先进个人、全国最美志愿者、全国岗位学雷锋标兵、浙江省千名好支书、浙江省优秀党务工作者等荣誉，其负责的北仑区红领之家党员志愿服务项目成功获评全国志愿服务100个最佳服务项目。2018年7月，入选中国好人榜。

我叫陈军浩，是宁波市北仑区红领之家社会服务中心党支部书记。

日常生活中，想必大家对白领、蓝领的概念都已经比较熟悉了，那究竟什么是红领呢？我在这里给大家解释一下：所谓红领，就是党员、预备党员、入党积极分子等具有坚定的共产主义信仰、积极向党组织靠拢的一群人。而"红领之家"，指的就是"红领"们的根据地。

我们的"红领之家"现有志愿者1764名。其中，党员、预备党员、入党积极分子就有1253名，占70%多，是名副其实的主力军。

而我们平常开展的工作，有志愿服务，但更多的是社会服务。而我想给大家分享的，主要是我们开展的三个特色项目：红色基因关怀项目、红色种子培育项目、红色组织孵化项目。

红色基因关怀，呵护祖国下一代

红色基因关怀项目，其实就是孩子们之间的结对项目。我们这个项目跟之前的结对子还不大一样。之前的结对子，可能是城里的爱心人士到农村去，给贫困孩子一些经济支持。而我们的结对，则要求宁波这边参与的人士必须有适龄的小孩子，两边的孩子们要经常互动交流，互相帮助，互相促进，共同提高。

我们区里的丁主任，为参加这个活动，还特意找到我们要求"走后门"。他说，自家孙女正在上学，很需要一个这样的机会，能够参与到帮助山里小伙伴的活动中。后来的事实表明，两个小家伙无论是写作业，还是平常玩耍，经常交流沟通，两个孩子在学习等方面都有了明显进步。更重要的是，咱们这边的孩子学会了爱和给予，被帮助的孩子更是懂得了感恩，这正是我们最想看到的结果。

除了孩子们之间的交流，我们还有很重要的一项举措，那就是两地志愿者之间的协同努力。我们在当地发展了不少志愿者，很多都是在校老师。这样，当我们不在孩子们身边的时候，他们不管在学业上遇到了什么困难，都可以及时向身边的老师请教。

除了学习，当地志愿者还可以更及时地了解孩子们的思想动态，给予他们爱的鼓励，鼓励他们勤奋学习，有朝一日走出大山，去看看外面更广阔的天地。今天给孩子们心中播撒一粒希望的种子，明天，我们可能就会为国家培养更多有用人才。

现在已经有 44 个孩子参与到了结对帮扶中，而且还有上升趋势。只要这些被帮助的孩子积极主动学习，帮助他们的人会一直把这份爱心贡献下去。红色基因，也必将在下一代人身上，融进血液，汇入灵魂，开出更绚烂的花朵。

红色种子培育，项目思想齐落地

说起红色种子培育项目，必须夸奖一下我们的驻村第一书记。他是一个既有担当又有智慧的人。

一开始我们去调研，当地的负责人还是跟往常一样，把我们领到最困难的五保户家里，让我们看到当地最贫困的一面，而后争取一些物资的捐助。

但是我们跟负责人明确说了，这次调研，我们要找的是有意愿、有志气、能做事、做成事的人，是有能力先富然后带动后富的人。这样一解释，驻村第一书记就明白了，这个项目得以马上启动。

通过调研，我们决定从鸡、鸭、猪等养殖项目入手。启动资金和技术支持由我们负责，但参与的农户也要投入一部分，否则他们就可能觉得，这不是他们自己的事情，就没那么上心。

多年的经验告诉我们，扶贫工作，要真正扶起来、立得住，就必须避免"大水漫灌"，需要细水长流去指导当地村民做项目。就拿养鸡产业来说，买鸡苗的钱、买饲料的钱，我们都分批次拨付到村里，由村里统一管理。养殖户要实报实销，不能一次性给大笔的钱，这样他们容易产生"等靠要"思想，参与的积极性就会大大降低。

鸡养成后，销路我们也替养殖户想好了。他们靠自己的力量确实很难销售，我们可以回购，这样的农副产品在我们宁波这边销路还是非常好的。

就这样，先从一小部分有头脑、有干劲的带头人开始，我们想方设法培育了不少"红色种子"。再加上驻村第一书记的全程参与、多方协调，这种机制运行良好。后来我们又推广了养猪、养鸭等类似的产业，效果都比较好。

通过这一系列项目，我也深深感到，驻村第一书记有魄力、有智慧、有担当，真是当地老百姓的福气。他们的存在，是实现共同富裕的必要条件，同时也是乡村振兴的核心力量。

红色组织孵化，产业精神都留下

脱贫致富，一个都不能少。而在我们对口的地区，还有不少因病致贫、因残致贫的村民。长年累月的贫困折磨，导致他们时常抱怨，政府作为不够，上级扶持不到位，却很少从自身找问题，去思考能通过自身努力改变什么。

可是，扶贫先扶志，扶贫必扶智。如果不改变之前那种送点东西给点钱的模式，这些特殊群体就很难从根儿上实现脱贫。于是我们精心挑选了一些技术要求低、劳动强度小、易上手、好掌握的项目，鼓励残疾人等加入自力更生、实干脱贫的行动中。

结合当地气候等自然条件的特点，我们首选的项目就是黑木耳种植。除了启动资金，我们还配套远程的技术指导。这样当地百姓上手就很快了。从菌带的种植到按时定量浇水，从做好菌带防晒到合理采摘，每个步骤他们都做得非常仔细。因为这是他们辛苦付出得到的劳动成果，所以大家都格外珍惜。考虑到木耳在当地的需求量比较小，我们还突破性地采用直播带货的方式，帮他们把产品销售出去。

就这样，第一年，我们每户给了 4000 元启动资金，当年他们的收入到了 10000 元，净赚 6000 元。这对他们来说是一个很大的突破。我们也不忘鼓励加提醒，一定要把这个钱留好，来年继续扩大规模搞生产。搞得好了，扩大规模时，我们还会继续投钱。这样一来，鼓起来的不只是贫困户的钱袋子，还有他们靠自己的勤劳和双手改变命运的勇气。这种从"等靠要"到"靠自己"的观念的转变，才是我们最想留给帮扶对象的。

去年，我们这边疫情严重的时候，那里其实还比较乐观。当时，有一位我们帮助过的残疾人联系我，坚持要给我们捐钱。钱不多，只有1000元，但是我们都非常感动。这是一种从外到内的转变。这些过惯了穷苦日子、习惯了整天抱怨的人，正在我们的引导帮助下，靠自己摆脱困境，并开始以自己的方式回馈社会，表达感恩，这是多么的难能可贵！

目前，我们孵化的红色组织，有针对残疾人的自强协会，有发展产业的还魂草种植养殖协会，还有旨在提升当地干部领导水平的驻村第一书记协会等。

我们鼓励驻村第一书记做直播带货，甚至请一线当红明星参与进来，一起直播卖货。为此，我们还专门给驻村第一书记配齐了各种直播设备，带去做直播的专业课程，手把手地教。这位驻村第一书记自己也非常拼，上手很快，效果很好。

红色组织的孵化，给当地人们的思想、观念、认知等诸多方面，都带去了很大改变。我们还有"红星三结对"，即书记跟书记结对，党员跟党员结对，志愿者跟志愿者结对。通过这样的方式，实现直接交流，效率非常高，效果也很好。通过这一系列实践，我们把产业兴建起来，同时还把精神传播出去。未来搞乡村振兴、共同富裕，这些都是很好的基础和起点。

除了这些比较成功的例子，失败的教训也是有的。比如有一次，我们组织了一次大培训，想把对口地区的劳动力组织起来，输送到宁波。一开始，报名的有100多人。培训结束，真正愿意到沿海地区务工的，只有26人。半年之后，剩下四五个。一年之后，全回老家了。这件事让我们开始反思，扶贫这件事，必须因地制宜，切忌拍脑袋做决定。像这样缺乏调研论证，没有考虑实际生活环境差异的扶贫路子，注定是走不通的。

古人说，授人以鱼不如授人以渔。扶贫正是这个道理。我们送产业，送技术，送资金，都是为了真正把脱贫致富的真本事留给当地人，实现脱贫攻坚成果可持续。而我本人参与志愿服务这么多年，更是深刻认识到，社会组织需要志愿，需要专业，更需要情怀。小而精的组织力量，往往可以更灵活、更有针对性地帮助目标人群，更高效地完成帮扶工作。

如今，脱贫攻坚战已经打赢，乡村振兴正蓬勃发展。我们"红领之家"必将继续发光发热，传递正能量，在帮助他人的同时，实现自我价值，为更美好的未来，为更和谐的社会，贡献自身的一份力量！

我和"大白"的故事

口述者：陈淑芳

采访人：陈　泼　严　佳　沈信丞

地　点：宁波市农业科学研究院

时　间：2021 年 10 月 18 日

口述者简介：

陈淑芳，扬州大学博士毕业，现任宁波市农业科学研究院畜禽研究所副所长，长期在一线研究畜禽疫病防控和高效养殖技术，用科技帮助养殖户走上共同富裕的道路，先后获得全国十佳兽医、全国五一劳动奖章、全国三八红旗手、全国道德模范、全国人民满意的公务员、全国先进工作者等荣誉，曾四次受到习近平总书记亲切接见。

我叫陈淑芳，在宁波市农科院工作，原来是象山县畜牧兽医总站站长，多年来带领团队一边研究技术，一边推广白鹅参与精准扶贫、乡村振兴和共同富裕。数年来，我一直都在做一件事，那就是研究咱们象山大白鹅。时间久了，大白鹅便成了我的好朋友，怎么看怎么爱，连它走路一摇一摆的样子，在我眼里都跟一位翩翩君子似的。

除了憨态可掬的外表，大白鹅可谓浑身是宝。这几年国家提出脱贫攻坚计划，象山大白鹅更是作为优秀产业代表，被我们推广到全国许多省份，为众多贫困户脱贫致富贡献了一份不可或缺的力量。而我，作为潜心研究大白鹅的技术人员，看着白鹅像友好使者一样，在山南海北安家落户，心里别提多高兴了。现在，就让我与大家分享几个在扶贫路上我和大白鹅之间发生的故事吧。

浙江本土先受益，白鹅落户百姓家

我们浙江有不少小岛，岛上居民以打鱼为生。但是有的家庭，男主人因海难去世，抛下一个女人拉扯孩子并照顾老人，日子过得相当不易。所以从2014年国家倡导精准扶贫开始，我们首先摸排出了这一部分人，引导他们开始白鹅养殖。

我们象山大白鹅的产业链是非常完整的，从种鹅饲养到鹅蛋孵化，再到肉鹅饲养、屠宰加工，非常成熟。因此，我们就依托这条产业链，从几户人家开始试点，教他们养殖大白鹅。

一开始，我们也没什么经验，就一户一户地帮扶。一段时间之后，我们发现，这样的模式效率太低了，于是就划定一片区域建起鹅厂，五六户为一组，一次上鹅苗 1 万只，让他们共同参与到养殖工作中来。事实证明，这样的模式高效多了，我们的精力也更集中了。仅 2014—2016 年，我们就在象山建立了 24 个基地。其中有 43 户人家，从原来的几乎零收入，变成年收入超过 20 万元。白鹅养殖，使得这部分绝对贫困人员，顺顺利利脱了贫。

我们作为扶贫人员，也尝到了甜头，便下决心将这种模式推广出去。于是，在山海协作方面，我们在省内帮扶了仙居、嵊州、兰溪、丽水几个地方，效果都是非常不错的。

有一次在北京开会，仙居县的一位驻村第一书记找到我，讲了自己的困惑。他说在他们辖区内，有一个比较大的村子，居然有 90 多户人家都属于因残致贫的情况。可是他的任期马上结束了，老百姓都挽留他，他也非常想为这 90 多户特殊的村民，为当地老百姓，再多做点实事，留下一些可持续的产业，这样他才比较安心。

我听完之后就建议他，把我们的象山大白鹅引过去，把这部分人"扶起来"。

开会回来，说干就干。我们俩分头行动，他负责回去找适合的地，我负责把有意向养鹅的农户集中起来，进行前期培训。从当年 10 月北京开会，到第二年 4 月鹅厂建成，我们只用了半年时间。

我们把孵出来的小鹅送到仙居去养殖，于是你就可以看到这样一幅美好的画面：在一棵棵杨梅树下，放养着成群的大白鹅。它们或走或卧，或驻足呆立，憨态可掬，真有点"鹅梅相伴"的意思。

我一有空就跑去看白鹅，并对养殖户进行培训，通过线上线下的培训，养殖户们"照顾"大白鹅的水平都有了明显提高。我们的大白鹅也为当地贫困户带去了非常可观的收益，这项产业试验成功。

大白鹅去嵊州，起因是我在省里开会时结识了一位当地政协委员。他告诉我，他们那儿很多稻田收割后闲置在那里，问我那样的地方适不适合养鹅。我说当然没问题，而且还是非常好的组合呢！5 月到 10 月，把白鹅养在田里，粪便直接排到地上，既堆了肥，白鹅还吃掉了杂草。等到再种水稻时，土壤肥沃了，连除草的功夫都省了，一举两得。

我们的大白鹅生长期比较短，只要 70 天左右就可以长到 8 斤多。这么短的时间，养殖户获得的收益还是非常可观的。有位负责人就跑来对我说："既然养鹅这么赚钱，我还种什么水稻呀，干脆专门养鹅算了。"我很严肃地对他说："不要忘了，种粮食才是你的主业，养鹅只是辅助增加收入，因为我们国家的粮食安全还是需要高度重视的。"

我们的象山大白鹅，既聪明，又听话，像极了可爱的小孩子。别看每一批养殖的数量庞大，它们一早被放出去，等傍晚吃饱了，你只需喊一声"回家啦"，它们就像能听懂似地乖乖排着队回来。浙江经常遭遇台风侵袭，大白鹅还具备天然抗台风的本领。台风要来了，它们会抬头看天，判断这大风大雨会不会对它们造成威胁，并且它们不会像鸡、鸭那样由于恐慌而造成踩踏，这也是大白鹅的长处之一。

就这样，象山大白鹅成了浙江省内山海协作定点帮扶的"致富明星"，越来越多的人养殖它，喜爱它，我对此欣喜万分。

白鹅遍布十三省，悄然催开致富花

除了本地养殖，象山大白鹅还作为首选产业，成为对口支援的使者，被带到了吉林延边、四川凉山等地，让当地的贫困老百姓发了"鹅财"。

经过考察，我们决定在吉林延边养殖种鹅，把产的鹅蛋空运回象山孵化。但是延边跟象山的气候条件截然不同，延边的冬天，最低气温能达到 -30℃，我们的鹅能不能经受住严寒的考验，还真是个大问题。

为此，我们进行了一系列实验，甚至在 -18℃ 的冰箱里实验。鹅本身自带"羽绒服"，比较耐寒。我们还特意挑选羽绒厚实、肚大溜圆的白鹅，送到延边去，它们在那边适应得相当不错。

除了常规养殖，我们还在延边发展反季节鹅。要知道，由于夏天温度过高，大白鹅在我们这儿是不下蛋的。但是延边夏季气候凉爽，大白鹅仍然可以产蛋。这样一来，反季节养殖弥补了之前夏季鹅苗的短缺，并且价格上大有优势，象山大白鹅在东北找到了新家，开始融入当地。

有一次，我们的鹅蛋宝宝，还和我一起经历了台风"烟花"的考验。

那是 2020 年的夏天，台风"烟花"登陆浙江。刚好有一批 3 万只鹅蛋已经启程，准备空运往象山。由于当时天气实在太恶劣了，鹅蛋乘坐的飞机降落在了山东烟台。我当时在黑龙江培训，接到电话后马上买机票飞到了烟台。到了烟台，我赶紧联系了货车，将鹅蛋小心装车，亲自跟车，押运这批宝贵的鹅蛋宝宝回宁波。但是"烟花"已经北移，恰好波及山东半岛。我们的车一路南下一路遭遇暴风雨，视线极差，而且高速公路也是封一段通一段。就这样，走走停停，几经辗转，终于把这 3 万枚鹅蛋顺利接回了象山。要知道，当时一只小鹅苗的售价是 37 元，这 3 万枚鹅蛋得以顺利抵达，为养殖户和对口企业挽回了不少损失。

一项产业，从落地到实现可持续发展，单纯依靠异地帮扶是远远不够的，必须在当地发掘带头人，先富带动后富，最终实现共同富裕。在海南，我们就找到了这么一位小伙儿。

当年他只有 26 岁，我们找到他，向他承诺，技术、销售、经验，都由我们负责，他只需干出个样子，带动更多的人参与进来。这位小伙子也确实不错，踏实肯干。我们把鹅苗发到机场，他负责把鹅苗运走，分发给养殖户，并且提供饲料。一开始，鹅苗的钱和饲料钱都是垫付的，等鹅长成卖了钱，再把垫付的钱扣除，极大减轻了养殖户的负担，他们的积极性也提高了。当时一只鹅有 20 元的纯利，一次养殖 1000 只的话，70 天下来，就可以获得 2 万元收入，脱贫的目标一下子就实现了。

后来我们又把白鹅送到了四川，在那里同样收效良好。象山白鹅养殖，不仅让当地老百姓鼓起了腰包，在我们朝夕相处的日子里，当地的生活习惯和观念也发生了改变。可见扶贫不是单纯教老百姓如何赚钱，扶贫还是学习，是交流，是熏陶，是融合。

且待白鹅出新品，前进路上唱新歌

如今，象山大白鹅已经具备国家地理标志，发展到全国各地有需要的、适合养殖的地方。它们白白胖胖的可爱模样，也成为我们浙江扶贫的一大代表性标志，为众多对口地区所熟识和认可。

而我作为研究象山大白鹅的科研工作者，除了帮助贫困地区百姓脱贫致富，还有更深层次的考量，那就是怎样才能把我们的白鹅产业做大做强。要知道，即使是非常优秀的品种，在实际养殖过程中，因为一些条件的限制，也需要定期优中选优，末位淘汰。所以我的想法是，做好更优质大白鹅的育种工作，为白鹅养殖提供源源不断的可能性。

但是，动物新品种的选育不同于植物，它的周期更长，难度更大，需要更多的耐心和毅力。对此，我是很有信心的，一想到大白鹅那可爱的样子，我就会不自觉地嘴角上扬。这么多年，大白鹅不仅是一种家禽，它更是一份事业，一个有灵性的可爱动物，一个地区的符号。

就拿我们开发的白鹅菜品来说，全鹅宴上，你就会发现，白鹅真的全身都是宝。鹅掌口感Q弹，胶原蛋白丰富，深受人们喜爱，我给它取名为"脚踏实地"；鹅肠搭配相应的配菜，十分美味，我叫它"牵肠挂肚"；鹅肝和鹅心一起烹饪，就得到了一道甜蜜温馨的菜，叫作"心肝宝贝"，这道菜尤其受小情侣们的欢迎。可见一件事情，带不带感情去做，其结果是截然不同的。大白鹅已经成为我生命的一部分，让我爱得格外深沉。

现在，我在写一本很有意思的书，名字叫作《鹅的一生》，主要想记录这么多年以来，自己与大白鹅的不解之缘，同时想向大众做个科普，讲述关于象山大白鹅的可可爱爱的小细节，比如鹅声鹅语，比如鹅对伴侣的忠贞，比如鹅闲庭信步的悠然模样，我都期待被更多的人看到和了解。养鹅我是认真的，养鹅我也是情怀满满的。

脱贫攻坚战胜利以后，我们扶贫干部撤回来了，但我们象山大白鹅却作为友谊的象征、致富的法宝，留在了山水田园间，继续发挥着帮助百姓脱贫、促进乡村振兴的重要作用。而我个人，因为带着白鹅去各地扶贫，也很荣幸地被评为"人民满意的公务员"，为此我干劲更足了，信心也更强了。我相信，我们的大白鹅聪明、听话、抗病，一定可以四海为家，造福百姓；而我，也必将继续与白鹅为伴，且行且求索，情远而意长！

爱心公益这件事，我做了 25 年

口述者：龚学明

采访人：陈　泼　陈荣芳　胡龙玉

地　点：慈溪市农业农村局

时　间：2021 年 8 月 27 日

口述者简介：

龚学明，慈溪市蓝天下爱心工作室负责人。

我叫龚学明，主业是工程项目管理，但却把教育扶贫、资助贫困学生这件事坚持做了 25 年。25 年来，通过我和我发起的爱心组织的共同努力，受到资助的学生超过 9000 人，能够统计到的爱心资金超过 3000 万元。

我做贫困学生资助 25 年，经历了山高水远、只通书信的初始阶段，也经历过生活不便、饮食不适的实际困难。既有过千里迢迢、支教上门的咬牙坚持，也得到了众人响应、星火燎原的社会支援。

9000 多个日日夜夜，我心系远方深受贫困折磨的孩子们，经常夜不能寐；贵州、云南、青海、江西，许多省份的贫困地区，都留下了我家访的足迹，我也因此掌握了第一手的贫困学生资料，让爱心人士充分信任我们，我们也把这件好事，做得更踏实，更坦然，更有底气。

今天，沿着时间的轴线，回忆一番自己的资助史，希望更多的爱心人士加入进来，更希望我们的祖国越来越强大，贫困学生越来越少。正如 1998 年那会儿，我起意做这个爱心组织之初，提出了一句口号："为了同在一片蓝天下却享受不到阳光温暖的孩子们，让我们携手共进！"

小爱心需大信任，搭起桥梁解忧困

1996 年，我开始第一次"真实"资助。为什么说是"真实"资助呢？因为那个年代，交通、通信都不发达，有能力的爱心人士想伸出援手，资助一些贫困生，除了通过青少年基金会这样的组织，别无他法。而这样的方式，看不见摸不着，很难了解受助学生的真实情况，因而很多人是有疑虑的：我的钱交给基金会，最终发给了谁？去了哪儿？这是个问题。

我当时也有这种困惑。所以，一次偶然的机会，我在与浙江龙泉的一个朋友闲聊间了解到，在他的老家龙泉，有很多特别贫困的学生，急需社会帮助。

于是我让他回去之后帮我收集一些贫困学生的资料，我本人则选取了两名学生，开始了第一次"真实"的教育帮扶。

因为需要帮助的孩子太多，我个人能力有限，必须发动更多的人参与进来。为了赢得爱心人士的信任，我当时的思路是，先凭一己之力做出点名堂，资助 100 个学生，做出口碑，用实际成果取得爱心人士的支持与信任。

巧合的是，我的小目标还没达到，有位报社记者就了解到了我的事迹。通过采访，他深受感动，就把这条新闻线索反映给了咱们当地的报社。本地报社找到我，我就如实说了自己的打算——先资助 100 名学生，取得公众的信任，而后再考虑建立组织，系统开展爱心援助。

这位记者被我的执着深深打动。他说："你不用非得资助到 100 人，现在我就可以头版头条对你的事迹进行报道，爱心资助，媒体宣传义不容辞。"

所以我凭借当时已资助 44 名贫困生的基础，开始正式发起这一爱心组织，旨在收集贫困学生资料，发布给社会上的爱心人士，在他们之间建立起一座互信互助的桥梁，让爱心人士的捐助有的放矢，将社会关怀送到最需要的地方去。

这一组织后来正式注册，名为"蓝天下"，成为广大社会人士奉献爱心的平台。

说起教育扶贫、爱心资助，我个人觉得，最困难的环节在于收集学生资料。只有资料真实，我们才算真正对爱心人士负责，但这一过程真的是充满挑战，而我们看到的贫困家庭也各有辛酸与苦难。

记得有一次，我到贵州山区走访。其实每确定一个受助区域，我都会跑去做家访。我那次去的人家，有兄弟 3 人，他们的父亲因病去世，母亲改嫁，这 3 个孩子就相依为命。老大辍学，去南方打工；老二、老三留守，勉强继续读书。

到了他们家，我平生第一次亲身体会到什么叫家徒四壁。这户人家总共有一间半房子，最外间是厨房，做饭用，再往里是吃饭的地方，最里面有一扇门，我猜可能是睡觉的地方。出于好奇，我推开了那扇门，却被眼前的景象吓了一大跳！十几只老鼠四散而逃，跳过堆在地上的稻谷，瞬间不见了！

彼时情景，使我待在原地半天动弹不得。我在想，老鼠这样放肆，这稻谷还能吃吗？一经询问才知道，这两兄弟上学的时候在学校吃饭，放假了就吃住在大伯家。我这才明白，为什么整个屋子里连张床都没有。

这两兄弟还很热情地要给我做饭吃，但是他们的炊具看起来像是好几年没洗，还是婉言谢绝了。当地人虽然普遍贫困，却都纯朴热情。我为了能尽快适应走访生活，也是煞费苦心地改变生活习惯。

类似的经历还有很多，许多家访故事，现在回想起来都是笑中带泪的，但于资助贫困生这件事来说，又是必不可少的。通过亲身去到学生家里，我见识了不同地区的不同贫困，不同贫困程度下的不同学生，真的是各有各的煎熬和不易。而通过一家一家走访、一户一户调研，我们拿到了贫困学生的一手资料，就更有底气去发动爱心人士放心捐助。我们在贫困学生和爱心人士之间构建起一座桥梁，将两股力量连接起来，并且持续了这么多年。

所以说，信任是基础，爱心是动力，各界人士的支持，则是我坚持下去的勇气。

资助支教齐上阵，各地遍开援助花

贵州的资助有一定的基础之后，我就考虑，可不可以丰富一下形式，做一些暑期支教之类的活动，以更多元的形式，做好教育扶贫这件事。

所以我就发动有意向的人士开启了这项计划。我个人因为学历不够，不能亲自参与到支教活动中去。但我可以通过熟识的参与者，去贫困深处，发现更多需要帮助的孩子。

记得那一年，我们派到贵州的一名黑龙江小伙子，支教没多久，就寄给我很多贫困学生的资料。我一翻看，发现那边的贫困程度简直让人触目惊心，于是就在回信时顺带给他寄了1000块钱，让他顺便帮我资助2名学生。但他后来告诉我，他实在没办法，把这笔钱全发下去了，总共资助了9名学生。

他这样一说我就猜到了，那边肯定特别贫困，需要帮助的孩子数量肯定很多。后来他又给了我40多个孩子的贫困资料，我就在浙江这边寻找爱心人士伸出援手，总算解决了一部分困难。

还有一次，一位爱心人士找到我，说他家孩子就读于杭州外国语学校，他的孩子以及同学们，非常想在暑假去贫困地区支教。

我当时难以置信，一帮读高中的小孩，自己还照顾不好，还想去支教？于是我特意去了一趟杭州外国语学校，见一下这帮热血少年。见了后发现，这帮孩子非常独立，也有自己的想法，于是我就带着他们去了，去到贵州大山深处。到了那里，安顿好他们，我就返回了。后来学校的校长告诉我，没过几天，这些孩子就问在哪里洗澡。当地人常年都不怎么洗澡的，也不具备洗澡、淋浴的条件，这一状况可算折磨坏了这群少年。

还有一个孩子们特别接受不了的，那就是如厕问题。学校里的厕所都是旱厕，比露天的略好，但是与城里的相比，肯定没法比。有一个男生，跑进厕所后立马跑了出来，抱着脑袋痛苦地摇头，半天说不出话来。

因此，支教这件事是非常锻炼人的，同时也给当地学校、学生带去了实实在在的帮助和改变。多年前，我们去贵州省某个县，整个县只有 2 台电脑，并且不通网络。我再去时就给他们带了 6 台当时比较先进的"486"电脑，好多学校都来"抢"电脑，那个场面，我们作为捐助人也非常受触动，觉得自己能把爱心送到最需要的地方去，再苦再难都值得。

近年来，尤其是 2018 年以来，国家层面出台政策，打响了脱贫攻坚战。许多重度贫困地区被纳入脱贫攻坚范围，点对点帮扶，一对一救助，我们的工作也因此得以更好地开展，成效也更显著了。经过这么多年国家和各个爱心组织的共同努力，越来越多的孩子得以安心上学，快快乐乐接受教育，并且获得走出大山的机会，我作为"蓝天下"的发起人，倍感欣慰。

与时俱进解难题，脚踏实地做公益

除了持续多年的资金捐助，我们还通过多种多样的方式，帮助远方那些需要关爱的孩子。

通过实地调研，我们发现，有的学校不要说食堂，孩子们连吃饭的地方都没有。于是我们就从"小餐桌"工程做起，先给这样的学校配齐餐桌，保障孩子们有地方就餐，再想办法帮学校建起食堂，让孩子们在学校能吃上一口热乎饭。

前几年，当地校长、老师向我们反映，孩子们缺少过冬的棉衣，问我们能不能组织捐赠一批。我们就立马着手安排，正好宁波这边有捐助条件，很多衣服只穿了一季，就因为款式过时或者尺码小了，只能闲置。我们就组织爱心家庭把这些棉衣捐到我们这儿，由我们统一打包，发往需要的地方。

这个冬衣捐赠活动，既帮助了贫困地区的孩子，又避免了宁波这边的资源浪费。最多的一年，我们共计捐赠棉衣 20 多万件，光邮寄的费用就花了好几万元。但是，当我们想到远方的学生因为我们的举手之劳而免受寒冷，我们自己心里也感觉暖烘烘的。

后来，因为国家加大扶贫力度，很多曾经接受我们冬衣捐赠的地区，生活条件也改善了不少，当地有老师反映，说他们不再需要这项捐赠了。我们倍感欣喜，这是一个多么可喜可贺的事情，需要我们帮助的孩子越少，说明我们的国家越富裕，贫困正被富足取代，我们建立爱心组织的初衷，也正在一步步实现。

25 年了，从最初我个人资助一两个学生，到后来越来越多爱心人士加入，资助成百上千个学生，我们的"蓝天下"越来越强大，也越来越高效。做教育援助、贫困资助这么多年，我深刻认识到，只有脚踏实地，诚信待人，才能受到更多的认可和信任，也才能聚集起更广泛的爱心力量，让星星之火燎遍原野。

25 年来，感谢家人的理解支持，我才可以将大部分收入投入爱心公益事业，发光发热；25 年来，感谢社会各界爱心人士的信任参与，我们的孩子们才可以同处蓝天下，共享教育公平。

未来的日子里，我想我会继续我的爱心事业，发现需要帮助的人，贡献一己之力，将社会大家庭的关心关爱，送到最需要的孩子们手中！

企业有担当，乡村有希望，国家有未来

口述者：袁永君

采访人：陈 泼 严 佳 沈信丞

地　点：万洋集团浙东区域公司

时　间：2021 年 11 月 15 日

口述者简介：

袁永君，万洋集团浙东区域公司副总裁，全国脱贫攻坚先进个人。

我叫袁永君，1983 年出生于浙江宁波。大学毕业后，我先后在多家企业从事管理工作，也曾有一段 10 余年的创业史。2017 年 9 月，我有幸加入万洋，担任集团公司副总裁，从此开启了推广"万洋模式"、与企业共进退、深度参与产业扶贫的征程。

万洋集团总部设在温州，是一家制造业集聚平台运营商，同时也是一家中小企业集群服务商，拥有投资开发、建设施工、产业招商、园区运营和金融服务等完整的园区产业链体系，下设万洋众创城、万洋建设、万洋智慧运营、万洋金融四大业务板块。其中，万洋众创城按照"产业集聚、产城融合、资源共享、产融互动"模式运营，是一个专门为中小企业提供全方位服务的平台。

大家都知道，宁波的制造业全国闻名，我就想在宁波做一个万洋众创城，为当地中小规模制造企业提供配套服务。2018 年 6 月，我在宁波筹建的首个工业小微企业园区项目——慈溪掌起万洋众创城开工建设。项目总用地 105 亩，总投资 6 亿元人民币，建筑总面积 23 万平方米，招商引进了 160 余家企业，以中小微规模的小五金、小家电行业企业为主，交付投产后，产业升级转型增效明显。

此后的一年多时间里，"万洋模式"在宁波地区发展势头良好，产业集聚效应明显，上下游企业虹吸效果显著。这一可喜态势得到了宁波当地政府的关注和认可，我们作为企业人，干劲更足了。后来我们有幸参与到扶贫事业中去，我个人既觉得荣幸又感慨万分，觉得身逢盛世，能为国家分忧，是企业和个人的无上光荣。

排除万难终落户，安龙有了众创城

"万洋模式"在宁波的成功推广，引起了宁波市政府的高度重视。恰逢国家脱贫攻坚的关键时期，我们集团就积极响应宁波市委市政府的号召，带着为精准扶贫贡献一己之力的热情和决心，随政府部门一起，远赴贵州省黔西南州安龙县进行实地考察，为"万洋模式"和贵州优势寻找一处结合点。

去之前，我对安龙这个地方一点都不了解，只是通过网上搜索了解了一些基本情况，这个县位于贵州、广西交界处，历史悠久，村落众多，生活着布依族、苗族、土家族等众多少数民族，少数民族人口几乎占了总人口的一半。而安龙在历史上还有一个名字，叫"夜郎"，也就是成语"夜郎自大"中的"夜郎"，这一点让我对这个地方产生了浓厚的兴趣。[①]

我们做企业的人都知道，纸上谈兵远比不过实地调研，要想知道产业是不是能在一个地方水土相服，必须经过多方调研论证。我们的调研结果显示，这个县工商业相对落后，缺少龙头企业引领，抗风险能力也比较差。而筹划一个高标准产业园，引入规模以上的中小型工业企业，吸纳就业，提高利税，是助力安龙脱贫致富的关键，也正好是我们万洋集团的优势所在。

有了这样的初步构想，我心中产生了一个大胆的设想：在安龙做一个制造业高质量承接平台，既能发挥万洋优势，招引优质企业入驻，同时也能解决当地老百姓在家门口就业的问题，实现增收脱贫。我把这一想法向政府部门和集团作了汇报，三方意见非常统一，于是我们就马不停蹄开始了筹建工作。

慈溪市委市政府给我们提供了众多便利条件，安龙县更是在用地、用电等众多基建方面给予了最大限度的政策倾斜。而我作为集团代表和项目主要负责人，常常在宁波和安龙之间往来奔忙，既要兼顾基建的进程，还要把关招商企业的质量，忙得不亦乐乎。

项目建设进入关键期时，2020 年初，新冠肺炎疫情暴发了。我当时真的是人在家中坐，火在心里烧，急得像热锅上的蚂蚁。我强迫自己冷静下来，大家都盼着这项工程能够如约完成，我作为负责人，绝对不能自乱阵脚，关键时候必须稳得住、做得了决断。

于是，我开始了对安龙项目的远程指挥模式。除了加派人手，无缝衔接监工，

---

① 据《兴义府志》《安龙县志》记载，春秋战国至秦汉时期，今安龙县境属古夜郎国境地。——编者按

还经常电话、视频检查工程进度，指挥安龙的具体施工。疫情并没有阻挡工程推进的脚步，我们争分夺秒，从2019年4月签约到最终投入使用，我们通过政府、企业、民间各方力量联动，实现了"万洋模式"下的"万洋速度"。

这座慈溪·安龙万洋众创城，成了安龙县一道亮丽的风景线，参与的各方都翘首以盼，希望它能在后续的实际运营中表现非凡。

优质企业进园区，创收就业两不误

万洋集团在各地的成功经验表明，一个园区成功运营，只靠先进的硬件设施是远远不够的，关键还要多招商，招好商。而到底什么样的企业适合引入安龙的众创城发展，安龙有哪些优势条件能够吸引优质企业前来，成了我们需要努力做好的第二步。

为使园区一经落成就有企业入驻，我在监工基建的同时，还抓紧时间接洽企业，做好区域推介工作。我们万洋集团一直秉承的理念是"让企业有个家，我们才是企业家"。那段时间，我亲自上阵，组织项目接洽会10余场，接待来自浙江、江苏、安徽等省份的考察团200余批次。很多优秀的企业被我们的用心打动，决定进驻园区，共同为安龙的美好明天出一份力。

贵州福联包装科技有限公司，是早入驻园区的企业之一，主要从事各类包装纸箱的生产，其产品不仅满足了当地农副产品的包装升级需求，还通过便捷的物流通道发往全国各地，该企业提供了不少就业机会。

从慈溪引入的佰莱克斯公司，是一家专业生产拖鞋的企业，因为产品样式新颖，品类齐全，因而销量很好，需要大量的工人。这家公司建成投产后，曾有工人高兴地对我说："多亏你们把厂子建到我们家门口了，我才能每个月有4000多块的收入，还不耽误照顾老人、孩子。听别的工友说，熟练工一个月能拿到6000多块呢，我一定要更加努力，争取早日成为一名熟练工！"

在园区内，像这样的企业还有很多，仅仅是一期工程，我们就成功安置了400多名贫困人员实现家门口就业，圆了他们的脱贫增收梦。这样的成果，跟在浙江本土做众创城还是有些不一样的。在贵州，在安龙，我体会到了作为企业人对社会有所回报时的别样的成就感。看到当地老百姓从农民变成工人，拿到工资后脸上洋溢的喜悦，我内心也油然而生小小的成就感。

脱贫攻坚有万洋，社会帮扶我先行

企业做大做强，是我们管理人的梦想。而企业有情怀有担当，则需要我们把爱心播撒到有需要的地方。

2020 年 4 月，万洋集团捐建的"阿拉并嘎"爱心活动中心正式开工建设。这一中心位于贵州省黔西南州义龙新区雨樟镇并嘎村，是我们爱心援建的公益设施之一，而这个朗朗上口的名字，则融合了宁波方言和当地村落的名字，象征着两地的友谊绵远悠长。这个中心既有村民活动室，还有村民活动广场，以后村里搞大型活动，进行技术培训，村民闲来锻炼身体、聊聊家常，都有了好去处。该中心占地面积 1800 余平方米，造价约 160 万元，是我们万洋集团送给并嘎乡亲们的一份礼物。

在浙江本地，我们也做了一些力所能及的爱心工程。泰顺廊桥是中国桥梁史上的瑰宝，万洋集团积极参与廊桥保护工作，并致力于以廊桥为文化符号的推广传播，出资设立"廊桥·阳光"公益慈善基金，不仅用于廊桥文化的保护和发扬，还用于社会帮扶救助，主要帮助泰顺县的贫困学生、留守儿童、孤寡老人等，社会反响良好。

万洋集团的发展，离不开各级政府和各地百姓的支持，而万洋今日的成就，也使得企业认识到自身应有的社会责任和担当，有意愿为国家分忧，为地方建设出力，为宁波的山海协作、东西部协作等事业出一份力。

因为在助力脱贫攻坚、勇挑社会帮扶重担中表现突出，我作为代表，非常荣幸去到人民大会堂，受到了国家的表彰和领导人的接见。那个时刻，证书捧在手上，红花戴在胸前，我思绪万千。没有党和国家的好政策，就没有万洋集团的产业发展、遍地开花。而企业强大了，理应承担起该有的社会责任，尽一己之力，扶助一方。这份荣誉属于万洋集团，更属于千千万万像万洋集团这样的企业。有幸参与脱贫攻坚的伟大任务，我倍感骄傲。

企业有担当，乡村振兴有希望，国家有未来。我相信，万洋的明天会更好，百姓的日子会越过越好，祖国的明天也必将越来越好！

我想帮帮那些需要帮助的孩子

口述者：周秀芳

采访人：陈 泼 梅庆生 崔宗军 严 佳

地 点：宁波市对口支援和区域合作局

时 间：2021 年 9 月 17 日

口述者简介：

周秀芳，宁波李惠利小学退休教师，退休后辗转贵州、湖南两地进行长期支教。组织协调宁波、上海等地爱心人士在湖南溆浦捐建了 27 所希望小学，结对帮扶了近 400 名贫困生，累计捐款、捐物近 3000 万元。2018 年 6 月，入选"中国好人榜助人为乐好人"。2019 年 1 月，被评为中国 2018 年度十大女性新闻人物。2019 年 9 月，获得第七届全国道德模范"全国助人为乐模范"。2021 年 2 月 25 日，被党中央、国务院授予"全国脱贫攻坚先进个人"称号。

三位导师，播下我最初的梦想

我很早就想去支教扶贫。宁波最早向贵州派支教老师的时候，我就跑去报名了。因为年龄问题，组织上没有同意，我感到非常遗憾，但还是一直留意着其他机会。

我之所以对支教工作如此执着，与我个人的经历密切相关。有这样 3 位老师，在我人生的不同阶段帮助过我，使我不仅有学上，还在我的心底播下了当老师的种子。

我小学三年级那年，因为家境贫寒，不得不辍学。我的班主任老师就跑到我家里，一边苦苦劝说我家人不要让我退学，一边拿出三块五毛钱偷偷塞给我母亲，作为我剩余小学阶段的学费。得益于班主任的无私帮助，我才能顺利读完小学。

再后来，我就半工半读，半天砍柴半天读书，晴天干活雨天读书，就这样终于读完了初中。1964 年，我初中毕业，到东升路小学徐校长家里当保姆。

那时的我是非常喜欢看书的，哪怕是人家丢掉的一张报纸，我都小心翼翼捡起来，翻来覆去读很久。一到徐校长家，首先映入我眼帘的是数量庞大的藏书。看到这么多书，我简直两眼放光。当时就试探着问徐校长："你们家这些书能让我免费看吗？"当时我压根顾不上考虑自己接下来要面对怎样的工作强度，一心只惦记着，怎么样才能痛痛快快读那些书。徐校长看我恳求的样子，就应允说："只要你把活干完，等孩子睡着了，这些书你随便看！"

我一听，心里比拿到第一份工资还开心，徐校长便成了影响我人生轨迹的第二位导师。

第三位导师，是我在做保姆期间结识的退休教师曹老师。因为徐校长答应我可以看书，我就时常背着孩子，一边照看煤球炉，一边读书。曹老师几次路过，看到我读书的情景，就对我讲了这样一番话："小周啊，你如果能当老师，肯定会是一名好老师，因为你那么爱看书，又那么爱孩子。"

当时我只是一个小保姆，我对自己的规划就是，15岁是小保姆，35岁是中年保姆，55岁是老保姆，仅此而已。但曹老师的一番话点醒了我，点燃了我的希望和自信，于是我比以前更拼命读书了。

如果说苏联的高尔基上的是社会大学，那我当时上的就是保姆大学。在做保姆的2年时间里，我经常偷偷看书到夜里一两点。3个月以后，徐校长就纳闷了，说家电费怎么涨了这么多？我就跟徐校长坦白："徐校长，都怪我熬夜读书，才耗费了那么多电，您从我工资里扣除电费吧。"那时候我的工资只有8块钱，但我为了能多读点书，扣工资一点都不心疼。当然，徐校长并没有扣我的工资，只是心疼地说："孩子，读书是好事情，但你也要注意身体啊！你白天要干那么多活，晚上还熬夜读书，别再熬坏了身体。"

我非常感激能遇到这3位好老师，于是许下心愿，如果我真的能够成为一名老师的话，我一定要像这3位老师一样，去帮助那些有困难的学生。

皇天不负有心人。后来，我辞掉保姆的工作，到象山县东门岛去应聘代课老师。因为我在当保姆时读了很多书，也学了不少知识，并用一颗爱心对待每一个学生，象山教委的人听过我的课之后，对我印象很不错，就调我到石浦中心小学去教书了。当时我的班里多是教师、医生和部队家属的孩子，我用爱心对待每一个学生，让家长放心的同时也获得了组织的认可。

当时，经常是十来个学生挤在我家一张床上睡。凡是家里有困难的孩子，都愿意跑到我家来，尤其是爸妈闹离婚或者单亲家庭的孩子，我都乐于帮助他们。后来我开始做支教工作，最先来帮助我的，正是那些当年我曾经帮助过的学生，这的确是一个可喜的良性循环。象山的那些学生帮我建了9所希望小学，捐钱购买了大量学习用品、活动器材，很大程度上改善了贫困地区学生的学习条件。

湖南支教，"爱"的初体验

一开始，我因为心存感激，就想着从湖南、贵州的贫困地区开始，为需要帮助的孩子们做点事，但纯属个人意愿，不想也不愿告诉任何人。但后来我们退休教师要查岗，还要签到。我在湖南支教的事就瞒不住了，于是就有了《宁波晚报》的报道。

我有一个坚持多年的习惯，就是只要带一个班，就一定要去班上每个学生家里做家访。我支教那些地方，学生的家普遍离学校较远，有的甚至相隔20多里地。但就那样，我硬是把家访工作做了个遍，实地查访了孩子们真实的生活状况。

春节期间我回到宁波，恰巧湖南有个老乡在宁波打工。他得知我去湖南支教了，就对我说："周老师啊，我们湖南那边确实更需要老师，你们宁波的学校，7个班级可以配6个老师，而我们那边，有的村连1个老师都没有，只好请1位曾经读过书的残疾人去给孩子们上课。"我当时根本不相信还有这么艰苦的地方。他说不相信你可以去看看。

于是我抱着求证的态度去了，去了以后，看到的情景让我大受触动。校舍马上要倒塌了，也没人修，也没有老师，乡亲们只好你几百我几百地凑点钱，去请个人给孩子们上课，就像私塾一样。我当时就下决心留下来，但山上没水没电，水都得从山脚下挑上来。巨大的困难和压力摆在我面前，但我毅然决定留下来。

我曾经的学生们，看到了我发的照片，外面下大雪，屋里飘小雪，孩子们就靠3个火盆取暖。有个学生从美国回来，直接跑到我待的地方："周老师，孩子们在这样的地方上课，我们于心不忍！您在这样的地方教书，我们更是于心不安啊！我想在这儿建一所希望小学，彻底改善孩子们的读书环境。"

当时的我，能力有限，只想着能凭借自己多年的教学经验，给孩子们上上课，给他们送点校服、书包，给他们吃口热乎饭就行了。建希望小学这样的事，我想都不敢想。我就说："那得几十万元甚至上百万元啊，我实在没那个能力。"他就说："周老师您放心，钱的事情，我们来想办法！"

很快，希望小学就动工了。十里八村的乡亲们知道我们是在建希望小学后，纷纷来找我，尤其是那些老校长，都来找我："周老师，您能不能也帮帮我们，我们那儿的条件也非常差。"三说两说，我们一下子就建了5所希望学校，而且全部是由我们自己出资修建的，没动用地方一分钱。

2016年，时任湖南省委书记杜家毫是我们宁波鄞州人，报道一出，他也知道了这件事情，还亲自去希望小学探望了我。他说："周老师啊，都这个年代了，让孩子们在危房里读书，是我们为官不力啊！"所以经过那次报道，这件事引起了社会各界的重视，以后的工作开展得也更顺利了。

后来的22所希望学校，我们这边出一部分，当地教育系统支持一部分，总算都顺利完工了。

经过这么多事，湖南那边的老百姓都很尊重我们。除了建学校，我们还捐过去近3000万元的物资，从电脑等设施的配备，到技术指导，我们能想到的，都尽量帮他们解决好。

接下来，我们会把工作重心放在素质教育、劳动教育这一块。乡下的孩子除了在校学习，根本没什么课外兴趣班，这对未来竞争力发展来说是个短板。而城市里的孩子，往往是学校家里两点一线，很少有机会接触劳动教育。2016年，我们帮当地成立了一个研学基地，让城里的孩子过来体验生活，走一走山里孩子每天上学走的山路，在贫困学生家里同吃同住，干农活，做家务，提高自理能力。交流中，山里孩子也增长了不少知识，对外面的世界、未来的人生更加憧憬。

这一项目先后投入2000多万元，不仅有我们这边的孩子参加，还有不少湖南长沙、怀化的学生，也去那边参加研学活动，一住一周，体验生活。学生受到锻炼的同时，当地老百姓的钱袋子也鼓起来了。后来我们还把这一模式推广到了四川凉山，效果也很好。

关爱女童，就是关爱民族未来

众所周知，现在人们对教育越来越重视了，但有些少数民族，对汉文化了解很少，二三十岁不识字的还大有人在。

有一年，我们在建金竹山希望小学。适逢天降大雪，我便跑到后山一户人家避雪。通过闲聊我得知，这家的女主人才 37 岁，已有 7 个孩子。其中一个正在摇摇篮的小姑娘，十四五岁的样子，坐在一边安安静静听我们聊天。那天是星期三，便疑惑地问她："你怎么没去上学呀。"她没有回答我，只是默默地低下了头。后来还是那位女主人告诉我，说摇篮里的婴儿就是这个小姑娘的孩子。

当时大雪纷飞，天寒地冻，听到这样的解释，我哽住了，觉得内心比这天气还要冷。是的，对当地的孩子来说，坚持读书意味着要吃很多苦，比如陡峭遥远的山路，比如恶劣的天气，比如简陋的校舍，还有称不上老师的老师。但如果仅仅因为这些，就让大量孩子尤其是女孩子，早早放弃梦想，甚至不知道何为梦想，嫁人生子，一辈子困在大山里，我是万万于心不忍的。那天的所见所闻，更坚定了我留下来的决心。我深知，大山需要我，孩子们需要我，而女童尤其需要我。

但是，想要切实帮到她们，徒有一腔热血是远远不够的，于是我就去实地考察走访，掌握更多山里女童的现状。我去了当地的学校，给我印象最深的，是她们的寄宿环境。女孩们住的宿舍，简直惨不忍睹。低矮的几间平房，还经常漏雨。床位严重不足，上下铺都算上，也不够全校女生住，校方只好安排大家轮流住。这一批本周住宿，下一周就得走读，每天翻越几十里山路，不论什么天气，都得这样。校长也很担心，因为那些宿舍都是危房。但因为学校拿不出资金进行修缮，这件事就只好这样拖着。

看到这些，我的心在滴血。不行，我要给女孩子建宿舍！立刻！马上！

有了这个想法，我就赶紧组织人发起了众筹。听了、看了那边女童的处境，社会各界爱心人士纷纷响应，很短的时间，我们就筹到了大概 50 万元。我又跑到阿里巴巴副总裁孙利军那里，讲明来意后，他慷慨解囊，出了 20 万元。我们还到万达广场去义卖，我亲自站台，所得的收益也全部用于修建女生宿舍。

我掌握的资料里，还有 500 余名女孩没了母亲。因为缺乏母亲的陪伴教育，都已经是中学生了，裤子都被经血染红了，还不知道是怎么回事。于是我想到一个办法，让这部分湖南女孩与长沙的 500 个家庭结对，让参与结对的这部分家庭中的母亲，承担起给她们传授生理知识、生活常识和传递人文关爱的重任。

我最大的一个心愿就是为女童建一所心灵家园，为女童提供必要的庇护和关爱。在湖南，有很多女孩子，都是跟着爷爷奶奶长大的。有个女孩儿，刚出生 18 天，母亲就离家出走了，父亲更是压根没回来过。这个孩子由两个爷爷轮着抚养，今天大爷爷养，明天小爷爷带。我刚去的时候，她才 7 岁，现在已经 14 岁了。这期间我们除了对她进行经济上的帮扶外，还格外注重对她生理、心理上的关爱。这么多年，我们之间微信电话就没断过。但是我知道，我不可能永远陪在她身边，而且这样的女孩子远不止她一个，光我们了解的就有 500 多个。只有从根源上消除山区重男轻女的思想，解决好女童的教育问题，保障女童合法权益，才可能塑造一批有知识、有文化、有梦想的新时代女性。

关爱女童这件事，一直是我放不下的牵挂，但遗憾的是，我年纪实在是太大了，如果我能年轻 20 岁，我一定会努力为山区女童做更多事情。

建爱心工作室，开启良性循环

2021 年宁波东西部协作确定对口四川凉山，我去了以后，就在当地成立了一个"周秀芳爱心教育工作室"，因为我年纪大了，今后不能常来，但工作室可以一直做下去。这个工作室就像一座桥梁，一头连着一线教师，另一头连着爱心人士。源源不断有爱心物资通过我们这个渠道送进来，再通过专业人员的手，发放到真正需要的人手里。

除此之外，我们还创新发挥工作室作用，加强对山区教师的输入和培训。比如有的小学缺少科学老师，我一时又没办法找到合适的人选直接补充，于是就安排他们到宁波这边来培训，我们帮忙联系好对接学校，方方面面的细节也都考虑周全。培训一般持续一学期，一个周期结束，这些挂职培训的教师都收获满满。其中有 29 名教师，经过培训后回去，个个都当上了校长，成了沿海地区先进教育理念和教学方法的传播者。毫不夸张地说，最初他们那里的教育理念和教学方法，与我们沿海地区相差 30 年不止。如今通过这种方式，这一差距正在慢慢缩小。

前不久，我在凉山众筹修建泸沽湖小学女生宿舍，目前资金已经筹集完毕，准备明年3月动工。近期，有不少咱们这边的企业家打电话给我，说他们刚刚去考察过，看到这些年我所做的一切，非常感动，也非常敬佩。而我要表达的谢意却有千千万万，要不是社会各界的帮助，要不是这么多企业家奉献爱心，我这些年的支教工作不会那么顺利开展，那些山里的孩子，也不会享受到越来越好的教育资源。

9年前，我是一个靠拐杖勉强走路的老人，医生断言如果不动手术，我肯定是要在轮椅上度过后半生。现如今，我虽然刚做了心脏手术，但状态很不错，行动自如，心态甚好。我一直在想，且不说好人有好报，单就支教这件事来说，不只是我在帮助孩子们，因为心中有念想，有目标，有牵挂，我整个人生活状态更积极了。我想在有生之年为孩子们再多做点事，我希望看到贫困地区的孩子越来越好，教育越做越好，因为有孩子，重教育，才有未来。

回望来路，道阻且长。但感慨艰辛的同时，我又心生感恩。我要感谢当年那3位把我引到教育路上的老师，是他们，在我心间播下了爱的种子，也正是他们，引领着我，把教育这件事，真真正正做了一辈子。

报告文学

扶贫路上真"甬"士

　　2021年2月25日，全国脱贫攻坚总结表彰大会在北京人民大会堂隆重举行，习近平总书记庄严宣告，经过全党全国各族人民共同努力，在迎来中国共产党成立一百周年的重要时刻，我国脱贫攻坚战取得了全面胜利，现行标准下9899万农村贫困人口全部脱贫，832个贫困县全部摘帽，12.8万个贫困村全部出列，区域性整体贫困得到解决，完成了消除绝对贫困的艰巨任务，创造了又一个彪炳史册的人间奇迹！这是中国人民的伟大光荣，是中国共产党的伟大光荣，是中华民族的伟大光荣！

　　在表彰大会上，宁波有7人获得全国脱贫攻坚先进个人荣誉称号，2个集体获得全国脱贫攻坚先进集体荣誉称号。在领奖台上，来自宁波的几名扶贫干部代表笑容满面，内心却是思绪万千……

　　参与各条线的扶贫干部们，他们可能刚从黔西南的茶园归来，风尘仆仆；也可能刚看望完生机勃勃的小白鹅，信心十足。他们可能亲历过青海、西藏的高寒缺氧，几年下来身体羸弱；也可能目睹过贫困地区村民的疾苦，带领他们脱贫致富的信心更坚定，干劲更充足。而如今，他们当中的优秀代表，正手捧证书站在最高荣誉的领奖台上，接受党和国家的表彰，同时也得到扶贫地区老百姓的认可，他们是扶贫工作万种艰辛的亲历者，同时也是这项伟大胜利的创造者。扶贫之路从来都是荆棘密布、困难重重，但正是因为有了这千千万万奋战在扶贫一线的党员干部、各界人士，才使得这场仗从一开始就充满希望，充满必胜的可能，因为他们有情怀，甘奉献，是先锋，更是扶贫路上真正的"甬"士。

　　中国共产党从成立之日起，就坚持把为中国人民谋幸福、为中华民族谋复兴作为初心使命，团结带领全国人民为创造自己的美好生活进行了长期艰辛奋斗。在过去数十年间，党和国家都在下大力气想要做好一件事，那就是扶贫。2015年，党中央召开扶贫开发工作会议，提出实现脱贫攻坚目标的总体要求，实行扶持对象、项目安排、资金使用、措施到户、因村派人、脱贫成效"六个精准",实行发展生产、易地搬迁、生态补偿、发展教育、社会保障兜底"五个一批",发出打赢脱贫攻坚战的总攻令。2017 年,党的十九大把精准脱贫作为三大攻坚战之一进行全面部署,锚定全面建成小康社会目标,聚力攻克深度贫困堡垒,决战决胜脱贫攻坚。

在扶贫这件事情上,作为中国东部沿海经济大省、强省,浙江责任重大,义不容辞;而宁波作为浙江扶贫工作的排头兵、优等生,更是欣然领命,冲在前头,前赴后继,财智兼顾。3 年来,宁波共投入财政援助资金 20.12 亿元,实施帮扶项目 645 个;引进产业合作项目 218 个,到位资金 155.68 亿元;完成消费扶贫 28.22 亿元。至 2020 年底,成功助力延边、黔西南 11 个国家贫困县全部摘帽,48.34 万贫困人口全部脱贫,885 个贫困村全部出列。2018 年、2019 年,宁波在国家考核中连续被评为"好",成功打赢翻身仗。宁波书写了一部波澜壮阔的扶贫史,值得世人品读,值得后人铭记,值得政策制定者参考,值得后续乡村振兴工作借鉴,值得每一位亲历者骄傲自豪,更值得我们通过了解宁波对口支援、对口帮扶、山海协作等一系列扶贫工作始末,将隐在其中的"他"挖掘出来,将藏在其中的"她"记录下来,将那些躬身于扶贫一线的工作者写进史册,让这段充满心酸不易又催人奋进的历史熠熠生辉,浸满那跨越山海的情意,等待时间的品读和检阅。

科研"甬"士

首先想说的这位弱女子,一辈子只专心做一件事,那就是研究畜禽养殖。比如浙东大白鹅,拿她自己的话来说,那一只只白白胖胖、憨态可掬的大白鹅,就是她的心肝、她的宝贝、她的孩子,不再是普普通通的家禽,而是浑身是宝的"财神",是宁波带给吉林延边等协作扶贫地区的致富法宝,更是支撑起她一辈子光荣事业的骄傲。

她叫陈淑芳,兽医专业博士,宁波市农业科学研究院畜禽研究所副所长。象山白鹅能作为扶贫利器,从宁波到东北再到大西南,得到广泛推广,陈博士功不可没。

众所周知，浙东大白鹅是象山的特种农业产业，在全国鹅品种中具有明显的特色和优势，2010 年获得"象山白鹅"国家地理标志，2014 年列入《国家级畜禽遗传资源保护名录》。因其肉质鲜美，天然健康，受到全国人民的喜爱。大白鹅除了能丰富老百姓的餐桌，每年还能为养殖户带来可喜的收益，因而大家对白鹅的喜爱更增一分。

宁波确定对口帮扶吉林省延边朝鲜族自治州时，大白鹅的形象进入了大家的脑海。它天生抗病好养活，浑身上下都是宝，引到东北去，说不定会有一番大作为呢！

扶贫工作者身上都具有的个性，那就是说干就干决不等！一想到这个点子，扶贫干部就赶紧联系了陈淑芳，征求她的意见，问她愿不愿意当这个养鹅远程技术总监。陈博士听完始末，二话不说欣然同意。能让白鹅养殖遍地开花造福百姓，也是她本人的美好愿望，现在机会来了，除了撸起袖子大干一场，还有什么好推辞的呢？

可是山高水远，从宁波象山到吉林延边，隔着几千公里的路程，人去到那里都各种不适应，这大白鹅，它能行吗？

陈淑芳就负责打消这个问号。

科技工作者做事之前，必须经过缜密的考察实践。说干就干，计划一提出，陈淑芳就出发去了东北。

延边地区有个特点，那就是地广人稀。村落的劳动力，能跑得动的都出去打工了，留在村子里的都是一些老人和妇女。恰好白鹅养殖劳动强度不大，再加上那里主产玉米，放眼望去，家家户户都不缺养殖饲料。只要前村后院搭好养殖棚，白鹅的家就算落成了。

看到这一切的陈淑芳心里别提多激动了，她恨不得插上一双翅膀，马上飞回象山，把小鹅苗给这些贫困的村民送来。

可兴奋归兴奋，科研工作者的理性她还是严格秉持的。其他季节还好说，延边地区冬季气温低至 -30℃，这对象山白鹅来说，无疑是个重大考验，这些小家伙能不能经受得住，还真不好说。

聪明如她，居然把鹅苗关进 -18℃ 的冰箱里做起了实验。大白鹅本身穿着厚厚的"羽绒服",加上农科院培育的品种优良,抗病性强,在一次次的实验中表现良好,这下她总算放心了些。第一批鹅苗顺利抵达延边,路上几乎没有损耗,后期适应得也非常好,这给扶贫工作者和最先尝试养殖的老百姓注入了一剂强心针。

在延边,他们的团队主要打时间差,养殖反季节鹅,尤其是种鹅。在象山本土,大白鹅夏天是不产蛋的,而延边夏季气候凉爽,白鹅能够持续产蛋,这成了延边养鹅产业的一大优势。

记得那是 2020 年夏天,陈淑芳陪着鹅蛋宝宝,真真切切经历了一场暴风雨的考验。

台风"烟花"登陆浙江,带来极大强度的狂风骤雨。偏偏这个时候,一批数量多达 3 万枚的鹅蛋,已经乘上飞机,准备运往象山孵化,终因天气恶劣,迫降山东烟台。陈淑芳当时在黑龙江培训,得知这个消息,心急如焚,直接从黑龙江飞到烟台,准备亲自运送这批鹅蛋回象山。

暴雨没完没了地下,丝毫没有要停的意思。陈淑芳联系好货车,冒雨装车,小心翼翼赶路南下。彼时"烟花"的中心已经北移,恰好影响山东半岛,这一路上,一程行路一程雨,视线极差,走得无比艰辛。陈淑芳手心里攥出了汗,却一直在给司机师傅加油打气。就这样,走走停停,几经辗转,终于把这 3 万枚宝贝蛋成功运抵象山,陈淑芳这才长舒了一口气。

要知道,这哪里是简简单单 3 万枚鹅蛋,且不说当时一只小鹅苗售价 37 元,接回鹅蛋就是为养殖户挽回价值不菲的经济损失,更重要的,这是她的心血,这也是她的心愿,这更是延边人民脱贫致富的信心和希望,她必须照看好,必须确保万无一失,因为脱贫致富的法宝就藏在这里面,打赢脱贫攻坚战的秘诀也藏在这里面!

总有人问她,淑芳啊,你在农科院是干啥的。她总是乐呵呵地回答,我是一个养宠物的。而如今,这位名副其实的"宠物"爱好者,又多了一个新身份,那就是助力脱贫攻坚的"女诸葛",是宁波扶贫工作中的一员科研"甬"士。她站在白鹅之间绽放出灿若繁花的笑容,那么动人,那么美丽,我想这就是科研脱贫、项目脱贫工作者最美的模样!

援青"甬"士

宁波在援疆、援藏、援青等对口支援工作方面，也下了很大力气，其中展现的"甬"士风采，也可圈可点，感人泪下。

叶龙就是一位名副其实的援青"甬"士，从宁波市交通部门，到青海省天峻县，这之间的跨度，可不只几千公里的距离差距和三四千米的海拔差距。

如果把柴达木盆地比作一只天然的大碗，那叶龙挂职的天峻县，就在碗沿儿上。这"碗边边"上的县城，海拔3500多米，可谓"天城"。

初到天峻，还没来得及好好欣赏高原美景，这壮小伙儿先被高原反应打了个措手不及。当时那个难受啊，就感觉心脏不是自己的了，脑袋也不是自己的了，整个身体飘飘然，头晕晕的，好几天才缓过劲来。

初步适应了高原生活的叶龙却一刻也闲不住，办公室的椅子还没坐热，就忙不迭跑出去调研考察去了。你别说，这一圈跑下来，收获还真不少。获得的信息有好有坏，也让叶龙喜忧参半。

话说这天峻县，拥有储量庞大的煤炭资源，依托能源优势，曾经的人均GDP非常高。但因近年来国家限制开采，天峻想找到一条可持续发展之路，必须大胆设法突破，寻找适合自己的新产业。

可是这既高又寒的盆地边沿，到底能搞点啥产业呢？一时间，这一终极拷问把叶龙折磨得辗转难眠。翻来覆去，调研对比，查阅资料，开会座谈，叶县长把能给出建议的力量悉数调动起来，终于在山重水复处看到一缕曙光，那就是神奇作物"高原火焰蓼"！

这东西，早年间很少被人知晓。而实际上它耐寒耐贫，容易种植，经过加工可以作为食物、饲料和染料，产品附加值非常高。初次试种，天峻县一下就种了4000多亩。一季下来，你猜怎么着？这神奇古老的欧洲作物竟然奇迹般适应了天峻的土地，亩产居然达到万斤以上！这不只是牧区农业产业的成功探索，更是高原上的伟大奇迹。要知道，作物亩产达到1万斤以上，在天峻这样的高原苦地，是想都不敢想、从来不曾有的啊！

为打开销路，叶龙还未雨绸缪，提前规划了深加工生产线。这样一来，增加的就业岗位还极大 f 解决了当地农牧民在家门口就业的难题。昔日奔波放牧的牧民，放下鞭子拿起锄头，甚至站上了生产线，鼓起了钱袋子。老乡笑了，叶龙也笑了，这是他援青以来第一次真正觉得实现了自己的价值。

一枪打响，手心直痒。务实的叶龙深知，仅依靠一种产业，是很难保障天峻县脱贫成果持续巩固的。于是他仰头看看天，发现了另一个带动天峻人民增收致富的好产业——光伏发电！

充足的日照资源，除了能给人们的脸庞带来高原红，还是造福千家万户的清洁能源。一想到这个点子，叶龙就开始到处奔波。他亲自上门找到多家大型电力、储能公司，洽谈合作事宜，希望能请专业企业介入，把天峻县光伏发电产业做大做强，既能提高当地老百姓收入，也能为国家新能源产业发展贡献一点力量。现在，大片大片的太阳能板遍布草原山巅的空闲区域，闪耀着科技的光芒，成了当地一道亮丽的风景线。

前两项项目的成功落地，让不安分的叶龙越干越有劲，越忙越上瘾。这不，当他漫步天峻街头，欣赏这壮美的高原风光时，他灵光一闪，又想到了一个好点子，那就是发展高原旅游业。

于是，在叶县长的奔走努力下，在社会各界的共同参与下，一项融海西疗养、摄影基地、高原观光等特色于一体的文旅项目成功上马。现在去看，天峻县有很多宁波风情的建筑，仿佛高原上的"小宁波"；海西疗养每年都能吸引大量游客从沿海来到高原，呼吸新鲜空气，充分放松身心；而这片孕育着众多珍稀野生动物的天然摄影基地，更是全世界摄影爱好者的天堂。每年夏季，且见各种肤色、各种设备齐聚这里，催生出许多摄影大奖。而这一系列变化，也真正使当地百姓受益，天峻人民的生活确实更加丰富多彩、富足幸福了。

宁波援建的天峻火车站"甬峻铁路广场"，已经成为当地人茶余饭后健身休闲的好去处；天峻发生 7.8 级地震，短短两天时间，宁波就为当地学生捐赠上万件棉服；医院里的设备，早被援青干部想方设法更换一新；疫情防控最紧张的时候，一声呼吁，各类防疫物资迅速送到天峻，解了这西部县城的燃眉之急……

每每想到这些，叶龙真的是感慨万千。他不是一个人在战斗，不是一个人在支援，他身后有强大的靠山，有温情的宁波老百姓！而他所做的一切，也不仅仅是从经济上帮扶天峻，这也是民族团结的需要，更是祖国统一的需要。脱贫攻坚，乡村振兴，共同富裕，国家不会忘记任何一方热土，更不会忘记任何一个百姓！

而叶龙自己，也因为真正融进了当地百姓之中，受到老百姓的拥护爱戴，也完全担得起这援青"甬"士的美名！

基建"甬"士

袁永君，万洋集团浙东区域公司副总裁，全国脱贫攻坚先进个人。可谓是脱贫攻坚过程中名副其实的基建"甬"士。

袁永君是土生土长的宁波人，大学毕业后，于2017年加入万洋集团。各种机缘巧合，使他成为万洋集团产业扶贫的指挥者、亲历者，在浩浩荡荡的扶贫大军中，成为一名优秀的"弄潮儿"，体现了企业的社会担当。

说起他与扶贫的机缘，还得从慈溪万洋众创城开始。众所周知，宁波的制造业全国闻名，慈溪的制造业发展势头强劲。能不能把这一优势充分挖掘推广，造福一方百姓？在慈溪扶贫干部的牵头下，袁永君和万洋集团经过慎重思考，最终决定将在慈溪的万洋众创城推广到对口地区贵州省黔西南州安龙县。

想法一经提出，就得到了宁波市有关领导的大力支持，安龙县也积极配合，在用地、用电等诸多方面给予最大力度的政策倾斜。而袁永君勇挑重担，成为该项目总负责人，经常在宁波、安龙之间飞来飞去，检查项目进度，筹划企业招商，忙得不亦乐乎。

比起宁波本土，安龙的产业结构要单一得多，根本找不出什么像样的龙头产业，利税大企业更是寥寥无几。帮助当地筹建一个高标准产业园，是袁永君当时的大胆设想，同时也极有可能成为改变安龙县状况的一剂良药。

正当项目如火如荼进展迅速之际，突然暴发的新冠肺炎疫情，犹如一记闷棍，打得袁永君措手不及。当时他被困在宁波家中，出不了门，到不了工地，看不见进程，急得像热锅上的蚂蚁。而当他终于冷静下来，他心想，这不仅是万洋集团的项目，还是宁波市扶贫的项目，更是众多安龙父老乡亲日夜期盼竣工开张的致富大项目。而自己作为项目总负责人，关键时候怎么能手足无措？越是事发突然，越不能乱了阵脚，总有办法能保证工程顺利进行！

于是袁永君开启了远程办公模式。宁波这边他稳坐中军帐，运筹帷幄，掌握全局，及时调整，确保整个项目不停摆，如期竣工。疫情并没有阻挡工程推进的脚步，他们争分夺秒，从2019年4月签约到最终投入使用，通过政府、企业、民间各方力量联动，实现了"万洋模式"下的"万洋速度"。

硬件建设是到位了，可经验丰富的袁永君深知，一个产业园究竟能不能"产"业，关键还在于能不能多招商、招好商。于是，在基建开展的同时，袁永君就亲自披挂上阵，踏上了多方招商的路。浙江省内自不必说，他轻车熟路，攻城略地，很快拿下多家优质企业合作权。周边省份的考察调研他也毫不松懈，江苏、安徽等省份，都留下了他考察招商的足迹。

功夫不负有心人，通过慈溪和他团队的共同努力，他们先后组织招商会10余场，接待各类考察团200余批次，一大批优质企业签约落户，崭新的众创城凭借先进的硬件设施、贴心的管理服务、专业的运营指导，一开门迎客，就高朋满座，安龙万洋众创城，成为真正造福贵州贫困地区的"万金城"。

除此之外，袁永君还不忘为贵州百姓留下一些充满万洋特色的便民印记。"阿拉并嘎"爱心活动中心，暖暖的宁波方言，配上当地少数民族村落的名字，听起来那么温暖舒心。

对袁永君本人来说，能够跟随脱贫攻坚的脚步，深入开展相关工作，是之前是万万想不到的。而真正亲身参与进来，才更加明确作为一名企业人，自己身上的社会责任有多重，自己及背后的万洋集团，能为这个社会、为我们伟大的祖国做点事，确实是个人的幸运，也是企业的荣光。

看着一座又一座万洋众创城拔地而起，欣欣向荣，蒸蒸日上，袁永君总是按捺不住内心那点儿小骄傲。闲暇时间，他总在琢磨，接下来，自己应该怎样将"万洋模式"继续发扬光大，在帮助企业发展得更大更强的同时，为后续脱贫成果巩固和乡村振兴、共同富裕贡献一己之力。

要知道，真正有担当的企业，从来都有一股为国为民担当的劲儿，而袁永君这些年来的扶贫经历，真正把自己变成了一名基建"甬"士。

抢茶"甬"士

空山新雨后，天气晚来秋。一位面容黝黑的大汉，一口气爬上山巅，俯视万亩茶园，深呼吸，再深呼吸，仿佛闻不够这山田间清新无比的空气，看不够这满目苍翠的盛景。

这位彪形大汉，名叫方健，是宁波市市场监督管理局党组成员、副局长。这位看似沉默寡言的扶贫干部，却在贵州从事扶贫工作期间，凭借一场执着敢为的"白茶抢夺战"，一战成名，于是才有了这生机盎然的茶园，也才有了普安感恩茶的四海美名。

2017 年 11 月，方健来到贵州黔西南州普安县挂职扶贫。说实话，挂职比原来的本职工作难做多了，当时宁波乃至浙江的扶贫任务艰巨。方健信心满满，决定在挂职期间干出点名堂，真正造福一方百姓。

可是扶贫工作实际开展起来哪有那么容易！方健刚到那儿，就赶上一件事。

事情还得从一封信说起。2018 年 4 月，浙江省安吉县溪龙乡黄杜村 20 名党员，联名给习近平总书记写了一封信，提出捐赠 1500 万株茶苗的愿望，想帮助更多贫困地区的群众脱贫致富。

这是怎样一种致富不忘回报社会的情怀和精神！而这茶是什么茶？这可是名副其实的感恩茶呀！

于是，这 1500 万株感恩茶最终"茶落谁家"，贵州省几个考察点都铆着一股劲，想拿下茶苗的种植权。

适不适合种，关键看行动。其实当时方健所在的普安县连被考察的资格都没有，因而他得知考察团到来的消息为时已晚，第二天，考察团就将离开贵州，而且他们似乎对此次考察的结果并不满意。

当时的方健根本顾不上多想，内心有个声音一直在鼓励他，去试一试，说不定就有希望，说不定就成了呢！

于是他一方面想办法直接联系考察团成员，请求他们别急着返程，给普安一个机会；另一方面发挥个人专长和敏感性，提前安排各个部门分头去准备水文、气候、土壤等资料，以备查阅。就这样忙活到大半夜，天还没亮，他就派车去接考察团成员，其他县领导则全部在岗待命，大家对考察团的到来可谓严阵以待。

考察团到了之后，看到他们用心准备的材料，流露出一丝意外之喜，随后就提出去看看预备种茶的土地。

他们被带到一号地，那里土壤肥沃，地势较低，本身也种有茶树。但考察团成员看后却直摇头，一个劲说："不够高，不够贫，不够荒！"

铁了心拿下茶苗的方健一咬牙一跺脚，心一横，直接把考察团带到了普安县莲花山最贫瘠的一块土地上。这块地海拔1500米以上，空气清新，未经开发，毫无污染，土壤为沙质酸性土，最符合考察团说的"高、贫、荒"的标准。

果然，经过仔细观察辨别，考察团团长兴奋得直拍手："还好我们没走啊，这正是我们跑遍贵州要找的种茶宝地啊！"团长当时就承诺，第一批1500万株茶苗，先紧着普安这块地，因为完美的种茶土地可遇不可求啊！

最终，普安分得600万株茶苗，种植面积达2000余亩。后续又多次增苗扩种，种茶规模和茶叶质量都明显提升。

看着"抢"来的茶苗在普安大地上落户生根，苗壮成长，并带动当地茶产业一步一个台阶，欣欣向荣，方健高高兴兴认下了别人戏称自己"抢"的名号。只要能为贫困地区的老百姓办实事、办成事，任务多难多苦，他也在所不辞、心甘情愿，因为组织上就是派他去干这事的，而脱贫攻坚大业，正需要像他这样执着坚持、敢拼敢抢的劲头。

方健，这位抢茶"甬"士，真是好样的！

支教"甬"士

"扶贫先扶志，扶贫必扶智。"默念着这句扶贫宗旨，周秀芳把扶贫支教这件事，一干就是9年。

9年时间，在浩浩历史长河里，根本算不得什么，但对一位退休老教师来说，却是默默奉献的9年，发挥余热的9年，奔走努力的9年，也是给自己留下美好回忆的9年。

周秀芳，一位普普通通的退休女教师，9年前，她拄着拐杖，体弱多病。

9 年间，她却因为坚持去贫困地区支教，坚持和孩子们在一起，而仿佛焕发了第二春，使自己的生命重获生机，也给那些贫困地区的孩子，燃起了一簇欣欣向荣的希望。

周老师还未成为老师的时候，就深爱读书。初中毕业，她在一位小学校长家当保姆，看到人家有那么多藏书，别提有多羡慕了，她经常一边带孩子一边看书。隔壁退休的曹老师感叹道："小周啊，你如果能成为一名老师，肯定会是一个好老师，因为你那么爱看书，又那么爱孩子。"

隔壁退休老师曹老师一句无心的话，却在周秀芳心里播撒下了一颗当老师的梦想种子。后来经过不懈努力，她从宁波市象山县东门岛一名代课老师做起，躬身深耕教育事业，这一教就是数十年。任教期间，她尤其关心那些家里有困难的孩子，经常留学生补课吃饭，有时甚至十几个孩子挤在她家床上。孩子们从周老师这里学到知识的同时，还收获了母亲般的温暖。

此去经年，当时的无知孩童早已长大成人，有所建树，还在后来周老师扶贫支教的工作中发光发热，将当年的爱和温暖播撒开去，帮助了更多湖南、四川等地的孩子。

说起去湖南、四川的贫困地区支教的缘由，周老师说，全凭感恩。在她个人的成长经历中，有太多人生导师，在她生命的关键节点起到了莫大的指引作用。她退休了，就希望用自己的满腔热忱和毕生所学，走进大山，去帮助那些渴求知识的孩子们。

虽然去之前自认为做了充分的思想准备，当她真正站在贫困山村的校舍前，还是被真实的情景吓了一大跳。眼看就要坍塌的校舍，房顶瓦片随时会掉落下来，裸露的屋脊长满杂草。学校里没有老师，村里人就凑钱请来一位老先生，说着难懂的方言，教着过时的课程。学校里无水无电，生活用水都得从山下挑上来。但越是困难重重，周老师越感到自己责任重大。她当时就决定留下来，尽己之力，能改善一点是一点。

那是一个飘雪的冬日，外面鹅毛大雪，教室里则是小雪飘飘。校舍无钱修缮，周老师和孩子们就坚持在这样的环境下读书学习。她内心感慨，就发了一条朋友圈，不料被众多昔日的学生看到，他们纷纷留言说，看到周老师在这种地方上课，他们于心不忍！看到孩子们忍受这样的学习环境，他们于心不忍！

于是一场爱的援助开启了。当年的学生们一致决定，在当地捐建一所希望小学。这在当时的周老师看来目标太高了，连想都不敢想。但众多学子齐心协力各尽所能，很快就凑齐了建学校的钱。一所漂亮、坚固、安全的希望小学，落成在湖南山村里，引来周边村落无数羡慕的目光。

附近很多小学校长都去找周老师，问她能不能帮帮忙，也帮他们改善一下学校条件。周老师和以前的学生们没办法，就多方筹措资金，这一建，一下子就建起 5 所希望小学！

终于，他们的爱心举动引起了湖南当地政府的重视，时任湖南省委书记杜家毫，是宁波鄞州人，当时他专门找到周老师，愧疚地说："周老师啊，都这个年代了，还让孩子们在危房里读书，这是我们为官不力啊！"

这件事终于引起了当地政府部门的重视，经过媒体报道，关注此事的各界爱心人士也纷纷参与进来。就这样，多方力量心往一处想，劲往一处使，几年间，20 余所希望小学一一落成。看到孩子们都能安心、安全地坐在宽敞明亮的教室里学习，周老师心里别提多宽慰了。身为老师，不就是想看着自己的学生都能有学上、上好学吗？

除了支教、兴建希望小学，周老师还特别注重加强山区和城市孩子之间的沟通交流，让山里的孩子有机会走出去，看看外面的大千世界。也让城里的孩子走进大山，感受大自然的气息，接受劳动实践教育。

如果说职业道德分等级的话，教育这行要求格外高，需要的道德约束也格外严苛。而周秀芳，从一名小保姆，到一名代课老师，再到后来转正、退休、扶贫、支教，这一路走来，艰辛自不必说，最感人的还是她那颗为人师表的爱心！

这位白发苍苍的爱心"甬"士，用自己的实际行动，生动诠释了扶贫工作中不可或缺的一方面，那就是教育扶贫、爱心扶贫。那些山里的孩子，也在周老师的关心帮助下，重燃希望，刻苦奋进，这才是脱贫致富的未来力量，这才是乡村振兴的希望！

除了上面 5 位"甬"士，纵观 20 多年来的宁波扶贫历史，还有在山海协作过程中足智多谋的招商"甬"士；有在东西部扶贫协作中潜心贵州黔西南从事德育、素质教育，引领师生去发现美，确保每位教职工都成为学生成长中引路人的爱心"甬"士；有在对口支援中负责西藏城市美化的建设"甬"士；有在对口地区从事医疗援助的白衣"甬"士。有的"甬"士默默付出，60 余次深入对口帮扶地区，把扶贫这件事一做就是一二十年；有的"甬"士扎根东北大地，融入第二故乡，在"老少边穷"地区与当地干部群众同心同行；有的"甬"士致力于劳务协作，积极开展转移就业突破战，确保对口地区贫困人员"进得来、稳得住、能融入"，成功实现贫困人员从"出不来、没人来"到"踊跃来、抢着来"的历史性突破；有的"甬"士不计个人得失，警服换工作服，与贫困地区老百姓同吃同住同努力，为当地老百姓趟出一条致富奔小康的好路子。

如果为宁波近年来的扶贫事业擘画一幅英雄谱，这一位位甘于平凡但绝不普通的扶贫干部，这一位位乐于奉献却从不叫苦的扶贫"甬"士，理应悉数在列，接受社会各界的敬仰，接受被帮扶群众的爱戴，接受时代的礼赞，接受未来的铭记。

扶贫路上真"甬"士，不畏艰难终成功！感谢有你，虽一路风雨兼程，却心中有信念，胸中有理想，终得脱贫攻坚大获全胜！感谢有你，走过了山高水长，放不下帮扶情怀，终于打赢这场脱贫攻坚战！感谢有你，在致富奔小康的路上，甘当垫脚石铺路人，一路前行一路探索，奔向一片光明！

在共同富裕的道路上，在实现中华民族伟大复兴的新征程中，无数个后来者将接续奋斗，谱写乡村振兴的壮美篇章。让我们以宁波对口扶贫协作"甬"士为榜样，并肩携手，踔厉奋发，共同富裕"甬"担当，打造城乡幸福共富之都，坚持全民共富、全面共富、渐进共富、共建共富，让老百姓的生活"芝麻开花节节高"，去成就更加美好的时代，去实现中华民族伟大复兴的中国梦！

宁波经验

东西部扶贫协作"甬黔（延）模式"

东西扶贫协作作为中国特色反贫困治理体系的制度安排之一，是党中央、国务院根据中国特色社会主义理论和实践，为实现社会主义的本质要求、推动区域协调发展作出的重大战略举措。20 世纪 80 年代，邓小平同志提出了"两个大局"①的思想。党的十八大以来，以习近平同志为核心的党中央把精准扶贫作为脱贫攻坚的重大战略摆在治国理政的突出位置。②作为我国改革开放前沿阵地，宁波积极响应党中央号召，深入贯彻落实党中央关于"东西部扶贫协作"的重大战略决策，按照党中央、国务院和浙江省委省政府东西部扶贫协作工作部署要求，自 1996 年开始，宁波先后与贵州省黔西南州、黔东南州，吉林省延边朝鲜族自治州建立东西扶贫协作关系，开启长达 24 年的扶贫协作之旅。对口协作实践中，"甬黔""甬延"相隔数千里，不以山海为远，携手共抗贫困，共同书写"以海带山、以山促海、山海共赢"的崭新篇章，创造了东西部协作的"宁波模式"，塑造了勇当浙江建设"重要窗口"的模范生形象。

一、宁波东西部扶贫协作历程考察

1996 年 9 月，中央扶贫开发工作会议确定在全国开展东西扶贫协作，从宁波根据中央的要求，承担的任务和推进的特征来看，宁波的东西部扶贫协作可分为三个不同的、逐步推进的历史阶段。

---

① "两个大局"：一个大局就是东部沿海地区加快对外开放，使之较快地先发展起来，中西部地区要顾全这个大局；另一个大局就是当发展到一定时期，就要拿出更多力量帮助中西部地区加快发展，东部沿海地区也要服从这个大局。

② 习近平总书记强调，东西部扶贫协作和对口支援，是推动区域协调发展、协同发展、共同发展的大战略，是加强区域合作、优化产业布局、拓展对内对外开放新空间的大布局，是实现先富帮后富、最终实现共同富裕目标的大举措，必须认清形势、聚焦精准、深化帮扶、确保实效，切实提高工作水平，全面打赢脱贫攻坚战。

（一）"扶贫攻坚"阶段（1996—2000年）

1. 行动早、速度快、担重任

1996年7月，国务院办公厅下达了国办发〔1996〕26号文件，决定由东部发达地区对口帮扶西部欠发达地区，即京、津、沪三个直辖市，沿海6个经济比较发达的省，4个计划单列市分别对口帮扶西部10个省（区），其中宁波、深圳、青岛、大连4个计划单列市对口帮扶贵州。

1996年9月，中央在北京召开全国扶贫开发工作会议，发出"全党全社会动员起来，为实现八七扶贫攻坚计划而奋斗"的总动员令，接到国务院扶贫开发领导小组下发的《关于组织经济较发达地区与经济欠发达地区开展扶贫协作报告的通知》后，宁波市委市政府立即召开了市委常委会和市长办公会议，传达中央精神，专题研究东西部扶贫协作工作。

1996年11月18日，江泽民同志亲自致电浙江省委书记并转宁波市委，要求宁波切实做好对口帮扶贵州的工作，11月19日，宁波市委召开常委扩大会议，传达学习江泽民同志的电话指示精神，细化部署；11月26日，召开全市领导干部大会，市委书记在会上要求把东西部扶贫协作作为一项政治任务来完成，决不辜负党中央的期望和信任。

1996年12月5日，宁波市成立了以市长张蔚文任组长、副市长徐杏先为副组长，各县（市、区）和市级有关部门主要负责人为成员的对口帮扶协作工作领导小组。抽调得力干部组建有独立党组的领导小组办公室，制定了对口帮扶、对口支援工作实施措施、推进计划和推进方案，统筹推进对口帮扶、对口支援工作开展。同时，各县（市、区）及宁波经济技术开发区领导小组、办公室相继建立，专门负责东西部扶贫协作日常工作，确保工作在基层顺利推进和责任落实。

随后，经与贵州省委省政府协商决定，宁波在全国率先落实11个县（市、区），宁波经济技术开发区和市级有关部门，采取"二对一""三对一"的方式（见表1）与黔东南、黔西南两州的12个国家级贫困县开展结对帮扶。此外，宁波还承担了新疆、西藏、重庆3个区（市）的3个贫困地区的对口支援、省内31个欠发达乡镇的对口协作任务。

表1　甬黔结对帮扶"二对一""三对一"对照情况

序号	宁波市参与单位	贵州省扶贫结对对象
1	慈溪市、市贸易局	黔东南州雷山县
2	北仑区、市住建委	黔东南州台江县
3	鄞州区、市委农办	黔东南州麻江县
4	象山县、市经信委	黔东南州黄平县
5	奉化市（今奉化区）、市工商局	黔东南州丹寨县
6	江东区（今鄞州区）、市委宣传部、市教育局	黔东南州三穗县
7	余姚市、市财政局	黔西南州望谟县
8	镇海区、宁波港集团	黔西南州普安县
9	江北区、市发改委	黔西南州册亨县
10	宁海县、市交通委	黔西南州晴隆县
11	宁波经济技术开发区、市对外经贸局	黔西南州兴仁县（今兴仁市）
12	海曙区、市银行业协会	黔西南州贞丰县

2. "扶贫攻坚"主要举措及成效

早在东西部扶贫协作初期，宁波市委明确指示："坚持'让千家万户得益、让千家万户致富'的帮扶宗旨，发扬'把好事办实、把实事办好'的工作作风、'动感情、动脑筋、动真格'的'三动'精神，确保东西部扶贫协作开好局、起好步。"

（1）领导挂帅，结对帮扶

宁波市委市政府主要领导亲自挂帅深入帮扶地区调研考察，签署帮扶协议和落实帮扶项目。在市领导的带动下，市各对口帮扶单位的主要负责人也纷纷带队赴帮扶地区学习考察，商定宁波市11个县（市、区）、1个经济技术开发区、13个市级部门与黔东南州、黔西南州的12个国家级贫困县实施"二对一""三对一"结对帮扶，迅速掀起扶贫攻坚热潮。截至1997年底，宁波市共组团45批450余人次赴贵州考察，接待贵州省来甬人员22批168人次。

（2）重点突出，注重实效

"扶贫攻坚"期，宁波市按照"抓项目、促开发、抓龙头、带全面"的方针，着重抓民生、产业帮扶项目的落实，努力做到定一项，成一项。如帮助雷山县3个苗族乡开发种植5600亩优质杨梅基地；帮助贞丰县鹅地村连片开发1000余亩黄花梨，使该村布依族村寨户均拥有4亩多水果基地；帮助凯里市鸭塘村建成沼气生态农业示范点，户均年增收2000元至2500元，苗寨农民高兴地说："等财气碰运气，不如养猪办沼气；走外地跑生意，不如在家办基地。"还出资兴建一批社会公益项目，发挥了较好的社会效益。截至2000年，宁波市在受援地实施帮扶项目790个，帮扶资金15100万元。其中，对贵州省帮扶项目491个，帮扶资金10686万元，民生、产业、智力、其他项目占比分别为49.8%、30.4%、9.4%、10.4%，资金占比分别为68.4%、15.6%、3.0%、13.0%。资金和项目主要集中在民生项目上，帮助贵州黔东南、黔西南两州贫困群众解决了温饱问题。

（3）广泛动员，社会参与

"扶贫攻坚"期，宁波就把动员全社会扶贫作为启动的一项重要举措，通过宣传发动，唤起市民的社会责任感，激发全社会扶贫济困的热情。

一是积极发动企业与对口地区开展经济合作。截至2000年，宁波市相关企业和个人在受援地区的投资项目涉及商贸、矿产、水电、塑料化工、种植、养殖、物流、房地产、消防、交通、旅游、服装、酒店、灯饰、"五交化"（五金类、交电类、化工类）等行业，总投资超过80亿元。

二是组织教育、卫生、农业等部门开展支教、支医、支农和业务培训交流。扶持发展了5个较大规模的生态农业示范基地，改善了500多所学校的办学条件和50多所医院（卫生院）的医疗条件，资助了2万多名大中小学贫困学生。

三是动员爱心人士捐钱捐物。动员宁波帮人士捐资改善了100多所学校的办学条件和20多所医院（卫生院）的医疗条件；号召广大市民积极为对口地区捐献衣被100多万件，资助了2万多名大中小学贫困学生。

（二）扶贫开发阶段（2001—2015年）

扶贫开发期间，宁波各届市委市政府一如既往地以高度的责任感和使命感，坚持党的领导、政府主导、市场引导、全社会共同参与的扶贫开发方针，通过多种形式，支持贫困地区开发建设。

1.真情帮、务实帮、持久帮

（1）统一思想，在提高认识上下功夫

宁波市委市政府号召全市上下站在服从"两个大局"、贯彻"三个代表"重要思想、全面落实科学发展观、服务西部开发战略的政治高度，把"三对口"工作作为党中央、国务院和省委省政府交给我们的重大政治任务，遵照中央要求浙江"走在前列"的指示精神，发扬愚公移山、锲而不舍精神，"思进思变思发展、创业创新创一流"，努力把"三对口"工作提高到一个新水平。

（2）规划引领，在突破帮扶重点上下功夫

扶贫开发期间，宁波先后制定了《宁波市对口帮扶、对口支援工作规划（2001—2005年）》《宁波市对口帮扶、对口支援工作规划（2006—2010年）》《宁波市对口帮扶、对口支援工作规划（2011—2015年）》。

"十五"期间，重点帮助对口地区：

——开发一批高效农业示范项目，即按照工作到村、措施到户的要求，重点抓好种植业和养殖业的示范点，搞一个成一个，搞一批成一批，充分发挥典型示范作用。

——改善基本生产生活条件，即以贫困乡、村为单位，加强基本农田、基础设施、环境改造和公共服务设施建设。

——开展劳务协作，即帮助对口地区加强贫困地区劳动力的职业技能培训，组织和引导劳动力健康有序流动。

——发展教育提高群众素质，即有重点建设好一批中学、职业技术学校，帮助做好九年义务教育工作，同时通过派人到对口地区或组织对口地区干部到宁波挂职锻炼的形式，在人才培训、基础教育、人才资源开发上强化合作。

"十一五"期间，围绕中央确定的"整村推进，劳动力培训转移，产业化扶贫"三大扶贫开发工作重点，重点组织实施"六大帮扶工程"。

——"对口帮扶示范村推进工程"，即按照"生产发展、生活宽裕、乡风文明、村容整洁、管理民主"的总体要求，以及贵州省对"整村推进"工作的部署，我市将整合各方力量，集中资金，帮助贫困地区建设具有典型示范作用的对口帮扶示范村。实施的主要内容是：改善生产生活条件的基础设施建设，实现通水、通路、通电、通广播电视、通电话；提高人口素质的社会事业建设，落实九年义务制教育，推进合作医疗，搞好劳动力的技能培训；增加收入的产业建设，实现村有骨干产业、户有增收项目。

——"高效生态农业示范工程"，即充分利用宁波市在农产品优良品种、技术、信息和经营管理等方面的优势，结合对口地区丰富的自然资源和独特的生态环境，进一步完善、扩大已建农业示范项目，帮助对口地区引进适合当地生长的名、特、优、新农产品，开发和扶持特色产品，建成一些集中连片、规模较大、技术含量较高、管理规范、效益较好，对贫困群众增收有较大作用的高效生态农业示范基地。

——"支教（医）百校（院），助学万人工程"，即接续扶持对口地区的教育、医疗和文化设施条件，做好教师、医生交流学习工作，开展"助学万人"活动，争取资助1万名失学和贫困学生。

——"新型农民培训工程"，即为加快对口地区农业和农村现代化发展的步伐，重点做好农村干部、贫困村致富带头人、农业技术人员和普通劳动力的教育培训工作，以及干部的交流挂职工作，在甬黔两地建立相对稳定的培训基地，每年安排专项经费进行各种形式的培训，为对口地区培训1万名干部群众，争取使之成为"有文化、懂技术、会经营"的高素质的新型农民。

——"劳动力对接工程"：在充分尊重劳动力与企业意愿的基础上，按照"政府引导、市场运作"的原则，积极引导对口地区剩余劳动力向宁波市转移。通过帮助对口地区建立劳动力转移培训基地，完善劳动力培训网络，建立健全劳动力培训、转移的工作机制，推动和引导我市企业与对口州劳动力的对接。

——"企业合作交流工程"：把建立完善企业合作交流平台，大力推进经济合作作为对口帮扶的一个重要内容。充分利用我市民营经济发达，民间资本活跃，与对口地区有较强互补性的特点，积极创造条件促进两地企业开展经济合作。充分利用我市已出台的到对口地区开展经济合作工作的优惠政策，使甬黔企业合作交流有重大突破。

"十二五"期间，对贵州省重点组织实施"民族特色示范村寨帮扶""高效农业示范基地帮扶""产业对接示范推进帮扶""创新创业示范培育帮扶""公共事业示范项目帮扶"等五大帮扶计划。其中，根据国务院办公厅安排，2013年2月，宁波市对口帮扶贵州省黔东南州、黔西南州调整为对口帮扶黔西南州。

（3）协同发力，在健全机制上下功夫

扶贫开发期间，为巩固扶贫协作成果，以夯实"实现共同富裕"基础为工作主线，宁波与对口地区从扶贫领导组织体制、政策制度、扶贫协作运行、社会参与扶贫、脱贫攻坚与乡村振兴战略融合、贫困治理、扶贫宣传报等方面，着力协同构建"共商合作、共建平台、共兴产业、共筑保障、共保安全"的扶贫协作机制，探索出一条高质量可持续发展的产品开发路子。

（4）压实责任，在增强合力上下功夫

——党政主要领导亲自抓，分管领导具体抓，各级领导率先垂范，带动和激发了广大干部群众对口帮扶积极性、创造性。15年里，宁波市党政代表团20余次考察访问贵州，参加的各级领导干部达千余人次，历届市委书记、市长均到访过对口地区。对口地区领导及市（州）、县党政代表团也多次访问宁波。

——层层压实责任，形成了"四级书记抓扶贫、全市上下齐攻坚"的生动局面。压实市委市政府主要领导每年开展定期互访、确定协作重点、研究部署和协调推进责任；压实县（市、区）级一线指挥部责任；压实市、县两级帮扶工作机构指挥、组织、协调责任；压实行业部门的"作战单元"责任；压实乡镇党委政府的前沿指挥所责任；压实村"两委"的战斗堡垒责任，层层传导压力、增强动力。

——狠抓落实，压茬推进宁波"三对口"工作重心由"解决温饱"向"以整村推进、农村劳动力转移和产业化扶贫"再向"六大工程"的纵深发展。其中，市委常委会、市政府常务会每季度至少召开一次专题会议，听取扶贫开发工作汇报，研究解决重大问题，适时召开全市扶贫开发推进会议或分区域、分行业组织现场观摩活动。县（市、区）党委和政府每月至少专题研究一次脱贫工作。市对口帮扶协作工作领导小组（办公室），重点对对口帮扶和对口支援规划与政策落实、项目推进、扶贫资金使用、驻村干部履职情况等开展全方位监督检查。

——动员全社会力量，形成扶贫济困光荣的社会氛围，引导更多的人、更多的单位参与到扶贫帮困工作中。

——建立健全社会帮扶服务网络，方便群众了解情况、提供资金、参与活动。

（5）以人为本，在增强内生动力上下功夫

——把解决贫困群众的切身利益问题放在首位，优先选择促进就业、增加收入、改善民生、加快发展等方面进行项目扶持。

——尊重贫困群众的主体地位，充分发挥其能动作用。充分考虑到当地群众的认知力和承受力，对计划制订、政策出台、项目实施等与受援受助对象密切相关的工作，坚持公开、公正、公平，使之能清楚地了解帮扶和支援工作的意图和目的，并主动支持配合工作。

——走生产发展、生活富裕、生态良好的可持续发展的扶持路子，确保援助项目能够促进对口地区经济与人口、资源、环境协调发展。

2.强化统筹兼顾，实施六个结合

（1）政府推动和社会参与相结合

扶贫开发期间，宁波与对口地区携手着力构建政府、市场社会协同推进的大扶贫开发格局。遵照中共中央、国务院对深化改革、深入推进扶贫开发作出全面部署。宁波市在严格实行党政一把手负总责的扶贫责任制，硬化扶贫政策，加强资源整合，瞄准重点区域，锁定扶贫对象，同步推进片区区域发展与扶贫进村入户等措施，加大党委政府扶贫主导力度的同时，坚持把挖掘社会资源、动员全社会参与作为一项重要措施，通过党政代表团、高层领导间的定期互访活动，带动两地各系统以及民间团体、企业和各行业协会之间的合作交流和学习考察，引导机关事业单位定点帮扶、企业参与扶贫、社会团体扶危济困。并通过媒体宣传、政府搭台、专项扶持行动计划、献爱心社会公益活动等方式，动员各社会阶层市民广泛参与到东西部扶贫协作中。

（2）市场引导和促进合作相结合

在东西部协作实践中，宁波一是在进行"单向"的无偿帮扶和支援，给予必要的资金、物资和项目援助的基础上，更注重开展"双向"交流合作，帮助对口地区干部群众转变观念，拓展发展思路，提高发展能力。二是坚持以市场为导向，积极搭建平台，大力推动两地的经济合作。按照"优势互补、互惠互利、长期合作、共同发展"的原则，把宁波市资金、信息、技术、市场等优势，与对口地区的自然资源、劳动力、文化资源等优势结合，促进我市需要转移的产业优先向对口地区转移。努力在帮扶和支援中寻找合作项目，在合作交流中寻找发展机遇，形成相互促进、共同发展的良性格局。

（3）典型示范与转型提升相结合

在东西部协作实践中，宁波在坚持社会效益、经济效益和生态效益有机统一的基础上，整合资源，集中力量抓典型。通过开展示范项目创建和选树典型人物的示范带动，由点到线，由线到面，全面推进，带动对口地区产业快速提升、农民快速增收、经济社会快速发展。工作中，坚持"资金跟着项目走、项目按照需要定"，确保援助资金都用在有急需的项目上。同时，更注意整合帮扶资源，突出帮扶重点，集中帮扶资金，抓好典型示范项目，做到项目实施一个见效一个，带动一批发展一片。建成了一批具有宁波帮扶特点的、能够明显改善民生并对当地经济跨越式发展和社会全面进步产生较大影响力的帮扶项目。

（4）协调平衡与科学规范相结合

宁波在制定东西部扶贫协作规划、出台政策、实施项目中充分考虑对口地区贫困群众的利益与承受力，科学处理眼前利益与长远利益，经济效益与社会效益、生态效益的关系。对规划制定、政策出台、项目实施等与受援受助对象密切相关的工作，坚持科学规范的原则，注重公开、公正、公平，使受援受助对象能清楚地了解帮扶和支援工作的意图和目的，从而激发其内生动力。

（5）扶贫扶困与扶志扶智扶德相结合

在东西部协作实践中，宁波坚持扶贫与扶志、扶智、扶德相结合。一是扶贫先扶志。创新宣传形式，借助广播、电视、微信群等多种宣传渠道，向贫困群众及时传播扶贫政策，帮助他们树立脱贫思想、脱贫观念、脱贫信心和摆脱困境的斗志和勇气，转变"等靠要"等落后观念，激发脱贫内生动力。二是加大教育扶贫和科技扶贫力度，在扶智上下功夫。在不断完善覆盖学前教育、义务教育、职业教育等全链条的多层次教育帮扶，着力阻断贫困代际传递的基础上，积极创新教育平台和培训方式，提高就业技能培训和创业扶持的针对性，帮助和指导有劳动能力的贫困户学得相关知识、技能、思路，提升脱贫致富的综合素质。三是扶贫与扶德同步推进。通过扶道德、扶尊严、扶价值观，助力贫困地区构建农村思想道德新高地，帮助和引导贫困群众挺起脱贫的腰板，致富路上不忘以德为先，推动形成积极向上的社会风气。四是强化典型示范引领。助推贫困地区开展致富能手、道德模范、文明家庭、脱贫家庭星级评选活动，广泛宣传脱贫致富的典型人物和先进事迹，用身边人、身边事教育引导贫困群众，让他们学有榜样、干有方向，培育起"自强自立、勤劳致富"的良好风气。

（6）精准扶贫与乡村振兴相结合

宁波注重扶贫开发工作与乡村振兴的衔接，以乡村振兴巩固脱贫成果。一是着力从推动增量提质上突破，壮大特色农业，围绕打好"产业振兴"这个物质基础，持续帮助对口地区做大做强特色现代农业产业；二是从打造亮丽名片上发力，实施"千村示范、万村整治"，积极帮助对口地区补齐基础设施和基本公共服务短板，建设宜居家园，努力形成一批可借鉴、可复制、可推广的经验，加快对口地区新农村建设步伐；三是从培育文明乡风上拓展，帮助对口地区大力发展乡风文明建设，健全自治、法治、德治相结合的乡村治理体系，努力打造充满活力、和谐有序的善治乡村；四是从夯实工作保障上深化，在思想上充分重视，在行动上持续加力，凝聚起社会各方面力量，协同推进对口地区乡村振兴。

3. 激发组织实施之能，体系化推进扶贫开发

为确保"六个结合"取得实效，宁波注重扶贫开发系统的集成，构建"六位一体"的扶贫开发体系，合力推进工作深入开展。

（1）上下贯通、强劲有力的决策指挥体系

成立市扶贫工作领导小组，发挥其领导、决策职能，统筹决策、部署全市对口帮扶和支援工作；抽调得力干部组建有独立党组的市对口帮扶协作领导小组办公室，负责制定扶贫协作和对口支援工作方案、计划、措施，协调指挥、统筹推进工作；成立了各县（市、区）及宁波经济技术开发区对口帮扶协作领导小组及办公室，专门负责对口帮扶、对口支援日常工作，确保工作在基层顺利推进和责任落实；各相关部门成立了对口帮扶协作工作机构，负责具体对口帮扶、对口支援业务的落实和责任落实。截至2001年底，宁波市共成立市县级对口帮扶协作领导小组及办公室12个。

（2）纵向到底、横向到边的责任体系

领导责任体系。明确各级党组织负责人是本单位扶贫工作的第一责任人，形成各级党政一把手亲自抓，班子成员按照分工具体抓，市、县、乡、村四级书记一起抓的齐抓共管工作格局。

企业责任体系。引导企业履行好资助社会公益事业、保护生态环境、支持社会保障体系建设、扶贫济困等责任。

社会责任体系。引导社会履行服务国家、服务社会、服务公众、团结互助、扶危济贫的责任。

（3）分工负责的扶贫开发工作推进体系

在健全市、县（市、区）决策指挥体系的基础上，组建了20多个责任单位、50多个配合单位组成的产业合作、劳务协作、人才支持、社会帮扶、消费扶贫等工作推进体系，形成上下前后内外全面发力扶贫攻坚局面。

（4）多维协同的保障体系

组建了由政府财政投入、金融服务、社会捐赠等构成的资金支持体系；形成了组织部门牵头干部管理与培训系统、人力社保部门牵头专技人才交流与培训系统组成的人才保障体系；搭建了由教育、科技、卫生部门牵头组成的教科文卫援助体系，各系统相互配合，协同创新推进扶贫开发工作纵深发展。

（5）社会力量全面参与体系

市经济合作办公室牵头的社会参与动员系统、市民政局牵头的社会组织扶贫推进系统与市委统战部牵头的行动深化系统，共同动员引导宁波籍港澳台同胞、海外侨胞，参与万人助学、手拉手爱心结对、支医支教等专项献爱心公益活动，帮助贫困乡村建设公共服务设施。

（6）务实管用的扶贫监督体系

市政府督查室定期对市直部门及各县（市、区）东西部扶贫协作工作的政策落实、责任落实、工作落实情况开展专项督查。市经合办牵头对东西部扶贫协作实施工作目标考核。对工作推进不力、工作成效不佳的，责令整改；对出现重大违纪违规问题的，严肃追责。

4. 构建协作机制，谋划长远之策

（1）协调对接机制

坚持一年一度（2003年受非典影响除外）的对口扶贫协作联席会议制度，紧扣发展大局，突出顶层设计，建立共同研究决策、共同部署安排、共同检查总结、共同推进落实的常态化机制。扶贫开发的15年间，宁波市党政主要领导率队到访对口地区18次，行业与单位部门互访1200多次，街道（社区）与乡镇（村社）互访3000余次。接待黔西南、黔东南两州来宁波市400多批5000余人次。

（2）结对帮扶机制

2013年国务院调整宁波市"一对一"对口帮扶黔西南州后，宁波市确定11个县（市、区）、13个市级部门，以"二对一""三对一"的方式结对帮扶黔西南州的8个市、县和3个新区，并新增市卫生局和旅游局对口帮扶黔西南州卫生局和旅游局。从项目、资金、技术、人才等方面精准发力，给予对口地区多层次、全方位的持续帮扶。

（3）互学互助机制

扶贫开发关键在人，在人的观念、能力、干劲。贫困地区最缺的是人才。扶贫开发期间，宁波共选派7批99名干部到对口地区挂职帮扶，对口地区选派215名干部到宁波挂职锻炼；组织3000多名村镇干部、农村产业致富带头人、新农村建设带头人、校长和教师到宁波市培训、考察，帮助更新观念、拓展思路、提升素质；通过对口双方各级干部互学互鉴，帮对口地区打造了一支留得住、能战斗、带不走的人才队伍；将沿海地区的先进理念和宁波人民"知难而进、求真务实、勇于创新"的精神输入受援地，成为促进受援地提升自我发展能力的重要精神力量。

（4）社会参与机制

宁波坚持动员全社会力量广泛参与对口帮扶，形成了以政府为主导、全社会广泛参与、上下联动的立体式帮扶格局。15 年来，宁波市民在爱心帮扶活动中捐赠资金 4.48 亿元，资助贵州贫困学生 7 万多名；仅朱英龙先生就为贵州修建教学楼和校舍 1000 多座，资助贫困学生 7687 名，总金额达 2 亿多元；宁波市企业仅 2011 年就在黔东南州、黔西南州两州协议投资 100 多亿元。

（5）监督考核机制

对口双方协同建立健全扶贫资金、项目信息公开机制，自觉接受群众和社会公众监督；建立和完善规范的项目资金管理办法，明确援助项目申报、调研、审批、实施、验收和资金划拨、使用、监督、管理程序和方式；探索建立了项目建设绩效考核奖惩激励办法，确保资金真正用于改善民生，确保项目建一个成一个，群众受益一个；加强财政监督检查，认真做好审计和监督监察，确保扶贫资金安全、规范、有效使用。并通过建立落实标准化台账制度、督查督办制度以及工作交流推广制度，促进"三对口"工作任务落实。

5. 砥砺奋进十五载，扶贫开发显成效

15 年扶贫开发实践，宁波走出了一条"党委领导、政府主导、市场引导、社会参与"的"三对口"道路，得到党中央、国务院和浙江、贵州省委省政府的充分肯定，多次被评为全国东西扶贫协作先进集体。2004 年，宁波市对口扶贫办主任张祖安同志被评为全国"人民满意的公务员"；素有"中国布依第一村"之称的黔西南州兴义市义龙新区楼纳村，2011 年 5 月 8 日，习近平同志曾考察过这个村寨，殷切勉励村民"把布依族的新农村建设得越来越好"，当时它还是国家二级贫困村，经过宁波援建，2015 年成为黔西南州新农村示范点、民族示范村。

截至 2015 年底，宁波累计在贵州完成帮扶项目 3730 个（其中，黔东南州 2230 个、黔西南州 1500 个），无偿帮扶资金与物资共计 10.51 亿元（其中，黔东南州 4.90 亿元、黔西南州 5.61 亿元）。

（1）实施"民族特色示范村寨帮扶工程"，促进对口地区新农村建设加快发展

宁波市先后帮助建设黔东南州千户苗寨、黔西南州落水洞村和顶效楼纳村等一批民族特色示范村寨，如兴仁县锁寨村、安龙县打凼村、贞丰县纳孔村、普安县联盟村、晴隆县三合村等，尤其是楼纳村，成为贵州省新农村建设的样板。截至2015年底，宁波帮助黔东南州、黔西南州建设了114个新农村示范点和45个扶贫示范村。建设农村广播电视通信网，基本实现广播电视村村通。帮助修建村道600多公里，解决了20万人、15万头大牲畜的饮水问题；对5000多户农户进行了"一池三改"，救济了3万多贫困家庭和多批受灾群众。

（2）实施"高效农业示范基地帮扶工程"，促进受援地发展优势特色产业

宁波因地制宜帮助黔西南州、黔东南州发展特色产业，促进自然资本向生计改善转化。先后扶持发展了麻江蓝莓基地、黎平油茶基地、兴义市七舍镇的茶叶基地、猪场坪万亩核桃基地、贞丰黄花梨基地、则戎镇冷洞村金银花基地等15个较大规模的高效生态农业示范基地，促进农业增效、农户增收。帮助引进杨梅、白枇杷、波尔山羊、长毛兔等优良农产品品种，这些品种已成为当地农户脱贫致富的重要手段，兴义市万屯杨梅广受市场欢迎，晴隆县波尔山羊成为南方草地畜牧业典范，创造了扶贫开发的"晴隆模式"。

集中力量建设农业产业园，3年里，宁波市本级和北仑区、市对外贸易经济合作局联合投资1500万余元用于兴仁县山地生态农业园建设，园区一期工程已完工，路网贯通，万亩枇杷树已遍布山岗，大大促进园区范围内的锁寨等5个村的村民脱贫致富；大力扶持特色产业发展。宁波市本级和镇海区、浙江中大集团等单位合力推进普安县长毛兔产业的发展，已投入帮扶资金1000万余元。截至2015年，全县已养殖长毛兔近10万只，数百农户接受了规模化养殖培训。黔西南州农特产品宁波直销店于2015年上半年正式开业。截至2015年，直销店有2家，采用市场运作的模式，分别由黔西南州特色农产品流通协会和宁波企业自主经营，自负盈亏。两个直销店均地处宁波市中心，展出黔西南州8县（市、区）的优势农产品，有薏仁米、绿壳鸡蛋、五色糯米等120余个品种。直销店的开业，也将促进黔西南州农户的增产和增收。

（3）实施"支教（医）百校（院），助学万人工程"，促进受援地提升公共服务水平和人力资本

宁波帮助黔东南州、黔西南州两州改善了 1430 多所学校的办学条件，提升了当地贫困农户的受教育水平；改善了 100 多所医院（卫生院）的医疗条件，缓解了 10 多万户群众看病难问题，减少因病致贫、返贫等现象，资助了 8 万多名大中小学贫困学生，有效提升了当地人力资源水平。

（4）实施"创新创业示范培育帮扶工程"，促进受援地发展能力跨越式提升

宁波帮助黔东南州、黔西南州培训党政干部、教师、医生和农村致富带头人 2 万多人次，进行农业科技和非农就业技能培训 3 万余人次，直接提升了受援地的人力资源水平；宁波向贵州派出挂职干部 104 人，接待干部、医生、教师来宁波挂职或进修 300 多人次；有效提升了受援助地人力资本总量，促进了受援地区发展。

（5）实施"甬黔劳动力对接工程"，促进受援地劳动力有序转移就业

通过有序引导和接纳 3 万余名贵州劳动力来宁波市务工，直接提升劳务输出家庭的现金收入，改善生计状况。并带动了一大批贵州劳动力到宁波市务工。截至 2015 年底，在宁波市务工就业的贵州劳动力有近 40 万人。

（6）开展"甬黔企业合作交流工程"，促进对口地区企业发展，经济快速增长

据不完全统计，截至 2015 年底，宁波已有 1000 多家企业在贵州投资，有 7000 多名甬籍人士在贵州投资创业和发展，投资项目涉及商贸、矿产、水电、塑料化工、模具制造、物流、房地产、旅游、服装、灯饰等行业，总投资额超过 300 亿元。

（7）集中资金建设大的公益项目

投资 1980 万元帮助建设黔西南州儿童医院门诊大楼，提升黔西南州儿童医疗水平；投资 1000 万元建设兴义民族师范学院图书科技楼，帮助该校通过国家本科教育验收；2014 年 10 月 16 日，宁波与兴义的直飞航线正式通航，该航线由宁波经停兴义往返丽江，每周三班，开通以来上座率一直较好，甚至

出现一票难求现象，为黔西南州旅游业的快速发展提供了有力保障。

（三）脱贫攻坚阶段（2016—2020年）

随着"十二五"国家扶贫工作圆满收官，我国的扶贫工作步入精准脱贫阶段。2015年11月，中共中央、国务院《关于打赢脱贫攻坚战的决定》要求"采取超常规举措，拿出过硬办法，举全党全社会之力，坚决打赢脱贫攻坚战……确保到2020年我国现行标准下农村贫困人口实现脱贫，贫困县全部摘帽，解决区域性整体贫困"。2016年11月，国务院颁发《"十三五"脱贫攻坚规划》，明确提出："坚持精准扶贫、精准脱贫基本方略，坚持精准帮扶与区域整体开发有机结合，以革命老区、民族地区、边疆地区和集中连片特困地区为重点……确保与全国同步进入全面小康社会。"2016年12月，中共中央办公厅、国务院办公厅印发《关于进一步加强东西部扶贫协作工作的指导意见》，调整东西部扶贫协作结对关系，指定宁波市结对帮扶吉林省延边朝鲜族自治州、贵州省黔西南布依族苗族自治州。

脱贫攻坚阶段，特别是2018年以来，宁波市委市政府以习近平新时代中国特色社会主义思想为指导，以新发展理念为引领，以"高、新、特"（即拉高标杆、高位推进；理念新、举措新；有特色、有特质）为特色，高质量推进东西部协作。

1. 拉高标杆，高位推进

"西部地区特别是民族地区、边疆地区、革命老区、连片特困地区贫困程度深、扶贫成本高、脱贫难度大，是脱贫攻坚的短板，进一步做好东西部扶贫协作和对口支援工作，必须采取系统的政策和措施。"

2016年7月20日，习近平总书记在银川主持召开东西部扶贫协作座谈会时发表的重要讲话，为"甬黔""甬延"扶贫协作指明了方向。2019年9月9日，时任贵州省委书记、省人大常委会主任孙志刚，省委副书记、省长谌贻琴赴宁波市交流对接工作。2019年5月和6月，时任浙江省委副书记、省长袁家军和时任浙江省委副书记、宁波市委书记郑栅洁，时任宁波市委副书记、市长裘东耀也分别率宁波市党政代表团到黔西南州对接扶贫协作工作。

2016年以来，宁波以"第一政治责任"的站位强力推进东西部扶贫协作，聚焦对口地区"两不愁三保障"突出问题,为确保对口地区贫困农民人均可支配收入增长幅度高于全国平均水平,基本公共服务主要领域指标接近全国平均水平目标的实现。宁波市委市政府最高站位,顶格重视。时任省委副书记、宁波市委书记郑栅洁要求:"全市各级各部门要把东西部扶贫协作和'山海协作'工作作为重要政治任务摆上突出位置,做到标准再提高、力度再加码,推动对口工作再上新台阶。"市委副书记、市长裘东耀强调:"以最高的站位、最大的真情、最实的举措、最强的合力,高质量完成中央和省委省政府交给宁波的重大政治任务。"5年里,两地党政高层强化互访交流,高位推动扶贫协作,共商破解协作突出问题之策,研究部署重点帮扶工作,协调推进任务落实,紧紧扭住高位推动这个"基础保障"。并通过调整优化指挥体系、坚持周调度月通报、切实抓好问题整改、开展重点工作督导等有力抓手,全面夯实东西部扶贫协作各项保障要素,为扎实推进对口协作的各项工作开展奠定了坚实基础。

在高层推动下,宁波市到中西部地区调研对接1327人次(其中省部级19人次、厅局级313人次)、召开高层联席会议次数28次(其中黔西南14次、延边14次)、召开会议专题研究部署扶贫协作工作情况84次(其中黔西南42次、延边42次)。并将东西部扶贫协作纳入年度目标管理考核,全面部署、督导、落实工作,压实责任。市对口办每月调度全市东西部扶贫协作重点工作;每半月调度、报告挂牌督战工作;每周调度、分析、研究全市消费扶贫工作。

(1)"四级书记"抓脱贫,压实脱贫攻坚责任

坚持党对脱贫攻坚的全面领导,落实党政领导班子和党政领导干部的政治责任。层层签订责任书,立下军令状,实行严格责任制,落实市、县、乡、村四级书记一起抓扶贫工作,党政"一把手"亲自调查研究、剖析问题原因,层层传导压力,形成上下贯通、横向到边、纵向到底的责任体系。为落实脱贫攻坚责任,宁波市对口工作领导小组办公室实行基层动态"四报",即年考核报告、每季信息简报、每月交流汇报、每日信息通报,全方位把握扶贫协作推进动态,确保整个对口帮扶和支援工作有序衔接、持续推进,有效激发各地各部门"比学赶超"的热情;在全方位掌控动态的同时,宁波市四大领导班子、对口工作领导小组办公室成员重心下沉,以"四导"狠抓责任落实,即以参加贫

困地区研讨为先导，领导班子奔赴帮扶、支援地区检查调研压力传导，查阅扶贫台账强化督导，同一线人员交流答疑分类指导，帮助他们准确理解中央和宁波对口帮扶和支援工作要求，不断强化责任落实，压茬推进，形成一级抓一级、层层抓落实的良好局面，带领全党全社会推进脱贫攻坚。

（2）健全制度，有效支撑

宁波创新构建扶贫协作"四大基本制度"。一是建立标准化台账制度，即领导的个人履职台账、部门和县（市、区）的工作台账、市办的迎考台账、动态更新的电子台账等，实施痕迹管理；二是建立"最多报一次"前后方响应机制制度，即前方工作队之间建立"最多报一次"制度，前方工作队提出需求只需一次，后方在第一时间响应研究回馈，确保前方工作队专注在一线工作；三是建立工作督办、交办、催办制度，即市委和市政府两个督查室牵头，会同组织部等部门，建立人员相对固定的专门的督查督办组，对工作开展强有力的协调督办；四是建立完善扶贫工作品牌化和交流推广制度。对各地各部门好的做法和工作，第一时间以市办的名义进行推广，有效激发积极性。

（3）加大投入，全面保障

加大财政金融支持力度。每年投入帮扶资金黔西南州2.5亿元以上、延边朝鲜族自治州2亿元以上，资金投入逐年增长。规范援助资金使用，确保财政援助资金50%以上用于黔西南州精准脱贫户的脱贫工作、80%以上用于与延边朝鲜族自治州建档立卡贫困人口密切相关的项目。

加大产业帮扶力度。利用组织化理念、信息化手段、品牌化要求，大力帮助受援地补齐农业产业链短板。坚持以工业化、"市场化"思维，推动现代农业发展。强化"农业生态化、生态产业化"理念，帮助受援地开展"生态宜居村庄美、产业富民生活美、文明和谐乡风美"的乡村建设，推动脱贫攻坚与乡村振兴有效衔接。

加大"智力帮扶"力度。教育帮扶方面，给帮扶地区带去新理念、新发展、新希望，镇海推出镇海中学助高考、职教助就业、教育系统助求学三助学服务。健康帮扶方面，通过结对驻点帮扶、重点专科打造等形式，不断提高受帮扶医院的医疗服务水平，并率先在黔西南州创建健康扶贫领域首个党建联盟。

加大劳务协作力度。宁波弘扬"六争攻坚"精神，采取输送就业岗位"争量"、组织招聘活动"争势"、推动转移就业"争效"、完善回访机制"争优"、落实政策红利"争速"、开展技能培训"争强"、组建贫困车间"争先"等"七争"举措（2019 年 4 月央视新闻联播头条给予报道），促进贫困劳动力省内就近就业和转移就业。

加大人才支持力度。一是宁波向对口地区增派挂职干部 100 多人，挂职期限由 1 年延长到 3 年，接收来甬挂职锻炼的受援地干部 300 名，直接提升受援助地区人力资本总量；二是加大干部培训力度，帮助对口地区培训党政干部、教师、医生和农村致富带头人 2 万多人次，并协助进行农业科技和非农就业技能培训 4 万余人次。

加大文化扶贫力度。加大对口地区乡镇综合文化站、公共阅览室、文化馆、农家书屋等公共文化服务体系建设帮扶力度，推动公共图书馆、乡镇综合文化站全部免费开放；依托对口地区特色文化资源，引导社会力量参与传统文化传承保护、参与文化活动品牌创建、参与文化基础设施建设，帮助受援地发展特色文化产业。

加大对特殊群体关爱力度。加大贫困残疾人康复工程、特殊教育、技能培训、托养服务等帮扶力度，助力受援地提高低保家庭老年人、未成年人、重度残疾人等救助水平，确保基本生活。市残联推出坚持需求导向补短板，坚持造血式扶贫促就业，坚持社会参与聚合力助残措施。

加大社会力量帮扶力度。出台政策鼓励支持社会组织、企业、个人参与扶贫攻坚；加大基层结对帮扶力度，鼓励各类社会力量开展到村到户精准扶贫；搭建线上与线下结合的公益服务平台，引导社会爱心资源向受援地集聚，着力打造扶贫公益品牌；积极倡导扶贫志愿者行动，引导宁波爱心人士参与扶贫志愿活动，积极投身脱贫攻坚事业。

加大脱贫攻坚氛围营造力度。加大贫困地区乡风文明建设支持力度，振奋贫困地区干部群众精神，坚定脱贫信心和决心；组织新闻媒体加强脱贫成果的宣传推介，及时刊播我市与黔西南州扶贫协作工作进展、典型事迹和成效亮点；成立宁波万里对口协作和反贫困研究院，系统总结提炼升华浙江（宁波）精准扶贫的实践成果，不断丰富完善中国特色扶贫开发理论，为脱贫攻坚注入思想动力。

2. 新理念引领，创新举措

（1）以"五新发展理念"引领脱贫攻坚

在决胜脱贫攻坚的关键期，宁波与对口帮扶地区携手实施"精准脱贫"与"打赢脱贫攻坚战"过程中，以"创新、协调、绿色、开放、共享"新发展理念为引领，助推脱贫攻坚。在"创新"中优化农村经济和产业结构，在"协调"中构建和谐城乡关系、工农关系，在"绿色"中建设遍布绿水青山的美丽乡村，在"开放"中稳步推进城乡一体化，在"共享"中弥合城乡二元结构的鸿沟。如此，将新发展理念与脱贫攻坚有机结合起来，创造出精彩纷呈的扶贫协作方式。

（2）创新扶贫协作组织领导体制

时任浙江省委副书记、宁波市委书记郑栅洁和时任宁波市委副书记、市长裘东耀亲自担任宁波市对口工作领导小组组长和常务副组长，成员单位由原来的 45 个增加到 64 个。在国内率先成立作为市政府组成部门的对口支援和区域合作局，作为扶贫工作的"参谋部""指挥部""后勤部""协调部"。成立东西部扶贫协作工作指挥中心，承担"扶贫协作指挥作战、发布、宣传展示、社会帮扶、交流联络"等功能。新组建局下属事业单位宁波市支援合作促进中心，提升宁波市对口合作服务中心功能，为对口地区产业、消费等可持续发展赋能助力。

（3）突出"政治引领"，"党建＋脱贫"双推互进

创建"党建＋脱贫"双推互进发展格局。一方面，突出"政治引领"，把党的坚强领导视作脱贫攻坚取得胜利的根本保障，使基层党建跻身脱贫攻坚最前沿，由基层党建引领精准扶贫；另一方面，在致富能手，农民专业合作社负责人，种、养殖大户等群体中择优选拔村党组织书记，选好配强村"两委"班子，不断提升基层党支部的凝聚力和战斗力，打造"不走的扶贫工作队"。

（4）创新产业合作举措

——组织引导，产业对接。宁波市出台《关于组织引导企业对口地区开展产业合作的实施意见》，县（市、区）出台配套支持政策，进一步加大扶贫产

业合作的组织引导力度，围绕对口地区发展产业、带动贫困人口就业等开展产业扶贫；注重帮助黔东南州、黔西南州两州发展一些贫困人口参与度高、带贫效果好的小微项目、扶贫车间等，促进就业脱贫；动员市县两级所属国有企业参与产业扶贫，市商贸集团牵头分别在两州注册成立甬延、甬兴公司，积极开展产销对接，积极发挥宁波民营企业在产业合作中的引领和示范作用。

——实施"三个绑定"，凸显精准帮扶。其一，援建项目与当地资源优势精准绑定，发挥援建项目的长期效应。如在有"黑木耳之乡"美誉的延边朝鲜族自治州汪清县，重点绑定黑木耳产业，援建项目 15 个，援助资金 5966.3 万元，帮助打造成贫困户脱贫的主导产业和增收的支柱产业。其二，援建资金与当地各方利益主体精准绑定，发挥援建项目的拉动效应。一是与当地政府绑定：2018 年来，我市在延边朝鲜族自治州的产业项目总投资 3.59 亿元，其中拉动当地资金达 1.7 亿元。二是与村集体绑定：我市援建的图们市石岘镇水南村民俗旅游扶贫项目，实行"村 + 企业 + 农户"经营模式，村集体每年增收 18 万元。三是与市场主体绑定：2018 年，我市援建的敦化市长有食品有限公司煎饼生产基地，每年安排贫困人员就业，并按比例上交收益用于贫困人口增收。其三，扶贫项目效益与贫困人口增收精准绑定，发挥援建项目的惠民效应。宁波在项目的安排上，因地制宜，聚焦建档立卡贫困人口，重点向深度贫困县、乡、村倾斜，注重加大产业扶持力度，"帮"出了一批"带不走"的富民产业。在与对口地区充分研判论证的基础上，将对口地区"资源、生态环境、政策"等方面的优势与宁波"产业、资本、技术、人才"等方面的优势紧密结合起来，精准施策，通过产业联动、梯度转移，突出园区建设，整体提升对口地区的产业水平，发挥援建项目的惠民效应。

——"三帮三带""串珠成链"。以宁波市海曙区帮扶贞丰县发展茶叶产业为例。一是"三帮三带"，有效提升对口地区产业振兴加速度。"三帮"，即帮融资需求、帮技术服务、帮产品推介。在贞丰茶产业示范园建设过程中，海曙区投入资金 1170 万元，组织茶叶种植专家培训 588 名茶农、10 名茶叶经纪人、30 名销售经理，"线上"与"线下"结合推动贞丰茶叶产业市场化。"三带"，即园区带片、企业带村、合作社带户。"白叶一号"感恩茶园带动"两区三带"

江西坡国家级出口食品农产品质量安全示范区、青山古茶树核心区，形成南、中、北三大茶叶产业示范带；示范园实施"公司＋合作社＋村集体＋贫困户"的经营方式，对口帮扶资金分三年注入村合作社，村合作社按照入股本金第一年 5%、第二年 6%、第三年 7% 进行固定比例分红，70% 分红量化到贫困户，30% 分红作为村集体发展资金。二是"串珠成链"，打好"产业牌"。从理念、政策、资金、技术和市场等外部资源输入入手，提升茶叶产业链的组织化程度和市场化水平，进而推进茶叶规模化种植、标准化加工和市场化交易，高标准建成 2000 亩"白叶一号"感恩茶园；坚持全产业链帮扶建成千亩白茶基地、"贵州乾源茶业有限公司"、"贵州省盘江红茶业发展有限公司"，带动茶叶副产品茎梗、片末、毛衣、茶灰的综合利用，实现产业链、价值链、功能链的重塑增值。

——三产融合，"三化"协同。宁波在产业帮扶中，坚持"粮头食尾""农头工尾"发展导向，助力受援地做好农产品精深加工、综合利用加工、商贸流通等现代加工流通产业，有效支撑当地农业现代化发展；深挖农业的生态、文化、旅游等功能，帮扶受援地开发乡村休闲旅游业、乡土特色产业、乡村数字产业、乡村现代化服务业等新型融合产业，形成一、二、三产业深度融合的新格局。宁波探索"三化"协同赋能脱贫攻坚，开启区域产业高质量发展新引擎。一是以组织化为龙头，积极引导合作组织对贫困户的吸纳和帮扶，使贫困农户尽快融入现代农业发展的轨道。二是以品牌化为支撑，将产业特色化和产品品牌化相结合，提升帮扶域内农产品的市场影响力和溢价能力。三是以电商化为纽带。拓宽农产品的销售渠道、减少流通环节、降低流通成本。

（5）"志智双扶"新思路

遵照习近平总书记"扶贫先扶志，扶贫必扶智"的指示，宁波坚持把扶智、扶志作为提升贵州省黔西南州和吉林省延边朝鲜族自治州内生动力的重要手段。

智力帮扶，人才支援全面广泛。按照"尽锐出战"要求，加强与黔西南州、吉林延边州两州联系，研判干部人才交流情况和需求情况，选派优秀干部和专技人才开展对口帮扶，新选派挂职干部接替期满挂职干部；结合两州教育、卫生和农技等方面的需求，调整优化专技人才选派结构，增加中长期帮扶人才和有丰富经验人才的选派，着力强化理念交融、互学互鉴。

创新思路，实施"三联双扶二培"。即政府、企业和学校三方联合开展扶志和扶智工作，联合开展致富带头人培养和基层干部培训。

在"扶志"方面，政府依托贫困地区基层党组织做好精神脱贫宣传教育工作，让"脱贫必先自立，致富必先自强"理念扎根贫困户的思想；企业方通过项目资金扶持自己想致富并有带动他人致富志向的贫困人口优先发展；学校方面是把良好的基础教育、职业教育送到贫困地区，大力推进教育结对帮扶。

在"扶智"方面，发挥我市教育、卫生、农业、科技等领域优势，帮助当地培养、提升专技人员业务水平。在"双培"方面，协助受援地面向党政干部、基层扶贫干部、驻村第一书记、贫困村村干部和致富带头人等，通过培训班、挂职锻炼、驻点工作和学习调研等方式,推进其理论创新、管理创新和思维创新。

（6）劳务协作新路径

宁波市以劳动力培训及劳务输出为抓手，坚持就近就业和转移就业并重，形成了党建引领"三联＋四个精准＋三强化"的劳务协作扶贫新路径。

"三联"，即组织联建、队伍联管、发展联动。其中，组织联建：把党组织建在服务机构、务工工地上，实现党的组织和劳务协作工作全覆盖；队伍联管："联合党组织"实行两地双重管理，共同管理支部党员的日常教育、管理、培训；发展联动：推动村村结对帮扶，全力推进"党建扶贫＋就业帮扶、消费扶贫、健康扶贫、教育扶贫、产业指导帮扶、手拉手帮扶、巾帼扶贫、助残扶贫"的"1+X"帮扶模式。

"四个精准"，即精准匹配、精准培训、精准跟踪、精准保障。其中，精准匹配：通过建立跨区域发布用工信息、输出与输入地精准对接等，实现"人岗精准匹配"。精准培训：通过开展"企业＋职教＋就业"的职业教育和"企业＋培训＋就业"的职业技能培训等，努力实现体力型输出向技能型输出转变。精准跟踪：通过成立"企站"抓跟踪服务，搭建"三级组织"抓"稳岗服务"，着力解决外出务工人员的操心事、烦心事、揪心事。精准保障：充分激发市场参与劳务协作精准扶贫的内在动力，逐步扩展贫困劳动力转移就业；通过产业合作企业吸纳就业、援助项目带动就业等方式，帮助建档立卡贫困劳动力优先实现就近就地就业。

"三强化"，即强化组织优势、强化政策支撑、强化贴心服务。其中，强化组织优势，保障"出得来"。通过分层分级签订就业扶贫协议，在全省率先创新"十省百城千县"省际、市际就业协作机制，编制全国"来甬《劳动力分布热力图》"，开通"宁波欢迎你"暖心专列包车包机（累计包车超5000辆次、包机12架次、专列29趟，接返务工人员超14万人，其中对口地区3464人）。强化政策支撑，保障"稳得住"。通过稳岗补贴、职介补贴、实习补贴等政策鼓励我市企业吸纳建档立卡人员（每人每月额外给予1600元的就业补贴，累计发放补贴1260万元，惠及2724人；大力引导鼓励企业开发爱心岗位，保障每人每月务工收入不低于5000元，全市累计开发爱心岗位已超1万个）。强化贴心服务，保障"能融入"。为符合条件来甬贫困劳动力发放稳岗就业补贴、交通费补贴、实习补贴。将对口地区建档立卡人员纳入就业、创业扶持范围，同等享受宁波就业困难人员政策待遇和劳动维权服务保障。在子女就读、购房等方面给予优惠。成立在甬务工人员临时党组织，定期开展"寻初心、促脱贫"主题党日活动，持续实施"百万新市民素质提升工程"。

（7）消费扶贫新作为

一是全市统筹推进消费扶贫。市政府成立消费扶贫专班，先后召开消费扶贫推进会和"三专"建设部署会，印发《关于开展2020年宁波市消费扶贫月活动的通知》，制定《宁波市消费扶贫专柜、专馆、专区实施方案》，开展消费扶贫企业认证。全市认定消费扶贫企业三批近200家，成立市消费扶贫企业联盟；分别在黔西南州、吉林延边州两州成立甬兴、甬延公司，专门从事两州扶贫产品的采购销售。二是搭建各类平台促进消费扶贫。成立消费扶贫市集，开展"大篷车"扶贫产品进社区活动。启动"山丘市集"爱心集市系列活动，开市"扶贫小店"。建立惠企奖补政策兑现"一键通"平台，对符合条件的消费扶贫企业给予奖补。三是推进"三专"建设。加强与中科同创、中农裕坤、友宝在线、小象商行、蓝巨智能科技等公司联系对接，制订消费扶贫"三专"布放方案，目前设立消费扶贫专馆116家、专区37家、专柜约100个。四是通过"直采直销"驱动、"线上""线下"联动，创建东西部扶贫协作消费扶贫综合体等，如延甬携手以"共享稻田"为突破口，将消费扶贫逐步推广到产销等各个领域，形成"1＋N"的共享体系；创新打造"山丘市集民俗风情街区"（全国首个消费扶贫综合体）等消费扶贫新时尚。

（8）社会帮扶新格局

弘扬"爱心宁波，尚德甬城"的友爱互助传统，广泛动员社会各界主动对接受援地帮扶需求，形成组织牵动、行业带动、平台互动、社会联动、志愿行动等社会帮扶"五动"新格局。

组织牵动。民政部门通过组织召开现场会、座谈会，牵引社会组织有效推进社会帮扶资源向我市对口帮扶地区汇聚。

行业带动。发挥社会组织纽带载体作用，按行业归口，引导和动员行业协会、商会类社会组织积极带动会员单位共同参与对口帮扶。

平台互动。线上与线下结合，着力打造公益服务平台，在政府部门、受援群体，社会组织之间建立一座互动桥梁。2016年以来，线下先后搭建了"馨之园社会助残服务平台""贞丰县社会助残服务站""宁波市对口支援地区残疾人文创产品展销中心""善园"等公益平台。线上共建网上助残服务集散点——"贞丰县社会助残服务站"、"善园网"、医疗卫生"云会诊"、教育交流"云课堂"、农技服务"云指导"等。

社会联动。在市、县两级民政局牵头做好社会组织扶贫的同时，宁波市委统战部、市总工会、团市委、市妇联、市残联等各有关部门结合自身工作优势、专长，面向我市对口帮扶地区开展全方位扶贫开发活动。如市委统战部牵头深化"万企帮万村"宁波行动、市残联"三个坚持"助力残疾人脱贫等。

志愿行动。积极倡导扶贫志愿者行动，构建扶贫志愿者服务网络，支持青年学生、专业技术人员、退休人员和宁波爱心人士参与扶贫志愿活动，积极投身脱贫攻坚事业，组织参与助学、助医、助孤、助老等各种慈善公益活动，提升受援地困难群众生产能力，改善生活水平。

在"五动"社会帮扶实践中，探索构建了社会力量参与扶贫协作领导机制、帮扶需求对接协调机制、精准帮扶项目论证机制、扶贫协作资源整合机制、扶贫协作利益联结机制、对口帮扶政策激励机制（将等级评估积分、购买服务优先、税收减免、项目冠名支持、表彰先进等作为激励社会组织参与扶贫协作的有效方式）、扶贫协作学习交流机制、扶贫协作绩效评价机制等，全方位地促进社会力量参与东西部扶贫协作，不断提升社会力量参与扶贫协作的治理绩效。

3. 突出帮扶特色、提升帮扶品质

（1）"一地一品"，凸显帮扶特色

——鄞州区帮扶特色：创新运用众包、众筹、共享等新经济理念，打造和龙"共享稻田"，形成"1＋N"的共享体系；打造"山丘市集"消费扶贫综合体，构建消费扶贫新时尚，共享扶贫新模式；创建"善园"线上线下公益扶贫慈善综合体。

——北仑区帮扶特色：用工业化产业培育思维布局汪清黑木耳传统产业；"三通""三化"推动健康扶贫；"千人助学"改善社会资本。

——江北区帮扶特色：打造"一滴油""一坝菜""一块布"产业"三名片"，助推册亨农业特色现代化；对标争先，"七争"开拓就业扶贫新天地。

——慈溪市帮扶特色：异地打造产业园，打造"慈溪·安龙万洋产业园"，成为浙江对口帮扶贵州黔西南州的产业园示范项目；青联"四大行动"精准帮扶孤残青少年。

——余姚市帮扶特色："望谟杨梅"助力当地转化自然资本；挖掘布依技艺，做大民族产业；创建"党建引领·姚望相助·就业相扶"党建品牌。

——奉化区帮扶特色："海上鲜"助力珲春海洋经济发展；搭建支教平台，实施"研修同进步"，促进两地学前教育教师共生共长。

——象山县帮扶特色："三聚焦"助力延边州敦化市产业发展、特产出山、百姓脱贫致富；浙东大白鹅成为甬延帮扶的"美丽使者"；打造长白山甬延影视协作基地。

——宁海县帮扶特色："晴隆生态畜牧业"助力对口地区综合改善生计资本；打造东西部扶贫协作"云共体"，创生脱贫攻坚宁海"云"样本。

——海曙区帮扶特色：助力贞丰县发展低热河谷"一江三果"示范园，贵州省高效农业示范园区、农业产业经营重点龙头企业；产销对接助力"黔茶出山"。

——镇海区帮扶特色："东兔西移"，全产业链打造普安长毛兔产业；发挥镇海教育资源优势，全方位多角度推进教育帮扶。

——宁波保税区帮扶特色：引导宁波跨境电商的龙头企业运用"互联网＋"思维，助力"哆吉栗"走向全国市场。

——宁波援藏工作组：构建以民生援藏为龙头，以项目援藏为抓手，以产业援藏、教育援藏为两翼，以消费援藏为助力的"五位一体"协同援藏模式，贡献了宁波智慧和宁波力量。

（2）助力对口地区融入发展新格局

宁波在助力对口地区农产品构建国内大循环的同时，探索创建国内国际双循环新格局。具体如下。

宁波帮扶贞丰县在北盘江两岸发展低热河谷"一江三果"产业园，园区果品出口我国台湾、香港，以及新加坡等地。

宁波海上鲜信息技术有限公司利用"北斗＋互联网＋渔业"的跨境电商平台，全力拓展对口地区珲春从俄罗斯进口的海产品在国内销售、海产品加工后在日韩、欧美市场销售。

宁波助建的延边州敦化市煎饼生产基地的产品远销美、日、韩、加等国家。

宁波舟山港集团与珲春市合作建设珲春国际港项目，全面参与运营经俄罗斯扎鲁比诺港至宁波的内贸外运航线，助推珲春大力发展海洋经济，积极打造东北亚国际物流集散中心。

助力册亨县打造册亨锦绣布依特色产品，远销日本、新加坡等国家。

（3）创造"云"操作，多去"双胜利"

2020 年，面对突如其来的新冠肺炎疫情，宁波积极探索东西部扶贫协作新方法、新途径，运用互联网"云"技术，创造性开展组织领导"云会商"、两地部门"云对接"、干部队伍"云管理"、医疗卫生"云会诊"、教育交流"云课堂"、农技服务"云指导"、消费帮扶"云带货"、业务合作"云推介"、劳务就业"云转移"等疫情下的硬核"云"操作，全力助推对口地区夺取疫情防控和实现经济社会发展目标的"双胜利"。

（4）推动对口协作和反贫困理论与实践"双提升"

2019 年，宁波启动扶贫协作专项研究工作，梳理出扶贫协作研究课题 17 个，探讨宁波扶贫协作创新做法、典型经验，讲好"宁波扶贫故事"，形成一批研究成果。2020 年 5 月 8 日，宁波万里对口协作和反贫困研究院成立。研究院聚焦国家扶贫战略，与政府部门、国际组织、学术机构、企业、民间组织广泛开展合作，立足浙江"三个地"的丰富资源，深化习近平总书记绿水青山就是金山银山理论、"区域协调发展"战略思想在浙江的萌发与实践研究，从反贫困视角系统展示习近平新时代中国特色社会主义思想的真理力量；深入开展我国反贫困与乡村振兴战略对接、贫困治理体系和治理能力建设研究，积极为政府决策提供信息与建议；对中国和世界其他发展中国家的贫困问题进行深入、系统的理论和实证研究，从而丰富反贫困理论体系，讲好宁波故事、浙江故事、中国故事，提升我国反贫困的国际影响力和话语权，为构建人类命运共同体贡献力量。

（5）创生脱贫攻坚与贫困治理融合机制，拓展对口协作新内涵

——协同探索贫困治理服务体系建设。宁波与对口地区协同，从贫困治理目标、贫困治理角色结构、贫困治理技术工具、贫困治理功能效用、贫困治理监督评估等方面，积极探索贫困治理体系建设。一是明晰贫困治理价值目标，即"最终实现共同富裕"。二是确立贫困治理角色结构体系：积极探索构建"党委领导、政府推动、公众参与和社会协同"四位一体的扶贫治理格局。促使政府在反贫困治理中由"全能政府"向"有限政府"转变，促进政社分开，激发社会组织活力，推动行政性扶贫与社会性扶贫的对接、行政管理和专业服务的衔接。三是完善贫困治理技术工具体系，即行政化、市场化和社会化的手段有机结合，相互配合，形成全社会共同参与扶贫的局面。其中，行政性手段倾向于从物质和制度层面采取行动，市场化手段导入"合同、委托等方式向社会购买"市场行为，社会化手段强调公众参与和发挥公益慈善、社会组织等社会力量的功能整合。四是健全贫困治理功能效用体系，即关注贫困可能引致的社会风险，借鉴世界银行风险管理的框架体系，从危机预防、应急缓解和介入干预等方面管控贫困风险；建立创造就业机会、发展教育、完善医疗、改善环境、

灾害应急、技能培训等全方位提升社会成员风险抵御能力的"危机预防"机制；完善深度发掘回应贫困群众潜在需求，帮助恢复和提升生存发展能力，探索构建摆脱贫困的"介入干预"机制。五是构建贫困治理监督评估体系：包括"主体自治""主体间约束""第三方介入"。逐步实现各主体加强自身监督与评估，各主体间形成一种合作性的制约关系，引入与各主体及其治理行为没有直接利益关系的社会力量参与监督与评估。

——协同开展贫困治理能力建设。宁波与对口地区协同，着力从建章立制、统筹协调、专业供给、风险管理等方面培育和提升贫困治理能力。一是先后制定系列扶贫开发、扶贫协作制度政策，初步建立了较为完善的扶贫协作政策制度体系。二是发挥政府主要承担者和责任者作用的同时，充分发挥企业、非政府组织及其他社会力量的作用；立足农村，着眼于城乡均衡发展和一体化建设，探索推进城乡贫困治理的衔接和统一。三是注重贫困群体多元化需求、权利维护和生存发展能力建设，通过培育发展专业社会工作和社会企业家精神，协助贫困群体实现自主自立，主动融入主流社会。四是着力帮助贫困群众增加经济收入、满足基本生活需要的同时，注重采用多元主体的多形式、多层次参与以及预防、缓解和干预应对贫困带来的风险。

4. 脱贫协作成效显著

扶贫攻坚期间，宁波市先后被国务院表彰为"民族团结模范集体""全国东西扶贫协作先进集体""全国扶贫开发先进集体"。2018 年和 2019 年宁波在全国东西部扶贫协作年度考核中连续获得"好"等次；宁波市对口支援和区域合作局党组书记、局长何国强获 2020 年全国"脱贫攻坚奖贡献奖"；宁波的"山丘市集""甬安和作""延边黄牛""汪清桃园小木耳"入选 2020 年全国典型案例；宁波一系列典型事迹、先进经验在国家、省、市级媒体实现密集报道。例如，《浙江宁波把优势资源"嫁接"贫困山区 扶贫资金和项目这样精准落地》《东西部产业扶贫协作的"宁波实践"》《新理念引领甬延协作，高质量推动携手发展》等相继在人民日报、新华社、光明日报、经济日报、中央电视台《新闻联播》、浙江日报等中央、省级主流媒体刊（播）发。

（1）项目、资金精准对接脱贫攻坚

2016 年来，宁波市安排两州扶贫协作财政援助资金 21.6354 亿元（其中，黔西南州 12.8533 亿元、延边州 8.7821 亿元）；携手奔小康贫困县 11 个（其中，黔西南州 4 个、延边州 4 个），县均投入财政援助资金 40317 万元（其中，黔西南州 18361 万元、延边州 21956 万元）；资金使用 21.323 亿元，使用比例 98.5%，带动贫困人口 39.3734 万人（其中，黔西南州 32.7465 万人、延边州 6.6269 万人），其中，用于深度贫困地区 10.284 亿元；用于县以下基层 13.975 亿元、用于产业扶贫 14.472 亿元、用于就业扶贫 1.0098 亿元、用于基础设施建设 2.5671 亿元、用于教育扶贫 1.7737 亿元（其中，建设乡镇级和村级学校、幼儿园 55 所，资助贫困学生 11305 人）；用于基本医疗 0.3694 亿元，建设乡镇级和村级卫生室、养老院 136 所；用于残疾人扶贫 0.3519 亿元，带动贫困残疾人 14874 人；2020 年实施扶贫项目 801 项（其中，黔西南州 547 个、延边州 254 个），实际完工项目 798 项，带动贫困人口 359161 人（其中，黔西南州 309689 人、延边州 49472 人）。

（2）人才支援撬动脱贫攻坚

2016 年来，宁波实际向两州选派挂职干部 150 人（其中，黔西南州 88 人、延边州 62 人），其中厅局级 6 人、县处级 88 人、其他 56 人；宁波挂职干部分管（协管）扶贫协作工作人员 139 人、实际向两州选派专业技术人才 2100 人（其中，帮扶 1~6 个月 1259 人、帮扶 7~12 个月 360 人、帮扶 12 个月以上 295 人）；培训党政干部 83478 人次（其中，黔西南州 48716 人次、延边州 34762 人次）、协助举办专业技术人才（含教师、医生等）培训班 1546 期，培训专业技术人才 194178 人次（其中，黔西南州 172456 人次、延边州 21722 人次）。

教育扶贫方面，我市安排 244 所学校与黔西南州 321 所学校结对，实现 128 所中心校结对全覆盖；2018 年 9 月，宁波技师学院、安龙县技工学校、得力集团有限公司三方合作，在安龙县选拔 35 名建档立卡户贫困学生进入宁波技师学院"对口协作安龙班"。安排帮助延边州 84 名贫困家庭学生到宁波职校免费就读，组织帮扶教师开展各类讲座 283 场次，切实提高延边教师教育教学水平。

健康扶贫方面，我市落实 90 所医院与黔西南州 144 所医院结对，126 个乡镇卫生院实现结对全覆盖；落实宁波帮扶医生在开展正常医疗教学、坐诊医疗的同时，利用周末和节假日到贫困村、养老院等开展义诊 167 次，普及健康常识，诊治患者 10094 名，帮助贫困群众解除病痛、强健体魄。

致富带头人培养方面，宁波协助黔西南州培训的学员中已有 70 人创业成功，分别从事养殖、种植、加工、销售等行业，创业成功率达 46.05%，带动全州新建合作社 9 个，盘活合作社 70 个，清理整顿合作社 1287 个，带动贫困人口 4920 人，有力带动了乡村产业发展。在延边州举办乡村建设培训班 225 期，培训集体经济组织负责人、致富带头人和实用人才 1450 人，创业成功 106 人，进一步提升乡村干部管理能力，激发村民主动发展生产、创业激情。

（3）劳务协作交出高分答卷

2016 年来，宁波协助两州举办劳务协作培训班 1191 期（其中，黔西南州 1015 期、延边州 176 期），培训 53871 人次（其中，黔西南州 46439 人次、延边州 7432 人次）；帮助贫困人口实现就业 81449 人（其中，帮助贫困人口到宁波就业 25905 人、帮助贫困人员就近就业 42343 人、帮助贫困人员到其他地区就业 16136 人）。截至目前，已在东部省份稳定就业贫困人口 3.7236 万人；克服疫情影响帮助贫困人口返岗就业 0.4829 万人；帮助贫困地区到宁波就读职业学校贫困学生 1035 人，其中毕业贫困学生实现就业 46 人。

2016 年来，宁波协同黔西南州搭建就业扶贫县、乡、村三级劳务服务平台，成立县级劳务公司 10 个，新市民居住区劳动公司 34 个，乡镇（街道）劳务分公司 129 个，村（社区）劳务服务站（合作社）1138 个；通过产业合作企业吸纳、援助项目带动、公益性岗位安置等方式，帮助对口地区建档立卡贫困人员优先实现就近就地就业。

2020 年，尽管遭遇新冠肺炎疫情影响，但宁波市依旧在劳务扶贫协作上交出了一份高分答卷。为保障疫情防控和企业复工双线顺利推进，4 月 8 日，"宁波市·黔西南州"深化东西部扶贫协作促进稳岗就业工作会商会在甬举行，签下 3 个层级 11 份深化东西部扶贫协作促进稳岗就业协议，从劳务协作、稳岗就业到人社合作，双方再次按下全面协作的"快进键"。如"甬黔"两地协同配合，组织开展劳务协作线上"春风行动"，以"点对点"的方式，通过包机、包车或者高铁等方式组织贫困群众来甬就业，通过精准对接、精心保障、精细服务，实现贫困人口"出得来、能就业、稳得住"。我市与黔西南州的劳务协作稳岗就业工作得到全国政协主席汪洋的批示肯定，被多次在全国会议上做典型宣传。

（4）产业合作"激活力赋新能"

2016年来，宁波引导到两州开展扶贫的企业233个（黔西南州150个，延边州83个），企业实际投资167.2亿元（黔西南州110.031亿元，延边州57.169亿元），带动贫困人口97851人（吸纳贫困人口就业5893人，通过利益联结机制带动贫困人口91352人）；共建产业园区29个；援建扶贫车间279个（黔西南州248个，延边州31个），吸纳贫困人口就业5324人（黔西南州4971，延边州353人）；采购、销售扶贫协作地区已认定扶贫产品13.9229亿元（黔西南州11.2369亿元，延边州2.686亿元），带动贫困人口170055人（黔西南州121117人，延边州48938人）。

——"串珠成链"，推动转型发展

宁波着力帮扶对口地区推进产业"串珠成链"式转型发展，有效促进农业产业链拓宽、延伸，建立现代农业产业体系。具体如下。

"甬黔合作"：帮助激活册亨县20.34万亩的油茶林，撬动十亿油茶产业链；援建普安县长毛兔产业园，全面助推长毛兔全产业链的打造，建成养殖小区199个，实现所有村（社区）全覆盖，兔存栏18.68万只，全年兔毛产量279吨，兔毛产值达4575.6万元，带动14375名村民成为村集体经济发展产业链上受益者；帮助普安县高标准打造的"白叶一号"示范茶园，在促进茶叶生产、加工、销售有效衔接的同时，着力推进"茶旅一体化"发展，通过"以茶促旅、以旅兴茶"，打造一、二、三产业蓬勃发展新业态，带动440余户贫困户户均增收4660元，覆盖贫困人口862户、2577人增收脱贫。

"甬延合作"：投入资金9753万元，帮助汪清县打造黑木耳产业，形成融研发、生产、加工、仓储、销售、物流配货和废弃料利用于一体的全产业链，助建桃源小镇建设黑木耳观光采摘生态区、商贸服务区、民俗风情园、体验观光区、民俗文化村等，打造深度文化旅游品牌，带动汪清县贫困人口从 2015 年底的 12729 户 22759 人全部脱贫；助力敦化市实施"长白山药材进宁波计划"，推进"北药南用"，助力当地中药材种植也从灵芝扩大到了人参、党参、五味子等，形成了一条中药材种植的产业链；帮助敦化市引进象山"红美人"柑橘、种植养殖结构，助力农业产业转型发展。

—— 促进"农业生态化、生态产业化"

宁波大力帮助对口地区发展循环农业，促进当地绿色发展，有效推动农业从生产走向生态、生活功能的拓展。具体如下。

"甬黔合作"：帮扶兴义市打造了三角梅、杨梅葡萄、石斛 3 个 1000 亩示范基地和"大红袍""海子梨"特色水果、高山茶叶、核桃高枝嫁接 3 个 10000 亩高效农业基地，在绿色农产品基地建设上走出了一条新路子；投资 1000 万元，帮助册亨县在坝区高标准打造生态小黄牛育肥和绿色果蔬种植为一体的"坛坪山地循环农业示范园"，流转坝区土地涉及农户 346 户 1409 人，土地 1070 余亩，实施"菜草轮作"，每亩产值可达 11000 元。通过土地流转、入股分红、带动就业和种养带动 140 户 487 人增收脱贫。

"甬延合作"：重点援建食用菌、中药材、有机大米、有机蔬菜、延边黄牛等绿色产业，形成"山上旅游山下果，田里稻牛院白鹅，农家菜菇园中药，乡村草莓城郊花"的农业生态产业格局。其中，援建东北最大的杏鲍菇生产线，实施总投资 2.58 亿元、年产 3 万吨的安图杏鲍菇项目，可吸纳 500 人就业，农户每公顷玉米地增收 1000 元；援建和龙市桑黄种植项目，两年累计投入资金 4405 万元，建成 135 栋桑黄种植大棚，种植菌段 71.8 万段，首批桑黄即将收获，年产值预计达到 7000 多万元，桑黄变成了"黄金果"。

—— 示范引领，壮大优势产业

实践中，宁波积极帮助对口地区开展农业产业示范园区建设，带动周边相关产业规模化、现代化发展，激发农业农村发展活力，逐步壮大受援地优势产业。具体如下。

"甬黔合作"：贞丰县"茶叶高效农业示范园区"采用"公司 + 合作社 + 基地 + 农户"模式推进茶叶产业发展，带动全县茶叶种植面积已经达到 5.274

万亩，受益贫困人口近 2 万人；贞丰县 5000 亩"百香果 + 杭果"科技示范园、5000 亩火龙果核心区，辐射带动沿江种植百香果 10000 亩、杭果 19100 亩、火龙果 11000 亩，形成了鲁容极贫乡百香果千亩示范园、省级高标准火龙果种植示范区和杭果示范种植区"一园两区一带"发展模式。其中，百香果、杭果产业示范园区带动 3000 人就地就近就业（其中，贫困群众 1300 人），人均增收 1.5 万元以上，土地入股涉及 2600 户 11700 人，资金 1000 万元。龙之谷火龙果园区项目覆盖坡们、兴龙两村贫困群众 118 户 512 人增收脱贫。

"甬延合作"：帮助敦化市把长有煎饼厂打造成为吉林省名牌长有煎饼、延边州工业旅游示范点、敦化市非物质文化遗产，成为东西部扶贫协作的新典范；投入资金 5900 万元，帮助和龙市八家子镇发展成为目前国内最大的桑黄种植基地，带动 771 户 1337 名贫困群众脱贫；合作建设"宁波和龙鄞工万洋众创城"，总投资约 10 亿元，打造融制造研发、电子商务、仓储物流、技能培训、生产生活配套、金融服务和智慧园区管理为一体的新型产业园区，成为鄞商在和龙投资兴业的摇篮；探索"飞地"模式，重点支持安图宁波现代产业园、延吉新能源汽车产业园、汪清东西部合作飞地产业孵化园、和龙鄞州小微产业园等园区的建设，开启了"甬延"合作共赢新模式，实现更大空间范围上的资源优化利用和生产效率提升。

——新经济合作"赋能"，打造新的经济增长点

推进新兴产业合作，赋能内陆省进军海洋经济。宁波舟山港集团与珲春市合作建设珲春国际港，全面参与运营经俄罗斯扎鲁比诺港至宁波的内贸外运航线，推动边境港口联动发展，谋划东北亚"一带一路"大通道，打造东北亚国际物流集散中心，助推珲春大力发展海洋经济；宁波"海上鲜"充分利用"一带一路"、珲春打造"国家海洋经济示范区"的契机，发挥自身渔业数据供应链的优势，在珲春市打造渔业"阿里巴巴"的新兴互联网公司，实施"智慧渔业"协作，拓展俄罗斯、朝鲜市场。

推动新能源、新技术领域合作，打造新的经济增长点。宁波杉杉集团利用延边的产业基础和政策优势，与延吉空港经济区合作，共同出资成立的国泰新能源汽车，年产 1 万辆新能源汽车，实现年销售收入 56 亿元，利润 4.4 亿元，

并带动数十家配套的上下游零配件生产企业和展销、维修企业的入驻；宁波宇达光电股份有限公司在珲春市边境经济合作区成立兴宇通信科技（吉林）有限公司，引进了近300名朝鲜及当地技能人才，从事生产光分路器及光纤连接器，填补了珲春电子光纤产业的"空白"。

推进"互联网＋合作"，打造经济新引擎。积极帮助黔西南州培育出"淘手游""新滢工艺""册亨糯米蕉""赶场网""贞丰一品""普安红"等电商品牌。依托当地电商品牌进一步孵化小微企业，如"淘手游"再孵化出35家小微企业，帮助就业500多人；"新滢工艺"再孵化出35家小微企业，帮助就业600多人；安龙县"赶场网"再孵化出7个家具加工厂，帮助就业200多人。

（5）爱心帮扶，展现"尚德甬城"榜样力量

2016年来,动员社会各界向扶贫协作地区捐款4.1732亿元（黔西南州2.8553亿元，延边州1.3179亿元），捐物折现1.5153亿元（黔西南州0.8406亿元，延边州0.6747亿元）；宁波参与结对帮扶挂牌督战工作企业10家（黔西南州10家，延边州0家）；结对帮扶挂牌督战村6个（黔西南州6个，延边州0个），实际投入帮扶资金120.15万元，实际捐物折现104.295万元，实施帮扶项目18项（黔西南州18个，延边州0个），帮助贫困人口就业140人，购买和帮助销售扶贫产品208万元；宁波参与结对帮扶挂牌督战工作社会组织10家，结对帮扶挂牌督战村6个，实际投入帮扶资金291.55万元、捐物折现44.7万元，实施帮扶项目31项，帮助贫困人口就业237人（黔西南州237人，边州0人），购买和帮助销售扶贫产品81.11万元。

——组织牵动，社会组织给力。在民政部门组织引导下，仅2019年，我市200多家社会组织在对口帮扶地区实施扶贫项目193个，投入资金1.06亿元，投入志愿者近万名，其中35家社会组织与黔西南州和延边州的28个深度贫困村开展结对帮扶。

——行业带动，播撒爱心。宁波市经信局动员所属的70多家行业协会通过产业合作等方式参与对口帮扶；宁波文具行业协会副理事长单位得力集团先后设立2000万元慈善基金，捐赠文化教育资金3000万元，划拨新农村建设款

1000万元，已累计向公益事业捐赠近亿元，爱心足迹遍布新疆、西藏、贵州等近20个省（区、市）。

——平台互动，汇聚力量。宁波"善园"依托"善园网"慈善公益平台，推出"医疗救助、教育救助、贫困救助、灾害救助、特殊群体救助"等类型的传统慈善项目2200多个，为吉林、贵州、四川、湖北等省份共募集善款3800多万元，带动了93万人次参与公益帮扶，还为湖南、西藏、新疆、广西等二十几个省区的贫困家庭募集善款千余万元。

——社会联动，"鱼渔同授"。宁波市委统战部牵头深化"万企帮万村"宁波行动。组织到我市企业、商会与黔、延两个州208个深度贫困村实施全覆盖式结对帮扶，共筹集帮扶资金达2209.9万元，用于贫困村公益设施建设；截至目前，宁波有500多家企业、12000多名宁波籍人士在对口地区创业。

慈善救助市、县两级慈善总会联动，连续3年，每年帮扶延边州和黔西南州各100万元资金，帮助建造儿童福利院慈善助孤、社会福利院的同时，探索慈善救助"农户＋合作社＋慈善"新方式、新途径，通过提供种苗、技术培训、技术指导、销售渠道等一条龙服务，帮助困难家庭逐步走上脱贫致富的道路。

"善园"自2017年6月开园以来，推出"医疗救助、教育救助、贫困救助、灾害救助、特殊群体救助"等类型的传统慈善项目千余个，覆盖30个省（区、市）。

宁波市医药行业协会实施中药种植业帮扶。组织中药材种植企业到黔西南州开展浙贝母种植项目扶持，由协会和第三方企业提供从播种到田间管理再到收购的全程技术支持。

——志愿者行动，惠及"千家万户"。宁波安龙帮扶工作组与安龙红十字会携手开展人道帮扶，设立"宁波博爱基金"，资助各学年段贫困学生2100人次；2019年来，争取到宁波慈溪捐赠物资136万元，受益贫困学生2000人次；2019年来，向213名80岁及以上的老人发放善款、物资8万元，中秋节向416名80岁及以上老人发放中秋大礼包4万余元；捐赠爱心善款4.1万元，为127名残疾儿童购买生活用品，联系爱心医院为127名残疾儿童免费体检；组织医生到中小学应急培训师生3000余人；帮助319户困难家庭添置生活必需品，帮助五福社区、双龙社区、蘑菇社区和九龙居委会 1250 户新市民添置电视机、沙发、衣柜和床等生活物资，向 500 名贫困群众发放生活用品。成效显著。2019 年，宁波安龙帮扶工作组荣获中国红十字奉献奖章。

"千户万灯"志愿服务。慈溪钱海军志愿服务中心在吉林省延边朝鲜族自治州开展"千户万灯"志愿服务项目，为 50 万名贫困户如厕路点亮"宁波灯"。

——"宁波帮"公益献爱心，真情暖人心。近年来，"宁波帮"踊跃投身东西部扶贫协作和对口支援宁波帮扶地区工作。据不完全统计，近年来香港"宁波帮"人士已累计捐资近 8000 万元，助力中西部地区精准扶贫。除了踊跃帮扶中西部贫困地区外，香港"宁波帮"人士还倾囊参与家乡社会慈善公益事业。据不完全统计，改革开放以来我国港澳台和海外"宁波帮"人士已累计向宁波捐赠 4130 余次，涵盖文化、教育、卫生、扶贫等领域，总捐资额超过 20 亿元。"宁波帮"人士得到了家乡人民的高度赞誉，有 52 位获得"浙江省爱乡楷模"荣誉称号，有 170 多位获得"宁波市荣誉市民"荣誉称号。

（6）消费扶贫亮点纷呈

——线下精准对接，打造消费新时尚。宁波主动搭建供需对接的"绿色通道"，创新打造消费扶贫新时尚。近三年来具体做法如下。

"五进"对接促销。采取"以购代捐""以买代帮"等方式采购对口地区产品 7 亿多元。

"农超"对接促销。帮助对口地区在宁波设立农特产品专卖店、直营店、销售专柜 300 多个，引导市民参与"买产品、献爱心、促脱贫"活动。

基地对接促销。引导我市农业龙头企业、农产品批发市场、大型超市、电商企业 200 多家到对口地区建立生产基地，打通农特产品生产、收购、储藏、加工、销售产业链。

展会展销。组织受援地特色农产品参加消博会、食博会、茶博会，在宁波市消费扶贫服务中心设置直销中心，陈列、展示、批发、零售帮扶地区产品。

"共享稻田"。创新运用众包、众筹、共享等新经济理念，整合和龙市水稻种植专业合作社、涉农企业、农场主、农户资源，甬延共同打造"共享稻田"这一特色消费扶贫项目，两年来共推出"共享稻田"1.4 万块。带动贫困户 2068 人，人均增收 725 元。

山丘市集民俗风情街区（全国首个消费扶贫综合体）。该街区以对口扶贫协作地区的特色产品和民俗风情为卖点，集合贵州黔西南、吉林延边、新疆库车、青海天峻、西藏比如等宁波市八大对口地区的特色农副产品、手工艺品及特色餐饮。打造融"吃、购、游、学、娱、扶"为一体的综合商业新业态，形成"你有产品我有市场"的消费领域共享扶贫新模式。

——"线上"联动发力，成效显著。

引"知名电商"助销。宁波先后帮助黔西南州引进阿里巴巴、京东、"正正电商"、"井贝电子商务"等知名电商企业在黔西南州建设"特色贵州馆""农村淘宝"等电商平台，2018 年网络零售额达到 12.2 亿元；通过"正正电商"推行"网红"营销新模式，又把"哆吉栗"打造成市场的"抢手货"，5 年销售目标 6.8 亿元。

孵化培育电商平台促销。依托知名电商企业，帮助黔西南州培育出"淘手游""贞丰一品""普安红""新滢工艺""指趣""古方红糖""哆吉栗"等电商品牌，年销售额超过 4000 万元；依托当地电商平台进一步孵化小微企业促销，如"册亨糯米蕉"品牌上线营销后，带动全镇香蕉种植 1.5 万亩，年产值约 1 亿元，826 户农户参与种植，195 户贫困户通过香蕉产业获得增收；安龙县"赶场网"建成 80 多个服务站，帮助农村人口就业 100 余人等。

（7）"三管齐下"助残脱贫

2018 年来，宁波市残联筹措资金 3000 多万元，帮助 11000 多名延边州贫困残疾人、6000 多名黔西南州贫困残疾人实现脱贫。

——实施"输血式"物质帮扶，补齐受援地残疾人服务短板。2018 年来，我市已为黔西南州安排 310 万元残疾人基础设施援建资金，援助 361 辆轮椅和 100 副辅助器具；安排资金 548 万元，为延边州援建 113 个村级残疾人日间照料机构、4 个乡镇残疾人服务中心；此外，宁波的"支教奶奶"周秀芳联合北仑区海关向延边州残疾人捐赠了 150 万元物资；余姚残疾人企业家陈国昌向黔西南州捐赠了价值 10 万元的轮椅；中国狮子联会余姚服务队出资 70 万余元，向望谟县 100 名白内障患者捐赠晶体和药物，并开展助学活动。

　　——实施"造血式"产业帮扶，推进受援地残疾人就业增收。2019年，宁波安排帮扶资金1000万元，助建"薏芝坊糯薏仁大数据产业园"，带动21名残疾人就业，员工月平均收入达3500元以上，成为黔西南州残疾人创业就业示范基地；宁波资助受援地设立贫困残疾人家庭公益性岗位，2019年，宁波协调东西部扶贫资金678万元开发了残疾人公共服务岗位，帮助447户贫困残疾人家庭户均年增收1.51万元，全部实现稳定脱贫；北仑区对口帮扶汪清县发展黑木耳产业过程中，为当地残疾人贫困户量身打造援建项目，带动建档立卡贫困残疾人500人就业。

　　——实施"活血式"智力帮扶，激发受援地助残组织、残疾人活力。组织我市康复专家赴受援地实施残疾人康复工作者培训，培训延边州康复工作者200余人次；选派我市优质师资，赴黔西南州开展盲人按摩技术和盲人按摩机构经验管理培训，培训盲人按摩从业人员90人次；在甬承办了延边州残联系统和黔西南州残联系统干部培训各一期，培训了受援地残疾人工作者20余人。

　　（8）山海手牵手，奔着小康走

　　2016年来，宁波县级负责同志到两州结对县调研对接607人次（黔西南州224人次，延边州383人次），两州县级负责同志到宁波结对县调研对接938人次（黔西南州579人次，延边州359人次）。近5年，宁波向两州携手奔小康结对县投入财政援助资金18.5965亿元（黔西南州10.8234亿元，延边州6.9531亿元），投入社会帮扶资金4.2432亿元（黔西南州3.0422亿元，延边州1.201亿元），选派挂职干部69人（黔西南州45人，延边州24人），选派专业技术人才1 587人（黔西南州1070人，延边州517人），引导企业向携手奔小康结对县实际投资92.53911亿元（黔西南州74.92411亿元，延边州17.615亿元），培训贫困村创业致富带头人5531人次（黔西南州3288人次，延边州2132人次），其中，创业成功1430人，培训电商人员373人次，成功培训电商扶贫骨干人才113人，带动贫困人口49055人次（黔西南州43998人次，延边州5057人次）。

　　——力量起"三江"，携手奔小康。宁波在强化县（市、区）结对帮扶的基础上，扩大基层单位结对帮扶范围。2016年来，宁波参与结对的经济强乡

镇 133 个（黔西南州 79 个，延边州 54 个）、帮扶两州贫困乡镇数 134 个；参
与结对的宁波强村（社区）144 个、帮扶两州贫困村 145 个（黔西南州 114 个，
延边州 31 个）；参与结对的宁波企业数 245 个（黔西南州 198 个，延边州 47
个）、帮扶两州贫困村 244 个，实现深度贫困村结对全覆盖；参与结对的东部
社会组织 46 个（黔西南州 34 个，延边州 12 个），帮扶两州贫困村 46 个（其
中，黔西南州 33 个、延边州 13 个）；参与结对的宁波学校 338 个，帮扶两州
学校 437 个；参与结对的宁波医院 126 个，帮扶中西部医院 181 个。在"三江
六岸"干部群众的共同努力下，一幅"业兴、民富、村美、人和"的小康画面
在对口帮扶地区徐徐展开。

——真情实意帮，"窗口"现小康。

"窗口"1：脱贫进程现小康。2016 年以来，宁波倾心倾力与贵州省黔西
南州和吉林省延边朝鲜族自治州携手小康，助力两州 11 个贫困县脱贫摘帽，
脱贫攻坚取得决定性成就。其中，帮助黔西南州累计脱贫 43.54 万人（含新识
别的贫困人口），兴仁、安龙、贞丰、普安、册亨、望谟、晴隆 7 个县（市）
实现脱贫摘帽，581 个贫困村出列；助力延边州 4 个贫困县全部脱贫摘帽，
304 个贫困村出列，4.8 万人脱贫。

"窗口"2：示范村寨建设现小康。宁波市投入 600 万元援建资金，帮扶
衢州市湖南镇蛟垄村实现村集体经营性年收入提高 20 万元、低收入农户年收
入从人均 6000 元提高到 1.5 万元，成为"山海协作"乡村振兴示范点。同样
的样板村还有黔西南州的楼纳村、落水洞村，黔东南州千户苗寨等一批民族示
范村寨，以及 120 多个新农村示范点、50 多个扶贫示范村。

"窗口"3：助力乡村基本公共服务体系建设现小康。以北仑帮扶汪清县
为例，积极帮助推进农村基础设施建设，共帮助改建农村道路 217 公里、改造
村组破损道路 134 万平方米，实现全县所有行政村及重点屯硬化率、客运班车
通车率达到 100。推动乡村环境提升，开展"三清一改一建"环境整治工作，
累计清除垃圾 5.8 万吨、河流两侧垃圾 3.9 万立方米，清理边沟 29.75 万米，
栽植绿化树 25.14 万棵，种花 366.3 万株，种草 5.7 万平方米。推动公共资源供给，
协助汪清县新建扩建党群服务中心 32 个，实现农村文化活动场所、宽带网络、

通信设施、广播电视全覆盖。

"窗口"4：帮扶乡村产业转型升级现小康。宁波市助建普安县长毛兔产业园，把资金做成项目、把项目落实到村集体，量化到股，推动村集体经济实体化，推行"党建＋龙头企业＋合作社＋农户"的经营方式，推动长毛兔养殖从"小、散、弱"向规模化、标准化饲养转变。目前，普安县建成长毛兔养殖小区 199 个，兔存栏 18.68 万只，兔毛产值达 4575.6 万元，带动 14375 名村民成为村集体经济发展产业链上的受益者。

"窗口"5：帮助完善农村基本经营制度，走共同富裕之路现小康。宁波帮扶贞丰县北盘江两岸大力发展低热河谷"一江三果"产业园区，采取"龙头企业＋合作社＋农户"的运作模式和现代化企业的管理制度经营，推动种植户以土地入股、就地就业、回收管护、自主种植、庭院经济、二次分配等多种方式实现增收。截至目前，百香果、杧果产业示范园区带动 3000 人就地就近就业，其中，贫困群众 1300 人，人均增收 1.5 万元以上，土地入股涉及 2600 户、11700 人、资金 1000 万元，形成贵州省独具特色的低热河谷水果产业带，成就北盘江沿江群众脱贫攻坚致富梦。

"窗口"6：助力农业生态化、生态产业化现小康。宁波江北绿荟现代农业专业合作社在册亨县成立北岸农业发展有限公司，投资 1000 万元打造坛坪山地循环农业示范园，发展山地循环农业，推行菜草轮作。目前，园区流转坝区土地涉及农户 346 户、1409 人、1070 余亩，无公害蔬菜亩产 10000 公斤，亩产值 8000 元；牧草亩产 5000 公斤，亩产值 3000 元。通过土地流转、入股分红、带动就业和种养带动贫困户 117 户、487 人增收脱贫。

"窗口"7：帮扶传承发展提升农耕文明，走乡村文化兴盛之路现小康。宁波市通过充分挖掘和发扬对口扶贫地区的优秀传统民族文化，开展多种形式的文化扶贫，激发当地群众的内生动力。如民革宁波市委会以苗绣的使用价值和艺术价值为突破口，在纳雍县董地乡青山村开展苗绣文创设计扶贫项目，推动苗绣走向市场，非遗走向世界，在推动区域经济发展的同时，成为传统与时尚、文化与服饰的现代融合的新典范。

窗口 8："挪个窝""铺好路"，助力"易地搬迁"现小康。近两年来，宁波投入帮扶资金 1 亿元，用于黔西南州率先完成易地扶贫搬迁任务。33.8 万人走出大山，阻断极度贫困群众与生态环境之间的恶性循环链条。同时，"甬黔"携手，协力实施"志智双扶"，阻断代际贫困，形成重构效应；协同打造"多元化就业平台""民族特色小镇"，助推当地"搬迁与扎根同步，移民与脱贫共振"。

窗口 9：帮扶创新乡村治理体系，走乡村善治之路现小康。北仑区帮扶汪清县创新乡村治理体系，将北仑的"抓党建促美丽乡村建设"的特色和创举复制到汪清县，形成村级组织带头干、农民群众积极参与、党群干群团结干事的生动局面；将民俗文化、村规民约、红色故事融入墙体彩绘，引导村民自治、自管、自约，不断规范基层治理；通过开展文明创建引领行动、社会风尚营造行动、乡风文明涵育行动等，实现从陈规风俗向乡风文明的转变。

二、山海倾情书写"宁波范式"

"山海协作"是习近平总书记在浙江工作期间为加快欠发达地区发展、促进区域协调发展做出的重大战略决策。从 1996 年开始，三面临海的宁波与全域皆山的贵州省黔东南州和黔西南州、浙江省丽水市跨越地理空间"结亲"，开启山海协作之路。2016 年，宁波再担重任，与三面皆山的延边州结下了"山海之盟"。20 多年来，宁波以东西部协作为契机，着力把"山"边的资源、劳动力、生态等优势，与"海"边的资金、技术、人才等优势有机结合起来，合力打造山海协作升级版。在脱贫攻坚战收官之际，系统总结东西部山海协作脱贫攻坚的"宁波模式"，旨在为下一步实施乡村振兴战略提供思路方法，为世界反贫困提供经验。

（一）东西部协作"宁波模式"

1. 东西部扶贫协作"宁波模式"

东西部扶贫协作"宁波模式"可简称为"12366"模式。"1"即围绕"一条主线"，通过"先富带后富"，最终"实现共同富裕"社会主义本质要求。"2"即发挥好"外源性"支持帮扶力、"本源性"内生动力两种力量，合力打好打赢脱贫攻坚战。"3"即践行"分内事、主战场、体系化"的协作理念，落实主要领导访到位、帮扶思路谋到位、结合实际抓到位等"三到位"。"66"即一是聚焦产业合作、人才支持、劳务协作、资金支持、社会帮扶、携手奔小康"六大重点任务"；二是坚持政府推动和社会参与相结合、市场引导和促进合作相结合、典型示范与转型提升相结合、协调平衡与科学规范相结合、扶贫扶困与扶志扶智相结合、精准扶贫与乡村振兴相结合等"六大结合"原则；三是凝聚宁波市领导力量、干部力量、社会力量、群众力量、示范项目带动力量、互利共赢驱动力量等"六股力量"；四是构筑"上下贯通、强劲有力的组织决策体系""纵向到底、横向到边的责任体系""合力推进的工作体系""多维协同的保障体系""社会力量全面参与体系""务实管用的贫困治理体系"等"六大攻坚体系"；五是实施政府推动、资金拉动、项目推动、培训促动、示范带动、社会联动等"六动举措"；六是通过构建"协调对接、结对帮扶、社会参与、互学互助、监督考核、脱贫攻坚与贫困治理融合"等机制，形成扶贫协作"四梁八柱"。

"12366"模式的实施，在"山"与"海"之间架起了一座友谊之桥、开放之桥、发展之桥，有效推进省际"山海协作"的深化，为对口地区送去了先进的思想、理念、管理和人才，更为对口地区借助外力、释放内力、加快发展提供了良好机遇，获得了真金白银的实惠。

2. 东西部扶贫协作"宁波模式"特征

（1）目标明晰，递进式推进。围绕"实现共同富裕"社会主义本质要求这一主线，宁波"对标对表"有序推进扶贫协作"解决对口地区农村贫困人口的温饱问题"，"实现农村贫困人口'两不愁，三保障'"，"确保现行标准下农村贫困人口全部脱贫，确保贫困县全部摘帽"，从而"确保全面建成小康社会，为实施乡村振兴战略打好基础"，最终"实现共同富裕"，高质量完成党中央、国务院，浙江省委、省政府赋予宁波的神圣而光荣的政治任务。

（2）内外协同，合力攻坚。用好"内生"力量提升脱贫攻坚的内生动力。为解决脱贫攻坚政策落实过程中的"最后一公里"问题，以"新时代农民讲习所"为载体，注重"讲""习"并重，让农民听得懂、能管用、能解决问题，促进扶贫和扶志、扶智相结合，充分激发贫困群众的内生动力。用好宁波对受援地的"外援"力量，帮助受援助地区改善基础设施、增强农民发展意识、发展特色产业，改善贫困地区生产生活条件，促进贫困地区经济社会的发展。

（3）真情帮扶，"三个到位"。宁波以"分内事"的帮扶思维，把对口帮扶当成"自己家的事"和"分内的事"，坚持"让千家万户受益、让千家万户致富"的方针，发扬"动感情、动脑筋、动真格"的精神，树立"把好事办实、把实事办好"的工作作风，通过落实主要领导访到位、帮扶思路谋到位、结合实际抓到位等"三到位"举措，使对口双方结成了"亲戚"，形成地区之间、民族之间、人民之间的兄弟手足情谊，谱写了一曲"心连心"真心帮的奋进之歌。

（4）系统思维，体系化帮扶。宁波以"系统"攻坚思维，在构筑"六大攻坚体系"的基础上，大力实施"体系化"的共筑行动，与对口地区协同推进基本公共服务体系、产业振兴体系、人才培训和交流体系、资金援助体系、劳务协作体系、文化服务体系、社区治理体系、基层党建体系等建设；"体系化"推进"民族特色示范村寨帮扶工程""高效农业示范基地帮扶工程""产业对接示范推进帮扶工程""支教（医）百校（院），助学万人工程""新型农民培训及劳务对接工程""创新创业示范培育帮扶工程""公共事业示范项目帮扶工程""经济交流合作助推工程"等"八大帮扶工程"。

（5）立体出战，一战多赢。宁波以"主战场"的作战思维，寸尺不退打好脱贫攻坚战。先后发起了扶贫攻坚战、综合扶贫开发战、脱贫攻坚战。在坚持四级书记抓脱贫，形成了市、县（市、区）、乡（镇）、村四级战斗体系基础上，通过健全机构——打好对口帮扶"组织指挥战"，找差距补短板——打赢公共事业"保障战"，强化产业帮扶——打好产业扶贫与产业升级"攻坚战"，人才支援——打好对口帮扶"车轮战"，加大投入——打好资金支持"持续战"，激发内生动力——打赢脱贫户参与"同心战"，创新方式——打好消费扶贫"助力战"，内外拓展——打好市场开拓"滚雪球战"，广泛动员——组织社会力量"齐参战"，精准施策——打好绝对贫困"歼灭战"等，并以生态环境保护战助力打赢精准脱贫攻坚战，实现一战多赢。

（6）统筹兼顾，示范引领。多年来，宁波坚持"六个结合"的原则。把帮助对口地区基本消除绝对贫困现象作为首要任务，把促进就业、增加收入、改善民生、加快发展作为工作核心内容，把宁波的优势特点与对口地区跨越式发展的实际需要紧密融合，通过政府推动、市场引导、全社会参与的方式，整合资源，重点突破，帮扶建设一批具有较好示范带动作用的项目，切实增强对口地区的发展动力和能力，形成短中长期兼顾的立体式帮扶格局，切实促进当地群众增收致富，扎实推动我市对口帮扶、对口支援工作"让千家万户受益、让千家万户致富"。

（7）汇聚力量，合力攻坚。多年来，宁波的扶贫协作工作，凝聚"六股力量"；始终保持旺盛攻坚状态，抓实抓细脱贫攻坚任务，形成"攻城拔寨"强大合力，以"咬定青山不放松"的韧劲、"不破楼兰终不还"的拼劲坚定不移地把党中央决策部署落实好，努力推动脱贫攻坚这场硬仗由"打赢"向"打好"转变。

（8）健全机制，全面保障。多年来，宁波市坚持脱贫攻坚和乡村振兴相融合、脱贫攻坚和贫困治理体系、贫困治理能力建设相融合，强化党建引领和督导考核"两大抓手"，构筑了"六大攻坚体系"，协同创建了"六大长效机制"，搭建了脱贫攻坚"四梁八柱"的架构，为确保对口贫困地区人民与全国同步全面建成小康社会提供充分保障。

（二）"宁波模式"特色与范本

1. 产业合作

（1）产业合作特色

遵照习近平总书记"发展产业是实现脱贫的根本之策"的指示，在脱贫攻坚实践中，宁波紧紧抓住"乡村产业振兴"这个龙头，着力做好产业合作、互惠共赢大文章，形成"673"产业帮扶特色。其中，"6"即通过政府推动、资金拉动、项目推动、培训促动、示范带动、社会联动等举措，助推受援地乡村产业振兴。"73"即压实"三链"理念，推行"三带"、实施"三帮"，助推"三产融合""三化协同"，探索"三社融合促三变"。

——压实"三链"理念（强化农业强在品牌链、农村美在生态链、农民富在产业链的"三农"意识），促进产业"提质添金"。"串珠成链"式推进生态产业生产、加工、销售、消费各环节有机衔接，形成了以特色资源为基础、以全产业链为依托、以市场为导向、以经济效益为中心、以富民为目标的产业合作新格局，精准带动当地群众持续增收。

——推行"三带"，不断壮大集体经济，带动贫困户入园、入社，参与产业发展。

——实施"三帮"，提供技术、销售、资金多方位服务，提升产业发展加速度。

——助推"三产融合"，开启乡村振兴新局面。按照"基在农业、利在农民、惠在农村"战略思路，大力实施"基地提升、科技提质、品牌营销、市场拓展、加工转化、金融创新"六大行动，形成了一、二、三产业深度融合、联动发展的新格局。如"甬延"携手开发绿色食品、生态旅游、农耕文化产品，开通延吉—威海—宁波航线，实现"甬黔日日通航"打造"红太阳照边疆"乡村振兴样板等。

——助推"三化协同"，提高产业扶贫效率。其中以组织化为龙头，充分发挥合作组织的社会化服务功能，帮助贫困农户尽快融入现代农业发展的轨道；以品牌化为支撑，促进产业特色化和产品品牌化相结合，提升域内农产品的市场影响力和溢价能力；以电商化为纽带，紧抓互联网进农村的契机，拓宽农产品的销售渠道，促使农产品以及形成的新业态更快进入市场。

——探索"三社融合促三变"。聚供销社、信用社、合作社"三社"之力，以"供销社负责统筹协调、信用社负责资金调剂、合作社负责产业发展"的模式推动"三社融合"，增强农村综合发展的驱动力和引擎力，探索完善与农民的利益联结机制，促进"资源变资产、资金变股金、农民变股东"的"三变"，确保农民以地入股不失地，以股分红不失利，以股务工不失业，以股为本不失权，置换农民身份、盘活农村资源、扩充发展空间、激活内生动力，为农村改革积累经验。

（2）产业合作宁波创新

——以产业链为纽带，实现"嵌入式"融合发展。将贫困户"植入"项目链、产业链，推进产业扶贫方式由资金分配向项目管理转变、当地产业由自主发展向企业带动转变、产业发展由注重数量向提升质量转变，让更多贫困户参与产业发展，共享产业发展成果，有效提升产业扶贫效益。

——探索"三带三帮"产业帮扶新路径。为对口地区提供"链条式"服务，助推"抱团式"发展，创新利益链接机制，有效提升产业发展加速度。

——"接二连三"，"串珠成链"。"接二连三"实现生产、加工、销售、消费各环节有机衔接；"串珠成链"式推进特色农业全产业链再造，拉长、拓宽、加厚产业链，把千家万户的小生产和千变万化的大市场联结在一起，实现特色农业的可持续发展。

——"三化"协同赋能脱贫攻坚。为区域产业高质量发展开启新引擎。

——助推"三社融合"，激发农村活力。助力对口地区建立健全生产合作社、供销合作、信用合作新型农村合作经济组织和服务机制，推动农民抱团发展，共同抵御市场风险，打通了农村"三变"改革"中梗阻"，激发农村发展活力，为实现脱贫攻坚探索新路。

——优势互补、合作共赢。产业扶贫贵在精准、重在群众受益、难在持续稳定。宁波紧扣产业扶贫重点，全力推进产业合作、互惠共赢。如推动对口双方优势资源融合共享，引"甬"龙头企业雅戈尔、杉杉等入驻帮扶地区，精准带动当地产业提质增效，释放产业发展新动能；"甬延"携手打造内贸外运航线、"海上鲜"平台等，扩展陆海通道，促使珲春打造"互联网＋渔业"的海洋经济产业生态圈，为宁波赢得开拓东北亚市场、"互联网＋海洋经济"发展的新机遇；发挥宁波外向型经济优势，助推帮扶地区土特产品"下山出海"，如"甬黔"携手实现"黔拓市场、甬闯世界"，打造了产业扶贫开发升级版，具有示范带动作用。

——创新打造特色农业"名片"。"一滴油"撬动十亿油茶产业链，打开致富窗；"一块布""指尖绝艺"渐变"指尖经济"，铺就致富路；"一坝菜"一年种8茬，托起致富梦；"一江三果"补齐贞丰短板，搭建致富桥。成功挖掘特色资源禀赋和经济价值，开启惠农富农引擎。

——创新因素支撑体系。"五个一工程"，"码"随菜走，冷链物流，产、供、销、服一体化格局等，促进农业产业扶贫开发可操作、易推广、能受益。

——创新思维，用"新"发力。打造鄞州与和龙的"云会商""万洋众创城""飞地"经济产业园等，形成"甬延"合作共赢新范式，摆脱了产业合作难持续的困境。

（3）产业合作宁波范本

——宁波帮助普安县高标准打造的"白叶一号"示范茶园，带动茶叶种植面积已达 50 多万亩，着力推进"茶旅一体化"发展，打造一、二、三产业蓬勃发展新业态。目前，茶叶产业已成为黔西南州"十大特色农业产业"之一。"白叶一号"示范茶园成为脱贫攻坚示范区、感恩奋进展示区、绿水青山就是金山银山引领区、互帮互助实践区、先富带后富样板区。"甬安和作"入选 2020年全国脱贫攻坚典型案例。

——宁波市援建普安县长毛兔产业园，全面助推长毛兔全产业链的打造，建成养殖小区 199 个，实现所有村（社区）全覆盖，兔存栏 18.68 万只，全年兔毛产量 279 吨，兔毛产值达 4575.6 万元，带动 14375 名村民成为村集体经济发展产业链上的受益者，成为助推普安人民持续脱贫致富、享受幸福生活的新航标，2018 年长毛兔项目被列为全国 20 个东西部扶贫产业协作经典案例之一。

——宁波江北绿荟现代农业专业合作社进驻册亨县，高标准打造生态小黄牛育肥和绿色果蔬种植为一体的"坛坪山地循环农业示范园"，发展山地循环农业，带动贫困户就业增收，走上小康之路。

——宁波"延边黄牛"入选 2020 年全国东西部扶贫协作典型案例。

——宁波帮助汪清县打造全国木耳产业基地，在黑木耳研发、加工、集散等方面走在全国前列，"汪清桃园小木耳"入选 2020 年全国东西部扶贫协作典型案例。

——宁波帮扶贞丰县成功打造 5000 亩"百香果＋柠果"科技示范园、5000 亩火龙果核心区，辐射带动沿江种植百香果 10000 亩、柠果 19100 亩、火龙果 11000 亩。园区荣获贵州省级高效农业示范园区、出口食品农产品质量安全示范区、农业产业经营重点龙头企业。

——"甬黔"共建的"慈溪·安龙万洋产业园"，三期总产值可达 25 亿元、提供就业岗位 1.8 万个以上、实现税收约 2.5 亿元，成为浙江对口帮扶贵州黔西南州的产业园示范项目。

——宁波杉杉集团利用延边的产业基础和政策优势，与延吉空港经济区合作共同出资成立的国泰新能源汽车，年产 1 万辆新能源汽车，可实现年销售收入 56 亿元，利润总额 4.4 亿元，带动数十家配套的上下游零配件生产企业和展销、维修企业的入驻。该项目成为吉浙两省"延甬两地"对口帮扶、合作的典范工程。

——宁波充分挖掘黔西南州布依族的传统土布文化，以时尚文化助力册亨县打造"土布研发园"，成为传统与时尚、文化与服饰的现代融合的新典范。

——宁波神马集团有限公司旗下的慈溪驰马金属制品有限公司投资 2.8 亿元建设的兴仁市年产 10 万吨铝基合金板带材生产线及铝制品精深加工项目，成功实现了两地原材料直供和生产制造的优势互补，成为产业合作的"配套样板"。

——宁波宇达光电股份有限公司在珲春市边境经济合作区成立了兴宇通信科技（吉林）有限公司，从事生产光分路器及光纤连接器，填补了珲春电子光纤产业的"空白"。

2. 社会帮扶

（1）社会帮扶特色

在东西部扶贫协作实践中，宁波推动形成组织牵动、行业带动、平台互动、社会联动、志愿行动等"五轮驱动"社会帮扶特色，广泛动员社会各界力量积极参与脱贫攻坚的实际行动，把"爱心宁波·尚德甬城"品牌擦得更亮。

（2）社会帮扶宁波创新

——创新打造公益服务平台，引导社会爱心资源向受援地集聚，引流社会爱心力量服务贫困群众。如"馨之园社会助残服务平台""贞丰县社会助残服务站""宁波市对口支援地区残疾人文创产品展销中心""善园""宁波市东西部扶贫协作指挥（服务）中心"等公益平台。在政府部门、残疾群体、社会组织之间建立了一座桥梁等。

——创建社会联动帮扶格局。在市、县两级民政局牵头做好社会组织扶贫的同时，宁波市委统战部、宣传部、市总工会、团市委、市妇联、市残联、市红十字会、市工商联、市慈善总会等各有关部门结合自身工作优势、专长，面向我市对口帮扶地区开展全方位扶贫开发活动。如市委统战部牵头深化"万企帮万村"宁波行动，市、县两级慈善总会联动探索慈善救助新路径，市残联"三个坚持"助力残疾人脱贫，宁波市医药行业协会实施中药种植业帮扶等。

——创新构建扶贫志愿者服务网络，惠及"千家万户"。鼓励、支持、引导青年学生、专业技术人员、退休人员和宁波爱心人士参与扶贫志愿活动，积极投身脱贫攻坚事业，积极参与助学、助医、助孤、助老等各种慈善公益活动，积极投身产业帮扶、商贸帮扶、就业帮扶，提升受援地困难群众生产能力，改善生活水平。

——强化平台互动，广泛汇聚力量。宁波"善园"依托"善园网"慈善公益平台，推出"医疗救助、教育救助、贫困救助、灾害救助、特殊群体救助"等类型的传统慈善项目 2200 多个，带动了 93 万人次参与公益帮扶。

——"宁波帮"帮宁波。"宁波帮"踊跃投身东西部扶贫协作和对口支援宁波帮扶地区工作。累计捐赠 4130 余次，涵盖文化、教育、卫生、扶贫等领域，总捐资额超过 20 亿元。

（3）社会帮扶宁波范本

——宁波爱心城市公益地标"善园"，自 2017 年成立以来，因庞大的施惠规模、先进的扶贫方式，先后荣获"第十届中华慈善奖""5A 级中国社会组织""中国慈善信用榜 TOP30""浙江慈善奖"等。

——宁波安龙帮扶工作组与安龙红十字会携手开展人道帮扶，成效显著。2019 年，宁波安龙帮扶工作组荣获"中国红十字奉献奖章"。

——宁波涌现出全国道德模范"支教奶奶"周秀芳、恒逸石化、申洲纺织等一批先进典型和模范人物。

——慈溪钱海军志愿服务中心在吉林省延边朝鲜族自治州开展"千户万灯"志愿服务项目，为 50 万名贫困户点亮"宁波灯"。

——近年来，"宁波帮"人士有 52 位获得"浙江省爱乡楷模"荣誉称号，有 170 多位获得"宁波市荣誉市民"荣誉称号。

——宁波市第一医院"医路跟党，医心为民"，惠及 15000 人次。2019年 11 月，医院被授予"贵州省脱贫攻坚先进集体"称号。

3. 消费扶贫

（1）消费扶贫宁波特色

宁波把消费扶贫作为精准扶贫的重要方式之一，利用各种渠道搭建消费者与农村贫困地区农产品之间的桥梁，形成"线上与线下联动＋展会与直销互动＋创新共享驱动"的消费扶贫特色。其中，线上与线下联动，搭建供需对接的"绿色通道"；展会与直销互动，放眼全社会进行产品展示和推销；创新运用众包、众筹、共享等新经济理念，打造"共享稻田""山丘市集民俗风情街区"等共享扶贫新高地，为消费扶贫注入新动能。

（2）消费扶贫宁波创新

——"两端扶"，创立长效"供销机制"。生产端，以合作项目为依托，打造富民特色产业，做好农特产品生产；销售端，"政府搭台，甬企唱戏"对接市场，建立长期稳定供销机制。

——提高供应品质，持续脱贫增收。"小煎饼"坐上大飞机、黑木耳变身"黑牡丹"、桑黄变成"黄金果"等展现了市场对扶贫开发的农产品品质的肯定，助推群众可持续脱贫增收。

——运用新经济理念，创新消费新渠道。开发"共享稻田"营销新模式，并推广到畜、林、药等领域，促进扶贫增收、帮扶增效。

——搭建平台，促进"两头旺"。"农超对接"、线上与线下联动、展会与直销互动等销售模式，帮助对口地区产品触网进平台，打通生产、收购、储藏、运输、销售产业链，实现生产和消费两头旺。

——挖掘民俗文化，打造新品牌。宁波依托受援地的特色产品和民俗风情，打造以民俗风情为特色的"山丘市集消费扶贫综合体"，成为市民消费新高地、旅游新亮点、消费扶贫新品牌。

（3）消费扶贫宁波范本

——创建全国首个消费扶贫综合体"山丘市集民俗风情街区"，以对口扶贫协作地区的特色产品和民俗风情为卖点，打造融"吃、购、游、学、娱、扶"为一体的综合商业新业态，成为全国消费扶贫新品牌；"山丘市集"入选2020年全国东西部扶贫协作典型案例。

——宁波帮助延边州敦化市打造的吉林省名牌长有煎饼、延边州工业旅游示范点、敦化市非物质文化遗产，成为东西部扶贫协作的新典范。

——宁波"正正电商"助力望谟县"哆吉栗"，在2019年"1688义乌国货节"上，通过做直播推介，短短3个小时内淘宝商城上的销量突破了20万单，活动销售总额近200万元，在所有参展产品中销量第一。

——创新推出"共享稻田"消费扶贫新渠道。目前，"共享稻田"模式全面推广到了和龙市各镇64个合作社，形成了"1+X"共享体系。

4. 人才支援

（1）人才支援宁波特色

遵照习近平总书记"发展是第一要务，人才是第一资源，创新是第一动力"、"扶贫先扶志，扶贫必扶智"的指示，探索形成人才支援宁波"三双"特色——干部、专技人员双向挂职、交流，"志智双扶"，致富带头人培养和基层干部培训的"双培"，念好东西部扶贫协作"人才经"，给力脱贫攻坚。

（2）人才支援宁波创新

——党建引领，凝聚民心。充分发挥党建引领作用，激活基层党建动能，有效引导贫困群众齐聚在党的旗帜下，弘扬艰苦奋斗、自力更生的优良传统。

——宣传发动，激励民志。宁波帮扶干部协同当地干部创新宣传途径、手段和方式，让扶贫政策入脑入心，切实激发贫困群众脱贫致富的信心、决心；并通过选树典型，用身边的致富榜样感染群众、带动群众、影响群众积极投身到脱贫攻坚实践中。

——文化惠民，启迪民智。大力实施文化惠民工程，激发本土文化的内生动力，通过实施农家书屋、农家影院、文化广场、远程教育等文化惠民活动，引导农村移风易俗、贫困群众勤劳致富。创新文化宣传载体让贫困群众在观看喜闻乐见的节目的同时启迪民智，提振脱贫致富的发展信心。

——"七团"帮扶，助推教育。探索构建"七团"帮扶新模式，助推西部教育发展，阻断贫困代际传递。

——构建干部双向挂职、双向培训机制。通过专题化培训和制度化安排，推进干部（党政干部、基层扶贫干部、驻村第一书记、贫困村村干部等）的理论创新、管理创新和思维创新，以新模式、新方法带领贫困群众走出新路子。

——创新致富带头人培训模式与机制。以党建为统领，以培训为载体，以"走出去"为突破，培育和造就一批感党恩、知奋进、想干事、会干事的农村致富带头人；以"请进来"为新引擎，创新培训"1+11"模式、创新跟踪扶持机制、创新工作实训机制，推进致富带头人培训内容向纵深发展，培养一批产业扶贫领头雁，激活产业扶贫新动能，"打造一支不离村的脱贫工作队"。

（3）人才支援宁波范本

——2009年我市培训扶持三峡库区致富带头人的方式，被"国务院三峡办"确定为"宁波模式"，并在全国推广。

——涌现一批如"选准产业带领全村致富的深度贫困村女主任林雪玉""一个养鸡场造就一个养鸡'致富'村的刘天涛"等农村致富带头人。

5. 劳务协作

（1）劳务协作宁波特色

就业是最大的民生，在东西部劳务协作过程中，宁波市以完善劳务协作机制、劳动力培训及劳务输出为抓手，坚持就近就业和转移就业并重，形成了"343"的党建引领劳务协作扶贫特色。即创建"三联机制"：通过组织联建、队伍联管、发展联动，做实党建引领就业扶贫工作。推行"四个精准"：通过精准对接、精准培训、精准跟踪、精准保障，精准推动贫困劳动力有组织地转移就业或实现就近就地就业。实施"三强化"：通过强化会商机制、强化政策支撑、强化贴心服务，确保受援地务工人员送得出、稳得住、能融入。

（2）劳务协作宁波创新

——构建党建引领机制。健全三级网格化党组织体系，指派党建联络员，打造"党建引领·甬黔相助·就业相扶"党建扶贫品牌。

——创新推出高层联席会议、务工补贴、"三单一书"、"联十包十"等政策、制度，落实劳务协作责任。

——建立劳务对接机制。通过扶贫干部、人力资源服务"企站"和线上平台，实施"甬黔劳动力对接"工程，实现供需侧精确对接，精准匹配，解决转移就业供需失衡问题。

——实施"暖心稳岗"机制。汇聚宁波多方力量，加大受援地务工人员交通、用餐、薪资、培训、住房、医疗、教育、维权等方面关爱力度，创设亲情化的稳岗环境。此外，还推出系列"亲情岗位"，助务工人员就业路上温暖前行。

——形成长效服务跟进机制。通过人力资源"企站"抓跟踪服务、增设"一镇一站"抓联动服务、"三级党组织"抓稳岗服务，形成"双向多维"服务格局。同时，还推行"蜂王"行动，形成群体创业就业的"蜂巢"效应，打造东西部劳务协作升级版。

（3）劳务协作宁波范本

"甬黔"协同组织打造"稳岗就业"与"脱贫攻坚"精准结合新格局。获全国政协主席汪洋批示："在东部稳岗、防止和减少回流，宁波的做法应推广。"

三、宁波经验与启示

回望宁波东西部扶贫协作走过的 20 多年历程，宁波为对口地区经济社会发展贡献了力量，谱写了东西部扶贫协作的崭新篇章，在丰富中国"扶贫"创造的同时，形成了一系列具有宁波特色的脱贫攻坚重要经验，展现了新时代宁波脱贫攻坚精神。

（一）坚持党的领导，为脱贫攻坚提供坚强政治和组织保证

党的领导是决战决胜脱贫攻坚的"定盘星"，也是东西部协作打赢脱贫攻坚战的根本保证。党的十八大以来，在宁波市委坚强领导下，严格执行脱贫攻坚一把手负责制，构建起责任清晰、各负其责、合力攻坚的责任体系，发挥好基层党组织在脱贫攻坚中的战斗堡垒作用，形成了五级书记抓扶贫、全党动员促攻坚的局面，层层落实脱贫攻坚责任。这些体制机制为打赢脱贫攻坚战提供了制度保障，彰显了党的政治领导力、思想引领力、组织力和号召力。

1.高效统筹帮扶大局，彰显了党的政治领导力

——高效构建了"东西部扶贫协作"决策指挥体制。早在 1996 年，宁波市接到中央下达的对口帮扶任务后，市委市政府在第一时间成立了"对口帮扶领导小组"，加强对全市"东西部扶贫协作"的统一指挥，市委书记、市长亲自深入对口地区走访调研，高效做出决策部署，协调解决重大事项，快速推动

"东西部扶贫协作"工作协调发展。与此同时,成立了县级相关部门"对口帮扶领导小组",建立自上而下、高效贯通、紧密衔接的指挥体制,有效保障了市委、市政府决策的快速传导和高效落实。

——高效构建了"对口协作"执行体制。在市委市政府统一领导和指挥下,各级党委和政府全面承担"东西部扶贫协作"主体责任,各级领导干部特别是主要负责人,按照守土有责、守土担责、守土尽责使命要求,从根本上保证了顶层决策、指挥指令快速见行动,"东西部扶贫协作"措施快速见成效,在全市快速形成了层层抓落实,横向到边、纵向到底的执行体系。

2. 高效统一帮扶步调,彰显了党的思想引领力

宁波营造积极舆论氛围,注重夯实东西部扶贫协作思想基础,集聚众志成城正向能量。

——发挥领导核心思想引领作用。坚持以习近平新时代中国特色社会主义思想为引领,通过及时宣传落实习近平总书记"精准扶贫、精准脱贫"系列重要论述,使全市上下快速统一思想、坚定必胜信念。

——发挥地方党委、政府思想引领作用。宁波市委市政府根据党中央、国务院决策部署,快速跟进做出推进"东西部扶贫协作"工作实施意见,明确提出:坚持"让千家万户得益、让千家万户致富"帮扶宗旨,把帮扶对口地区脱贫致富当作"分内事","动感情、动脑筋、动真格"做好帮扶工作,促进了全市上下统一认识、从我做起、立即行动健康氛围形成。

——发挥舆论战线思想引领作用。24年来,宁波市充分发挥舆论战线在思想引领上的独特功能,及时展开了立体舆论宣传和信息传播。通过解读政策、宣传典型、鼓舞斗志、回应关切,既实现了统一思想认识,又为形成思想合力提供了有力支撑。

3. 高效构筑脱贫攻坚体系,彰显了党的组织力

脱贫攻坚以来,宁波市与对口地区党委充分发挥我党组织群众、发动群众、凝聚群众的能力和优势,构建了纵横贯通的脱贫攻坚基层党组织体系,通过促班子、抓党员、带群众,构建了全覆盖的党建引领脱贫攻坚体系,以党建全面引领脱贫攻坚工作,取得明显长效。在实践中,打造出"党建引领·姚望相助·就业相扶""党建引领两线双促,有组织下活稳定就业棋""医路跟党,医心为民""党建引领的领头雁工程""党建统领建成的样板田、科技田和效益田""'八个一'党建扶贫新模式照亮东西协作脱贫路""党建＋村村结对帮扶""先锋驿站"等"党建＋扶贫"品牌,充分展现了基层党组织的战斗堡垒、党员干部脱贫攻坚生力军和突击队作用,极大带动了人民群众积极参与脱贫攻坚。

4. 高效凝聚社会力量,彰显了党的号召力

——践行以人民为中心思想,赢得了对口双方群众的信赖和支持。高效形成了全民动员、全民参与的良性氛围。

——弘扬"爱心甬城"互助友爱精神,赢得宁波人民的支持,在全市范围内快速形成了"一方有难、八方驰援"的局面。

宁波东西部扶贫协作实践充分证明,我党的"政治领导力、思想引领力、群众组织力、社会号召力"具有强大的理论生命力和实践指引力。政治领导力指明了脱贫攻坚正确前进方向;思想引领力提供了脱贫攻坚强大精神力量;群众组织力夯实了脱贫攻坚人本基础;社会号召力营造了脱贫攻坚正向有利环境。正是这四种能力相互贯通、相互影响、相互促进、相互支撑,直接推动了脱贫攻坚走向胜利。

5. 坚持"党建引领"脱贫

20多年的东西部扶贫协作进程中,宁波把党的坚强领导作为脱贫攻坚的根本保障,将脱贫攻坚作为基层党组织的主业,基层党组织是脱贫攻坚的主责方,使基层党建跻身于脱贫攻坚最前沿,为层层传导压力、有效聚集全民智慧提供了目标方向。通过基层党建引领精准扶贫,着力破解了制约脱贫的各类枷锁,助力对口地区党委政府以选好配强村"两委"班子为抓手,以村级班子换届为契机,坚持按照政治素质好、致富带头能力强、依法治理能力强、服务群众能力强、廉洁自律意识强的"一好四强"标准,在致富能手、农民专业合作社负责人、种养殖大户等群体中择优选拔村党组织书记,为贫困群众脱贫致富的"列车"提供了强劲有力的"火车头",使农村党组织真正成为脱贫攻坚的主心骨,增强村级组织领导发展能力,通过他们培养农村致富带头人,促进乡村"土秀才""土专家"回村,建立"党建＋产业扶贫"双推互进发展模式,不断提升村党支部的凝聚力和战斗力，打造一支"不走的扶贫工作队"。

（二）发挥制度优势，综合治理贫困

为助力对口地区打赢脱贫攻坚战，近年来，宁波与对口地区党委政府坚持把中国特色社会主义制度优势与全面脱贫攻坚相结合，采取了一系列有力举措和有效方法，有效推进贫困综合治理。

1.精准施策，放大制度优势

脱贫攻坚，精准是要义。

坚持精准扶贫、精准脱贫是党的十八大以来推进脱贫攻坚的重要创新，是打赢脱贫攻坚战的根本路径。东西部扶贫协作实践，宁波一是坚持实事求是，科学把握发展趋势和尊重治贫规律，进行科学顶层设计、战略部署，统筹目标与措施。坚持发展生产脱贫一批，易地搬迁脱贫一批，生态补偿脱贫一批，发展教育脱贫一批，社会保障兜底一批，因地制宜综合施策，确保对口地区现行标准下农村贫困人口实现脱贫。二是坚持精准扶贫、精准脱贫基本方略。在精准扶贫中，注重抓"六个精准"，即扶持对象精准、项目安排精准、资金使用精准、措施到户精准、因村派人精准、脱贫成效精准。"六个精准"覆盖了扶贫对象识别、帮扶和管理等各个环节，贯通了扶贫开发全流程，能够有效引导贫困群众参与脱贫，做到项目跟着规划走、资金跟着项目走、项目资金跟着人走，确保扶到最需要扶持的群众、扶到群众最需要扶持的地方。精准扶贫坚持因村因户因人施策，对症下药、精准滴灌、靶向治疗，解决好扶持谁、谁来扶、怎么扶、如何退问题，扶贫扶到点上、扶到根上。三是坚持扶贫同扶志扶智相结合。正确处理外部帮扶和贫困群众自身努力的关系，强化脱贫光荣导向，更加注重培养贫困群众依靠自力更生实现脱贫致富的意识，更加注重提高贫困地区和贫困人口自我发展能力。四是加大督促检查和考核评估，确保各项政策有效落实落地，确保脱贫人口实现"两不愁三保障"，坚决防止虚假脱贫。

2.健全制度，在脱贫中展现制度力量

——健全扶贫协作制度机制，助力脱贫攻坚。建构系统完备、科学规范、运行有效的制度体系，通过制度的落实，汇聚了跨地区、跨部门、跨行业、全社会多元主体共同参与的脱贫攻坚强大力量，构建了脱贫攻坚投入、产业合作、

人才支持、劳务协作、社会帮扶、携手奔小康等立体的扶贫协作体系，力保打赢脱贫攻坚战。

——深化农村土地制度改革,为面上推广和修法提供实践支撑和制度基础。2016 年以来，宁波协同受援地不断深化以三权分置改革为核心的农村土地产权制度改革，巩固了土地集体所有制，拓展了农村土地收益分配领域，不断壮大农村集体经济、保障农民权益，为贫困人口实现长期增收、脱贫致富提供保障，为打赢脱贫攻坚战发挥了关键作用。

——社会保障制度优化为打赢脱贫攻坚战提供救助制度支撑。助力对口地区将社会保障制度与精准扶贫、精准脱贫战略紧密连接，逐步形成以最低生活保障、特困人员供养、医疗救助、教育救助、住房救助、就业救助、自然灾害救助和临时救助为主体，社会力量参与为补充的社会救助制度体系，为数千万城乡困难群众提供了基本生活保障，温饱问题得到了制度性解决，为大幅地减少贫困人口做出了重要贡献，发挥了最直接的作用。

3. 创新机制，夯实脱贫制度基础

在脱贫攻坚工作探索实践中，宁波创建了协调对接、结对帮扶、社会参与、互学互助、督查考核、脱贫攻坚与贫困治理融合等扶贫协作机制，为推动对口地区经济社会发展发挥了重要作用，积累了东西部扶贫协作的宝贵经验。

——协调对接，持续发力。建立和坚持一年一度的对口扶贫协作联席会议制度，从机制上确保对口扶贫协作 24 年来持续带动、持续发力、持续突破，走出了一条促进共同发展的东西部扶贫协作之路。

——结对帮扶，形成合力。建立和坚持点对点、一对一的市县结对帮扶机制，紧盯扶贫问题导向，聚焦贫困地区发展，精准施策、精准帮扶，发挥市、县、乡、村四方优势，形成扶贫协作强大合力，是帮扶工作落到实处的重要途径。

——社会参与，形成大扶贫格局。宁波充分调动各方面积极性，不断拓展对口扶贫协作空间和领域，实现市、县、乡、村四级联动，夯实东西部扶贫协作基础，是形成政府、市场、社会互为支撑大扶贫格局的有效途径。

——互学互助，激发内生动力。大力推广"公司 + 合作社 + 基地 + 农户"的经营模式，让分散的贫困户与新型经营主体构建紧密的产业联结，形成利益

共同体，实现连利、连心、连股，让贫困村民不落一户，实现脱贫致富。

——督查考核，确保脱贫攻坚质量。通过扶贫工作督查、考核、问责常态化、制度化，对于违规违纪的行为要严肃追责问责，确保高标准、高质量地完成各项脱贫攻坚工作任务。

——脱贫攻坚与贫困治理融合，构建东西部协作新体系。在总结、吸取脱贫攻坚实践经验基础上，探索贫困治理体系和治理能力建设路径，推进东西部扶贫协作从绝对的贫困治理向相对贫困治理转变，促进东西部协作与乡村振兴战略有机衔接，可持续发展。

（三）新理念引领：推动区域协作高质量发展

东西部扶贫协作实践中，宁波坚持以创新、协调、绿色、开放、共享的新发展理念为引领，有效推进对口地区经济社会高质量发展。

1. 以创新发展为动力，推动脱贫攻坚任务如期完成

按照"抓创新就是抓发展，谋创新就是谋未来"的要求，宁波帮扶黔西南州、延边州坚持用工业思维谋划农业产业化，力推"三产融合"，组织化、品牌化、电商化"三化协同"，加快经济发展动能转换；创建了援建项目与当地产业绑定、援建资金与利益主体绑定、发展产业与贫困户脱贫绑定机制，推动高质量精准扶贫；通过科技和新经济合作"赋能"，培育新的经济增长点；创新推出"爱心超市"扶贫物资发放模式、"红领之家"志愿行动、鼓励脱贫的"双九条""飞地"经济产业园等举措，确保实现延边州贫困县于2020年4月实现全部"摘帽"。

2. 以协调发展为抓手，促进对口地区多方位协调发展

遵照习近平总书记"东西部扶贫协作和对口支援，是推动区域协调发展、协同发展、共同发展的大战略，是加强区域合作、优化产业布局、拓展对内对外开放新空间的大布局，是实现先富帮后富、最终实现共同富裕目标的大举措"[①]的指示，宁波与对口地区紧密协同推进城乡一体化、农业现代化全面发展；统筹推进物质帮扶和精神帮扶，着力完善公共服务体系，有效推动当地经济与

---

① 《习近平：认清形势聚焦精准深化帮扶确保实效 切实做好新形势下东西部扶贫协作工作》，中国共产党新闻网，2016年7月21日，http://jhsjk.people.cn/article/28574451。

文化平衡发展；推动发展方式从要素驱动逐步迈向创新驱动发展，形成人与自然和谐共生的可持续发展格局。

3. 以绿色发展为引领，推动对口地区生态建设

遵照习近平总书记"一定要保护好，做好治山理水、显山露水的文章，走出一条经济发展和生态文明水平提高相辅相成、相得益彰的路子"[①]的指示，宁波助力对口地区大力实施绿色发展行动，建设一批现代农业生态循环示范区；依托蓝天绿水净土，有序开发绿色食品、生态旅游、农耕文化产品等，充分挖掘"绿水青山"的经济价值，为对口地区农产业高质量发展开启绿色引擎；"串珠成链"式推进绿色产业生产、加工、销售、消费各环节有机衔接，注入高质量发展新动能，实现生态保护和脱贫攻坚两战"双赢"。

4. 以开放发展为支撑，高质量培育区域发展增长极

遵照习近平总书记"改革开放是决定当代中国命运的关键一招，也是决定实现'两个100年'奋斗目标、实现中华民族伟大复兴的关键一招"[②]的指示，宁波紧抓改革开放这一"关键一招"，依托宁波港口优势和产业优势，推进宁波舟山港集团与珲春市合作建设珲春国际港，开通"中国珲春—俄罗斯扎鲁比诺—中国宁波"的内贸外运航线，助力珲春市实施"借港出海"战略，打造东、北亚国际物流集散中心，促进珲春海洋经济发展；发挥宁波"北斗＋互联网＋渔业"一站式综合服务平台的优势，与珲春市实施"智慧渔业"协作，积极拓展海外市场，助力珲春市按下开放发展"快进键"，为宁波赢得开拓东、北亚市场、加快构筑国内大循环、国内国际双循环新格局的机遇。

5. 以共享发展为宗旨，发展成果由人民共享

贯彻落实习近平总书记"人民对美好生活的向往，就是我们的奋斗目标"[③]的指示，宁波的扶贫协作在构建生产联动、利益共享利益联结机制的基础上，

---

① 《习近平春节前夕赴江西看望慰问广大干部群众》，中国共产党新闻网，2016年2月3日，http://jhsjk.people.cn/article/28109272。

② 《习近平在广东考察时强调：做到改革不停顿开放不止步》，中国共产党新闻网，2012年12月11日，http://jhsjk.people.cn/article/19864660。

③ 《习近平等十八届中共中央政治局常委同中外记者见面》，中国共产党新闻网，2012年11月15日，http://jhsjk.people.cn/article/19591246。

运用众包、众筹、共享等新经济理念，创新打造"共享稻田"特色消费扶贫项目，并成功复制推广到畜、林、药等其他各个领域，有效带动当地特色产品的有效输出；打造融"吃、购、游、学、娱、扶"为一体的综合商业新业态——山丘市集民俗风情街区，以对口扶贫协作地区的特色产品和民俗风情为卖点，形成消费领域共享扶贫新模式；推进"一带一路"建设，以打造向海之路、发展海洋经济为抓手，实现互利共赢，共享海洋经济发展成果。

（四）把发展作为解决贫困的根本途径

改革开放初期，强调"发展是硬道理""贫穷不是社会主义"，振聋发聩，不仅突出了发展的重要性，而且蕴含了发展是解决贫困的根本途径的道理和哲理。东西部扶贫协作实践中，宁波坚持开发式扶贫方针，坚持把发展作为解决贫困的根本途径，改善发展条件，增强发展能力，实现由"输血式"扶贫向"造血式"帮扶转变，让发展成为消除贫困最有效的办法、创造幸福生活最稳定的途径。

1. 全面协调谋篇布局，形成"上下一盘棋"格局

在东西部扶贫协作实践中，宁波会同对口地区全面协调谋篇布局，正确把握扶贫工作的总体趋势和方向，对事关脱贫攻坚全局的、长远的、根本性的重大问题进行系统的分析、研判和决策。紧紧围绕对口地区脱贫攻坚目标任务，与之签订框架协议、制定工作要点、明确重点任务，为两地全方位对接合作绘制路线图；通过党政主要领导调研对接，召开两地高层联席会议，推进合力攻坚、优势互补。与此同时，宁波充分发挥政府和社会两方面力量作用，强化政府责任，引导市场、社会协同发力，形成"上下一盘棋"，全社会广泛参与脱贫攻坚格局，有效动员规模空前的人力、物力、财力等资源，有效帮助对口地区缓解了发展中遇到的人才短缺、技术落后、资金匮乏、基础设施差、内生发展能力弱等难题。2016年来，宁波累计挂职干部150名、专业技术人才2325名派驻到对口地区；加大政府、市场、社会等三方的帮扶投入，2018—2020年宁波扶贫资金大幅度增加；对符合扶贫攻坚的产业项目，提供政策、资金、技术服务绿色通道。

2. 实事求是，因地制宜

坚持"对口地区所需、宁波所能"，助力对口地区科学把握发展趋势和尊重治贫规律，坚持发展生产脱贫一批，易地搬迁脱贫一批，生态补偿脱贫一批，发展教育脱贫一批，社会保障兜底一批，因地制宜综合施策，确保现行标准下农村贫困人口实现脱贫，并通过创新"三种机制"，即产业经营机制、利益联结机制、发展保障机制，引导不同合作主体与贫困户建立紧密的利益联结机制，直接或间接让贫困户参与产业发展，增加家庭收入，实现脱贫致富。

3. 问题导向，攻坚克难

宁波与对口地区携手，坚持问题导向，聚焦脱贫攻坚的重点、难点，直面问题、分析问题、解决问题。做到把扶贫同扶智、扶志相结合，通过大力宣传脱贫先进典型人物事迹强化脱贫光荣导向，唤醒贫困户进取意识、市场意识、主体意识等"三种意识"，注重培养贫困群众依靠自力更生实现脱贫致富的意识，积极引导贫困户从"要我脱贫"向"我要脱贫"、从"等靠要"向"内生动力"转变，不断提高贫困地区和贫困人口自我发展能力；做到"六稳"与"六保"相结合，紧盯脱贫攻坚重点任务和突出问题，精准发力、精准施策。发展产业是实现稳定脱贫的根本之策，宁波抓住产业扶贫这个"牛鼻子"，着力发挥项目带动就业、促进经济发展的长期效应，大力发展黑木耳、桑黄、大米、红糖、民族服饰、五色糯米、铁皮石斛等产业，整体提升对口地区的产业水平，实现互利共赢。

4. 协同创新，助力发展

在东西部扶贫协作实践中，宁波打破思维定式，想新办法、闯新路子、创造新经验、开辟新局面。如"甬延"扶贫协作大胆探索创新帮扶机制模式，推进扶贫协作走深走实；面对疫情影响，两地就稳定就业进行"云端会商"，分层分级签订促进稳岗协议，建立"一周一调度一研判"机制，加大动态监测和余缺调剂力度，并包机接送贫困劳动力赴宁波就业，持续巩固就业扶贫全覆盖成效；充分利用网络，推进线上与线下联动、展会与直销互动，探索消费扶贫新模式，打通销售"最后一公里"；创新捐赠物资的发放模式，推广"以劳动换积分，以积分换物资"模式，激发贫困户劳动积极性，推动物质扶贫与精神扶贫相结合。

5.着力提升生计能力

针对宁波对口帮扶地区多数是因物质资本、社会资本、人力资本、文化资本等相对欠缺，从而陷入贫困积累的境地的现实，宁波不仅仅是提供资金、帮助销售产品，更多的政策措施都可以归结到提升受援助地区贫困农户生计能力上，具体体现在以下方面。

第一，帮助改善物质资本。一是直接帮扶物资特别是通过推进"民族特色示范村寨"建设，完善基础设施，整洁村容村貌，改善农民生产生活条件，不断提升物质资本促进帮扶效益；二是紧紧抓住产业扶贫这个根本，大力帮助对口地区将推进农业供给侧结构性改革和农业结构调整结合起来，着力推进特色优势扶贫产业大发展，加快补齐产业链短板和薄弱环节，创新产销对接机制和利益联结机制，推动受援地优质农产品不断"泉涌"，因地制宜把当地生态资源转化为物质资本；三是将生态与扶贫开发有机结合，助力生态建设来改善当地自然资本。

第二，帮助改善社会资本。一是搭建农户产业发展的平台，引导农户形成社会资本，如利用宁波市主办的浙洽会、消博会、食博会等大型展会，为对口地区搭建招商引资和农副产品外销平台；二是引导宁波资本到受援地投资发展特色农业和加工制造业，加快推进旅游业、电子商务、对外贸易与投资等领域合作；三是把乡风文明作为加强社会资本建设的核心内容，通过开展形式多样的创建活动、丰富多彩的文化生活，不断提升文明素质，培育健康向上、文明和谐的新风尚，助力社会资本提升；四是挖掘民间爱心资源，引领社会各界参与扩大社会资本。

第三，帮助改善人力资本。一是改善受援助地区的1700多所学校的办学条件，提升当地贫困农户的受教育水平，提升人力资本；二是通过对口帮扶改善受援助地区的150多所医院（卫生院）的医疗条件，提升当地贫困农户的健康水平，减少因病致贫、返贫等现象，提升人力资本；三是通过各种形式帮助培训2.5万多人次的党政干部、教师、医生和农村致富带头人，进行农业科技和非农就业技能培训3.6万余人次，直接提升当地人力资源水平；四是通过向受援地派出挂职干部，接收对口地区干部来宁波市挂职锻炼，直接提升受援助地区人力资本总量。

第四，改善贫困农户的生计现状。通过有序引导和接纳3万余名贵州劳动力来宁波市务工，直接提升劳务输出家庭的现金收入，改善生计状况，并带动了一大批贵州劳动力到宁波市务工。

宁波的实践充分证明，只要坚持用发展的办法解决发展不平衡、不充分问题，就一定能够为经济社会发展和民生改善提供科学路径和持久动力！

（五）坚持以人民为中心，激发群众"内生动力"

1.尊重群众主体地位

宁波之所以能助力对口地区脱贫取得攻坚战胜利，是长期坚持尊重群众主体地位、坚持群众路线、组织群众、发动群众、依靠群众的实践结果。具体做法有：激发贫困群众脱贫致富的主体意识，根据贫困群众的需求意愿和经济承受能力，有针对性地开发包容性创新产品和服务，让贫困群众广泛参与其中；注重宁波输入的资源与受援地资源的对接，在产业选择、项目推进中通过会商论证，充分尊重受援地区自身的价值与习惯，让当地群众切实感受到可信、可行又实惠；采用生产奖补、劳务补助、以工代赈等方式，提高贫困群众在扶贫项目各个环节的参与度，树立主体意识，自力更生，艰苦奋斗，激发改变贫困面貌的干劲和决心；加强贫困地区基层组织建设，培养基层干部，形成贫困治理的中坚力量，并不断完善村务公开制度，培育村民民主意识，扩大村民有效参与范围，增强村民对扶贫工作的全面监督，激发群众的参与热情；发挥贫困地区精英的带动作用，在做好致富带头人培训的同时，通过能人带动、典型示范，发挥榜样的力量，增强贫困地区的发展能力。

2.激发群众"内生动力"

在脱贫攻坚"拔寨"期间，针对帮扶多年仍然脱不了贫的"贫中之贫""困中之困"这种难啃的硬骨头，宁波积极推动单纯"输血式"扶贫向"造血式"扶贫方式转变，通过教育培训等方式，破除"等靠要"思想，消除精神贫困这个"内源"，不断激发贫困群众内生动力，彻底打赢脱贫攻坚战，为阻断贫困代际传递提供了措施方案。

宁波的实践充分证明，人民是真正的英雄，激励人民群众自力更生、艰苦奋斗的内生动力，对人民群众创造自己的美好生活至关重要。只要我们始终坚持为了人民、依靠人民，尊重人民群众主体地位和首创精神，把人民群众中蕴藏着的智慧和力量充分激发出来，就一定能够不断地创造出人间奇迹。

（六）推动脱贫攻坚与乡村振兴有效衔接

脱贫攻坚期间，宁波与对口地区协同坚持把脱贫攻坚纳入乡村振兴战略的大背景下去谋划和实施，及早开展衔接的探索准备，占据有利的起跑站位。

1. 民生为先，全面打造公共服务体系，为融合乡村振兴起好步

一是大力帮助对口地区全面提升乡村水、电、路、房、网等的基础设施建设水平和社会保障、医疗卫生、基础教育、文化平台等公共服务水平，拉近拓展衔接的现实差距；二是在贫困村连片打造农村人居环境整治集中示范片区，集中打造"民族特色示范村寨"、新农村示范点，带动贫困村人居环境整体改善，实现生态宜居，探索出一条脱贫攻坚与乡村振兴有效衔接之路。

2. 产业为重，推动产业融合发展，走质量兴农之路

一是将乡村振兴战略的思想和原则融入具体的产业发展中，牢牢把握产业选择、资金筹措、技术服务、农民培训、组织形式、利益联结机制等方面，打一场振兴乡村经济的产业革命。二是鼓励多元产业发展，在原有扶贫产业基础上，推动一、二、三产业融合发展，延长农业产业链、价值链，提高产品增加值。三是促进小农户和现代农业发展有机衔接，积极培育新型农业经营主体，发展多种形式适度规模经营，提升小农生产经营组织化程度，把小农生产引入现代农业发展轨道。促进产业扶贫向产业振兴升级。

3. 人才为本，"内育外引"，推动双扶融合有效转变

帮助对口地区以改革的姿态全面完善贫困村内生动力的可持续机制。一是通过"内育"与"外引"相结合，补足农村的人才短板，其中"内育"培养乡土人才，通过加强教育和培训，培养新时代的乡土人才，使其成为乡村振兴的"领头雁"；"外引"即引进懂科技、懂管理、懂市场、懂法律的现代化人才，为乡村振兴注入新的活力和动力，为乡村振兴战略提供坚实的人才支撑和智力保障。二是坚持扶贫与扶智、扶志相结合，激发贫困群众自我发展的积极性，

带动内生发展动力。推动"人才扶贫"到"人才振兴"的有效衔接。

4. 党建引领，帮带机制融合，探索乡村善治之路

一是帮助对口地区大力推进党建"领帮带"，加强农村基层党组织建设，打造一批坚强的农村基层党组织，培养一批优秀的农村基层党组织书记，夯实乡村振兴的组织基础；二是帮助对口地区积极探索建立党委领导、政府负责、社会协同、公众参与、法治保障的现代乡村社会治理体制，健全自治、法治、德治相结合的乡村治理体系，深化村民自治实践，建设平安乡村；三是进一步密切党群、干群关系，有效协调农户利益与集体利益、短期利益与长期利益，确保乡村社会充满活力、和谐有序。带动对口地区基层党建、社会治理等工作，搭上乡村振兴快车。

5. 坚持绿色减贫的理念，推进人与自然和谐共生，走乡村绿色发展之路

一是在观念上，以"绿水青山就是金山银山"思想为指导，将生态振兴与产业振兴融合起来，推动生态资源向资产与资金有序转化，实现生态保护与经济发展"双赢"；二是在内容上，注重从生态保护、农业新业态、农业标准化生产方面促进贫困地区绿色发展，推进绿色发展融入、加快乡村振兴进程；三是深入推进农村"厕所革命""垃圾革命"，打造农民安居乐业的美丽家园，让良好生态成为乡村振兴支撑点。

6. 探索推动"文化扶贫"到"文化振兴"的有效衔接，走乡村文化兴盛之路

一是助力对口地区实施城乡公共文化服务体系一体推进、一体建设；二是助力开展诚信教育、孝敬教育、勤劳节俭教育，以全新的乡村文化推动乡村文明跃升；三是大力加强农村思想道德建设和公共文化建设，以社会主义核心价值观为引领，深入挖掘优秀传统农耕文化蕴含的思想观念、人文精神、道德规范，培育挖掘乡土文化人才，培育文明乡风、良好家风、淳朴民风，改善农民精神风貌，提高乡村社会文明程度；四是运用市场化的手段，做好"文化＋旅游""文化＋市场""文化＋产品"等产业，保持乡村文化的生命力和创新力。

脱贫摘帽不是终点，而是新生活、新奋斗的起点。面向未来，宁波将继续用好这些经验和做法，以更加细致而有效的工作接续推进对口地区巩固脱贫攻坚成果与乡村振兴有效衔接。

后　记

　　最初，我们计划的采访对象有 70 余位，有早年参加扶贫工作现已是耄耋之年的老前辈，有参与脱贫攻坚凯旋的一线干部，也有正在远方从事对口支援和东西部协作的挂职干部。

　　采访从 2021 年炎热的 8 月开始。因为有宁波市对口支援和区域合作局的协调安排，我们的采访计划实施顺利。但它所受关注和欢迎的程度之高，还是非常出乎我们意料的。尤其是那些老前辈们，格外重视这次访谈，早有准备，将自己从事扶贫工作的往事娓娓道来，毫无保留，说到高兴之处眉飞色舞，动情之处眼含热泪，激昂之处击掌拍案。一些因故不能参与访谈的同志，也表达了自己的遗憾。

　　在 4 个月的时间里，我们近的走遍了宁波 11 个县（市、区），远的与正在新疆、西藏等地挂职的干部视频连线，累计采访人物 53 位，根据录音整理的原始文字资料达 50 万余字。我们反复聆听录音，对比访谈的现场记录，有的讲述者使用了方言，许多人名、地名含混不清，需要查证。我们还查阅了许多关于讲述人的媒体报道、宣传资料，感同身受地进入他们的世界，力求对受访人讲述的故事有更全面的了解，使最后整理出来的成稿更鲜活、更生动。让这本口述实录的读者，对宁波对口扶贫协作工作的过程和细节有更深入的了解，进而能对我们国家伟大的"脱贫攻坚战"有更具体的认识。

　　"扶贫"这个词对大家来说并不陌生，但对大多数人来说，这个词只停留在新闻报道里，停留在汇报文件里，只有那些真正参与其中的人，才会对这个词有刻骨铭心的体验与认知。

　　在对受访者讲述稿的整理过程中，我们仿佛跟随他们的脚步去了省内的丽水和衢州，到了吉林延边、贵州黔西南，再到新疆和田、西藏比如、青海天峻、重庆万州……每一位从宁波出去派驻扶贫的干部和专技人员，在这条绵延 20

余年的时间线上，就像一颗颗珍珠，静静地散发着自己独特的光芒。

有的扶贫干部，多次离开家人参与扶贫工作，而被帮扶的地区，有些条件特别差，基础特别弱，从物质到精神都需要大力帮助。每每组织上有需要，他们都毫不犹豫冲到一线，带去宁波人民的资金、技术、智慧和情谊，为贫困地区留下产业，也留下真情。有的扶贫干部，真可谓临危受命，在脱贫攻坚决战阶段，顶着迎接上级大考核的巨大压力，克服环境、语言、饮食、习俗不同带来的众多困难，带着对家人的歉疚，把自己融入对口扶贫地区，真正把扶贫地变成了第二故乡。

还有那些勇于承担社会责任的爱心企业。我们知道，这几年，中美贸易摩擦加剧，新冠肺炎疫情暴发，对浙江、宁波企业的负面影响非常大，都很不容易。但是每当需要企业配合或者社会捐助，都会得到各类企业家的大力支持。他们勇于担当，勇挑重担，积极响应，主动奔赴贵州、吉林等对口扶贫地区考察，日夜兼程，不辞辛劳，直到促成产业园、大市场、养殖场等产业落地生根，开花结果。这就是"阿拉宁波人"的担当，这就是数十年来宁波对口帮扶工作捷报频传的坚强后盾。

我们不仅有心系百姓的党和国家，有意志坚定的扶贫干部，还有纯朴肯干的老百姓。他们因为吃够了贫困的苦，所以当帮扶力量送上门时，他们除了感激更有实干。因为他们深知，帮扶是引导力，而稳固脱贫成果，还得靠自己。更有那些自己被帮扶富裕起来后，不忘党恩，积极主动去帮扶其他贫困百姓的群众，他们那种知恩图报、为国分忧的精神，着实令人敬佩。

还有那些默默付出、长期奉献、不图回报的公益组织和爱心人士，他们一心只想为贫困地区的学生送去信念，送去知识，送去梦想。

一位位个性鲜明的宁波帮扶人，就像一座座平实却坚挺的丰碑，他们脚踏实地，只为专心致志做好扶贫这件事。一批批扶贫人员，像一棒棒跑接力赛的运动员，他们久久为功的心血、汗水和努力，换来了打赢脱贫攻坚战这一漂亮的成果。

在此，谨向几十年来为宁波对口扶贫协作事业做出贡献、献出爱心的全体一线工作人员、广大宁波市民致以崇高的敬意！向为本次宁波对口支援与协作亲历者"口述史"计划付出辛勤劳动的组织者、参与者表示衷心的感谢！特别感谢宁波市对口支援和区域合作局领导的大力支持！感谢胡龙玉、崔宗军、詹强、严佳、朱波、沈信丞、梅庆生、申小岑、陈荣芳、洪竹懿、何路旦等在采访和整理过程中的辛勤付出。

陈泼

2022 年 9 月